EL PAÍS DE UNO

REFLEXIONES PARA ENTENDER
Y CAMBIAR A MÉXICO

EL PAÍS DE UNO

REFLEXIONES PARA ENTENDER
Y CAMBIAR A MÉXICO

DENISE DRESSER

El país de uno. Reflexiones para entender y cambiar a México
© 2011, Denise Dresser

De esta edición:
D. R. © Santillana Ediciones Generales, S.A. de C.V., 2011.
Av. Río Mixcoac 274, Col. Acacias
México, D.F., 03240

Primera edición: septiembre de 2011
Quinta reimpresión: enero de 2012
ISBN: 978-607-11-0628-5
Fotografía de la autora: Blanca Charolet
Diseño de cubierta: Víctor M. Ortíz Pelayo wwwnigiro.com

Impreso en México

PRISA EDICIONES

Para Germán Dehesa.
Recordado, extrañado.

Para Julia, Samuel y Sebastián.
Lo más importante.

ÍNDICE

PRÓLOGO:
LA TAREA QUE NOS TOCA

Los buenos ciudadanos no nacen, se hacen.

SPINOZA

MIRAR A MÉXICO CON MÁS HONESTIDAD

Alguna vez, el periodista Julio Scherer García le pidió a Ernesto Zedillo que le hablara de su amor por México. Le sugirió que hablara del arte, de la geografía, de la historia del país. De sus montañas y sus valles, sus volcanes, sus héroes y sus tardes soleadas. El expresidente no supo qué contestar. Hoy es probable que muchos mexicanos tampoco sepan cómo hacerlo. Hoy el pesimismo recorre al país e infecta a quienes entran en contacto con él. México vive obsesionado con el fracaso. Con la victimización. Con todo lo que pudo ser pero no fue. Con lo perdido, lo olvidado, lo maltratado. México estrena el vocabulario del desencanto. Se siente en las sobremesas, se comenta en las calles, se escucha en los taxis, se lee en las pintas, se lamenta en las columnas periodísticas, se respira en los lugares donde aplaudimos la transición y ahora padecemos la violencia.

México vive lo que el politólogo Jorge Domínguez, en un artículo en *Foreign Affairs*, bautizó como la "fracasomanía": el pesimismo persistente ante una realidad que parece inamovible. Muchos piensan que la corrupción no puede ser combatida; los políticos no pueden ser propositivos; la sociedad no puede ser movilizada; la población no puede ser educada; los buenos siempre sucumben; los reformadores siempre pierden. La luz al final del túnel sólo ilumina el tren a punto de arrollar a quienes no pueden eludir su paso. El país siempre pierde. Los mexicanos siempre se tiran al vacío desde el Castillo de Chapultepec y no logran salir de allí. Por ello es mejor callar. Es mejor ignorar. Es mejor emigrar.

En México, como diría Elías Canetti, los pesimistas son superfluos y la situación actual demuestra por qué. Éstos son los tiempos nublados de muertos y heridos. De poderes fácticos y reformas postergadas. De priístas robustecidos y panistas divididos. De ciudadanos que quieren vigilar el poder y de partidos que abusan de él. Del sabotaje a las instituciones electorales y del auto-sabotaje de la izquierda. Todos los días leemos una crónica de catástrofes; una crónica de corruptelas; una crónica de personajes demasiado pequeños para el país que habitan.

México partido entre la "triste tristeza" de unos y la precaria tranquilidad de otros. México dividido entre la cabizbaja confusión de unos y la contundente certidumbre de otros. País que alberga a quienes compran en *Saks Fifth Avenue* e ignoran a quienes piden limosna en los camellones a unos metros de allí. País que preserva su pasado pero también lo habita. Orgulloso de la modernidad que ha alcanzado pero impasible ante los millones que no la comparten. Paraje peleado con sí mismo, impulsado por los sueños del futuro y perseguido por los lastres del pasado. El México nuestro. De rascacielos y chozas, BMWs y burros, internet y analfabetismo, murales y marginados, plataformas petroleras y ejidos disecados, riqueza descomunal y pobreza desgarradora. País sublime y desolador.

Habrá muchos que aplaudirán lo logrado en las últimas décadas: la transición electoral, la estabilidad macroeconómica, el Tratado de Libre Comercio, la creación de una clase media que comienza —poco a poco— a crecer, el ingreso per cápita de casi nueve mil dólares, el programa Oportunidades. Logros, sin duda, pero demasiado pequeños ante el tamaño de los retos que el país enfrenta. Democracia. Equidad. Buen gobierno. Justicia. La posibilidad de un México capaz de soñar en grande.

Ante esos retos surge el imperativo de que los mexicanos evalúen a su país y a sí mismos con más honestidad. Sin las anteojeras de los mitos y los intereses y los lugares comunes que buscan minimizar los problemas. Sin las máscaras que Octavio Paz describió en *El laberinto de la soledad*, y que contribuyen a nuestro pernicioso "amor a la Forma". En México mostramos una peligrosa inclinación por ordenar superficialmente la realidad en vez de buscar su transformación profunda. México, la nación que no logra encarar sus problemas con la suficiente franqueza y por ello transita de acuerdo en acuerdo, de reforma minimalista en reforma minimalista, de paliativo en paliativo, del laberinto de la soledad al yugo de las bajas expectativas.

La reverencia al *statu quo* que tantos mexicanos despliegan contribuye a inhibir el cambio, a embargar el progreso, a coartar la creatividad. Convierte a los hombres y a las mujeres del país en espectadores, postrados por la devoción deferencial a una narrativa que necesitarán trascender si es que desean avanzar. Esa historia memorizada de tragedias inescapables, conquistas sucesivas, humillaciones repetidas, traiciones apiladas, héroes acribillados. Esa historia oficial, fuente de actitudes que dificultan la conversión de México en otro tipo de país. Actitudes fatalistas, resignadas, conformistas, profundamente enraizadas en la conciencia nacional.

Actitudes compartidas por quienes asocian el cambio con el desastre y perciben la estabilidad como lo más a lo que es posible aspirar. Actitudes desplegadas por los apologistas del pasado que obligan al país a cargar con su fardo. Incapaces de comprender que "todo eso que elogian es lo que hay que desmontar", en palabras de Sebastián, el personaje modernizador de la novela *La conspiración de la fortuna* de Héctor Aguilar Camín. Incapaces de enderezar lo que la Revolución y el PRI, la reforma agraria y el corporativismo, y la corrupción, enchuecaron. Incapaces de entender que parte de México se ha modernizado pero a expensas de sus pobres. Incapaces de reconocer que la idea del gobierno como receptáculo del interés público es tan ajena como lo era en la época colonial.

Que las familias poderosas buscan proteger sus feudos tal y como lo han hecho desde la Independencia. Que la línea divisoria entre los bienes públicos y los intereses privados es tan borrosa como después de la Revolución. Que el ejido proveyó dignidad a los campesinos, pero no una ruta para que escaparan de la pobreza. Que el PRI creó instituciones pero también pervirtió sus objetivos. Que los políticos hábiles, fríos, camaleónicos cruzan de una pandilla a otra como lo han hecho durante décadas. Que la república mafiosa continúa construyendo complicidades con licencias y contratos, y concesiones y subsidios. Que la vasta mayoría de los mexicanos no puede influenciar el destino nacional, hoy como ayer. Que la falta de un gobierno competente está en el corazón de nuestra historia. Que México ha cambiado en los últimos doscientos años, pero no lo suficiente.

Aunque es cierto que algunas prácticas del pasado han sido enterradas, numerosos vicios institucionales asociados con el autoritarismo siguen allí, coartando la representación ciudadana y la gobernabilidad democrática. México no camina en una dirección lineal hacia un mejor estadío político y económico; más bien cojea hacia adelante para después retroceder. México parece vivir en un permanente estira y afloja entre la posibilidad de cambio y los actores que buscan evitarlo. Entre la ciudadanía anhelante y la clase política que se empeña en defraudar sus expectativas.

Porque la celebrada "transición votada" ha resultado ser un arma de doble filo. Durante la última década, las élites políticas del país se han centrado en el proceso electoral sin reformar el andamiaje institucional. Y ese andamiaje ya no funciona. El sistema político se ha convertido en un híbrido peculiar: una combinación de remanentes autoritarios que coexisten con mecanismos democráticos. La transparencia avanza pero la opacidad persiste. La apertura continúa pero la cerrazón también. La democracia electoral sobrevive pero con dificultades y demostrando sus límites. Reformas indispensables son saboteadas —una y otra vez— por intereses que se verían afectados con su aprobación.

Los sindicatos y los partidos, y los monopolios públicos y los emporios empresariales no han aprendido a adaptarse a las exigencias de un contexto más democrático. Al contrario, explotan la precariedad democrática en su favor, cabildeando para obstaculizar los cambios en lugar de sumarse a ellos. Resistiendo demandas a la rendición de cuentas, al estilo del SNTE. Rechazando el recorte a su presupuesto, al estilo de los partidos políticos. Obstaculizando la competencia, al estilo de los multimillonarios mexicanos en la lista de *Forbes*. Criticando la eliminación de los privilegios fiscales, al estilo de las cúpulas del sector privado. Chantajeando a la clase política, al estilo de Televisa. Condicionando cualquier reforma fiscal o laboral a la supervivencia de personajes impunes, al estilo del PRI. En la nueva era todavía andan sueltos los viejos demonios. La corrupción. El patrimonialismo. El rentismo. El uso arbitrario del poder y la impunidad con la que todavía se ejerce.

Por un lado existe una prensa crítica que denuncia; por otro, proliferan medios irresposables que linchan. Por un lado hay un federalismo que oxigena; por otro, hay un federalismo que paraliza. Por un lado hay un Congreso que puede actuar como contrapeso; por otro, hay un Congreso que actúa como saboteador. El poder está cada vez menos centralizado pero se ejerce de manera cada vez más desastrosa. Como lo escriben Sam Dillon y Julia Preston en *El despertar de México*, México pasa del despotismo al desorden. México es un país cada vez más abierto pero cada vez menos gobernable. México ha transitado del predominio priísta a la democracia dividida; del presidencialismo omnipotente a la presidencia incompetente; del país sin libertades al país que no sabe qué hacer con ellas. El país de la democracia fugitiva. El país de la violencia sin fin.

Las principales batallas no se están librando en torno a cómo construir un sistema político —y económico— más representativo y más eficaz, sino en cómo mantener el control de cotos y partidas y prerrogativas y privilegios. El gobierno quiere recaudar más, pero se muestra renuente a explicar para qué y en nombre de quién. El PRI quiere aumentar el flujo de recursos para sus gobernadores pero no está dispuesto a enjuiciarlos cuando han incendiado sus estados, o permitido la protección de pederastas en sus confines. Los partidos políticos quieren la reforma del Estado, pero siempre y cuando no incluya mecanismos indispensables para la rendición de cuentas a su actuación. Andrés Manuel López Obrador quiere la refundación del país, pero cree que sólo él tiene la legitimidad para encabezarla. Todos se posicionan para lucrar políticamente, sin mirar a la ciudadanía que paga el precio de ese afán.

Y el precio es evidente: una democracia condenada a la baja calidad. A la representación ficticia. Al mal desempeño institucional. A partidos políticos alejados de las necesidades de la gente aunque logren convocarla en el Zócalo o en la sede partidista. A empresarios que exigen que el Estado cobre más impuestos mas no al sector privado. A élites políticas adeptas a tomar decisiones cuestionables, corroídas por divisiones internas, incapaces de resolver problemas perennes de desigualdad y violencia, propensas al liderazgo populista o autoritario que promueven como fuerza redentora ante un país incapaz de salvarse a sí mismo. Todos, producto de un sistema político y económico que evidencia serias fisuras.

Por todo ello, la consigna actual no debería ser la celebración de lo logrado, sino la honestidad ante los errores cometidos. El reconocimiento de lo mucho que falta por hacer. El entendimiento de que nuestra historia es esencial e inescapable, pero no puede seguir siendo un pretexto. La tarea pendiente es la de tomar al país por asalto, liberarlo de las cadenas que gobierno tras gobierno le han colocado, sacudirlo para cambiar su identidad morosa, obligarlo a parir mexicanos orgullosos de la prosperidad que han logrado inaugurar.

Un México posible al cual tenemos el derecho a aspirar. Un México capaz de triunfar gracias al vigor de su sociedad. Un México abierto al mundo; a ideas e inventos, a bienes y servicios, a personas y culturas. Un México capaz de adaptarse a las nuevas circunstancias globales y reaccionar con rapidez ante los retos que entrañan. Un México capaz de crear los hábitos mentales que promueven la participación en vez de la apatía, la crítica en lugar de la claudicación, el optimismo de la voluntad por encima del pesimismo de la fracasomanía. Un país de personas que piensan por sí mismas y no necesitan a políticos, líderes sindicales, maestros o empresarios que les digan cómo hacerlo.

A México le urge escapar de los depredadores y sólo lo logrará mediante reglas rigurosas e instituciones imparciales. Mediante auditores y ombudsmans, y comisiones con capacidad para investigar y sancionar. Mediante la presión pública y el castigo que debe acarrear. Mediante el fortalecimiento de las instancias que exigen la rendición de cuentas y la autonomía de quienes trabajan en ellas. Mediante la reelección legislativa y los vínculos entre gobernantes y gobernados.

Se trata —en esencia— de cambiar cómo funciona la política y cómo funciona la sociedad. Y ello también requerirá construir ciudadanos capaces de escribir cartas y retar a las élites y fundar organizaciones independientes y fomentar normas cívicas y pagar impuestos y escrutar a los funcionarios y cabildear en nombre del interés público.

En la novela de Tolkien, *El señor de los anillos*, el *hobbit* Frodo es un héroe renuente; Frodo no quiere asumir la tarea que le ha sido encomendada; Frodo preferiría quedarse en el Shire y vivir en paz allí. En México muchos Frodos piensan así, actúan así, quieren desentenderse así. Prefieren criticar a quienes gobiernan en vez de involucrarse para hacerlo mejor; eligen la pasividad complaciente en lugar de la participación comprometida. Pero Frodo no tiene otra opción y el ciudadano mexicano tampoco. Frodo tiene la tarea de salvar a su mundo y el ciudadano mexicano tiene la tarea de salvar a su país. Un *hobbit* insignificante destruye el anillo y un ciudadano mexicano puede hacerlo también. Como dice el mago Gandalf: "Todo lo que tenemos que decidir es qué hacer con el tiempo que nos ha sido dado." Para México es tiempo de preguntar: ¿Y Frodo?

HACER UNA DECLARACIÓN DE FE

Ser Frodo, ser un ciudadano participativo, requerirá hacer una "declaración de fe" como la frase que acuñó Rosario Castellanos. Una filosofía personal basada en la premisa de que la acción individual y colectiva sí sirve. Una lista de reglas para ver y andar, vivir y cambiar, exigir y no sólo presenciar. Un conjunto de creencias que son tregua contra el pesimismo, antídoto contra la apatía, recordatorio del destino imaginado. Un ideario con el cual combatir el desconsuelo que deja leer los periódicos o ver los noticieros de manera cotidiana.

La única esperanza ante el diagnóstico contenido en este libro se encuentra en esos mexicanos —empeñosos, valerosos, combativos— que se niegan a participar en el colapso moral de su país. Los que insisten en la transparencia en lugar de la opacidad. Los que optan por la construcción en vez de la destrucción. Los que se niegan a ser parte del desmantelamiento. Los que quieren enfrentarse al viejo problema de cómo defender intereses particulares mientras pelean colectivamente por el bien común. Y que ante lo contemplado, rehúsan esquivar la mirada o perder la fe. Como escribiera Margaret Mead: "Nunca dudes que un pequeño grupo de ciudadanos pensantes y comprometidos puede cambiar al mundo. Es la única cosa que lo ha hecho."

La terca esperanza de quien escribe estas reflexiones con la intención de sacudir algunas conciencias surge de esa fe. De compartir la convicción inquebrantable de mejorar a México. De contribuir a la construcción de ciudadanía. De tender puentes hacia el país que queremos. Pero "uno no puede creer en cosas imposibles" le dice Alicia a la reina en el libro de Lewis Carroll, *Alicia a través del espejo*. "Permíteme decirte que no has tenido mucha práctica", le responde la reina. "Cuando yo tenía tu edad, siempre lo hacía durante media hora al día. Bueno, a veces he creído en por lo menos seis cosas imposibles antes del desayuno." Y yo, lo confieso, también. Porque hay que creer para entender. Hay que creer para actuar. Hay que creer porque si se abdica a ello, los hombres se vuelven pequeños, escribió Emily Dickinson.

Y yo creo que es necesario volver a México un país de ciudadanos. Un lugar poblado por personas conscientes de sus derechos y dispuestos a contribuir para defenderlos. Dispuestos a alzar la voz para que la democracia no sea tan sólo el mal menor y una conquista sacrificable si de combatir el crimen se trata. Dispuestos a llevar a cabo pequeñas acciones que produzcan grandes cambios. Dispuestos a sacrificar su zona de seguridad personal para que otros la compartan. Dispuestos a pensar que el bien es tan contagioso como el mal y comprometidos a actuar para demostrarlo.

Yo creo que ser de clase media en un país con más de 50 millones de pobres es ser privilegiado. Y los privilegiados tienen la obligación de regresar algo al país que les ha permitido obtener esa posición. Porque, ¿para qué sirve la experiencia, el conocimiento, el talento, si no se usa para hacer de México un lugar más justo? ¿Para qué sirve el ascenso social si hay que pararse sobre las espaldas de otros para conseguirlo? ¿Para qué sirve la educación si no se ayuda a los demás a obtenerla? ¿Para qué sirve la riqueza si hay que erigir cercas electrificadas cada vez más altas para defenderla? ¿Para qué sirve ser habitante de un país si no se asume la responsabilidad compartida de asegurar vidas dignas allí?

Yo creo en el poder de llamar a las cosas por su nombre. De descubrir la verdad aunque haya tantos empeñados en esconderla.

De decirle a los corruptos que lo han sido; de decirle a los rapaces que deberían dejar de serlo; de decirle a quienes han gobernado mal a México que no tienen derecho a seguir haciéndolo. Yo creo en la obligación ciudadana de vivir en la indignación permanente: criticando, denunciando, proponiendo, sacudiendo. Porque los buenos gobiernos se construyen con base en buenos ciudadanos y sólo los inconformes lo son. La insatisfacción lleva a la participación; el enojo, a la contribución; el malestar hacia el *statu quo*, a la necesidad de cambiarlo.

Yo creo que personas comunes y corrientes pueden lograr cosas extraordinarias. Ida Tarbell, confrontando al monopolio de Standard Oil y fundando un movimiento progresista para desmantelarlo. Rosa Parks, rehusándose a ceder su asiento a un hombre blanco e inaugurando la lucha por los derechos civiles en Estados Unidos. Jody Williams, iniciando una campaña global contra los campos minados desde una oficina con seis personas y ganando el Premio Nobel de la Paz por ello. Todos, fundadores de comunidades proféticas donde los hombres y las mujeres se vuelven aquello que deberían ser. Personas de conciencia, con el corazón entero.

Yo creo en la necesidad de apoyar, celebrar y aplaudir a quienes se comportan de la misma manera en México. Los que hacen más que pararse en fila y en silencio. Individuos que pelean por los derechos de quienes ni siquiera saben que los tienen. Lydia Cacho, denunciando a los pederastas y acorralando a los políticos que los protegen. Javier Corral, liderando la oposición contra el poder de Televisa y educando al país sobre sus efectos. Eduardo Pérez Motta, peleando por la competencia y denunciando los costos que el país ha pagado al obstaculizarla. José Ramón Cossío y Juan Silva Meza y Arturo Zaldívar, sacudiendo a la Suprema Corte de Justicia y alertando a sus colegas sobre el papel que debería desempeñar. Emilio Álvarez Icaza, defendiendo la humanidad esencial de quienes la han perdido y ayudándolos a recuperarla. Daniel Gerhsenson y Adriana Labardini educando a los mexicanos sobre sus derechos como consumidores. Andrés Lajous y Maite Azuela y Genaro Lozano dando lecciones de activismo ciudadano todos los días a través del Twitter. Ellos y tantos más, héroes y heroínas de todos los días. Ombudsmans cotidianos.

Yo creo que mientras existan individuos así —encendidos, comprometidos, preocupados— el contagio continuará, poco a poco, y a empujones como todo lo que vale la pena. Los mexicanos aprenderán que es más importante ser demócrata que ser perredista, ser demócrata que ser panista. El monólogo de los líderes se convertirá en el coro de la población. La exasperación de los ciudadanos construirá cercos en torno a los políticos. Yo creo que un día —no tan lejano, quizá— habrá un diputado que suba a la tribuna y exija algo en nombre de la gente que lo ha elegido. En lugar de mirar con quién se codea en el poder, mirará a quienes lo llevaron allí. Y México será otro país, otro.

Yo creo en la lucha por todo lo que se tendrá que hacer para cambiarlo. Por la representación política real a través de la reelección legislativa, y otros instrumentos que permitan la rendición de cuentas. Por la remodelación de una clase política tan rapaz como los privilegiados que tanto critica. Por una política económica que enfatice el crecimiento y la movilidad por encima del corporativismo y la paz social. Por una política social que reduzca las asimetrías condenables que tantos ignoran. Todo aquello por lo cual sí vale la pena luchar, marchar, movilizar. La humanidad compartida de los mexicanos que se merecen más.

RECUPERAR EL PAÍS RENTADO

Porque frente a todos los motivos para cerrar los ojos están todos los motivos para abrirlos. Frente a las razones para perder el ánimo están todas las razones para recuperarlo. Los murales de Diego Rivera. Las enchiladas suizas de Sanborns. Las mariposas en Michoacán. El cine de Alfonso Cuarón. El valor de Sergio Aguayo. Los huevos rancheros y los chilaquiles con pollo. La sonrisa de Carmen Aristegui. El mole negro de Oaxaca. Los libros de Elena Poniatowska. La inteligencia de Lorenzo Meyer. Los tacos al pastor con salsa y cilantro. La buena huella de Carlos Monsiváis. El mar en Punta Mita. Las canciones de Julieta Venegas. La poesía de Efraín Huerta. El Espacio Escultórico al amanecer. Cualquier Zócalo cualquier domingo.

La forma en que los mexicanos se besan y se saludan y se dicen "buenas tardes" al subirse al elevador. Las fiestas ruidosas los sábados por la tarde. La casa de Luis Barragán. Los amigos que siempre tienen tiempo para tomarse un tequila. La decencia que nos dejó Germán Dehesa. Los picos coloridos de las piñatas. Las casas de Manuel Parra. Las buganvilias y los alcatraces, y los magueyes. Las caricaturas de Naranjo y los cartones de Calderón. El helado de guanabana. La talavera de Puebla. Las fotografías de Graciela Iturbide y Flor Garduño. Los mangos con chile clavados en un palo de madera. Las comidas largas y las palmeras frondosas. La pluma de Jesús Silva Herzog Márquez. Las mujeres del grupo *Semillas* y las mujeres que luchan por otras en Ciudad Juárez.

Cada persona tendrá su propia lista, su propio pedazo del país colgado del corazón. Una lista larga, rica, colorida, voluptuosa, fragante. Una lista con la cual contener el pesimismo; una vacuna contra la desilusión. Una lista de lo mejor de México. Una lista para despertarse en las mañanas. Una lista para pelear contra lo que Susan Sontag llamó "la complicidad con el desastre".

Porque el credo de los pesimistas produce la parálisis. Engendra el cinismo. Permite que los partidos vivan del presupuesto público sin cumplir con la función pública. Permite que los legisladores no actúen como tales. Permite la persistencia de los privilegios y los cotos. El pesimismo es el juego seguro de quienes no quieren perder los privilegios que gozan, los puestos que ocupan, las posiciones que cuidan. El pesimismo es la cobija confortable de los que no mueven un dedo debajo de ella. Es el lujo de los que rentan el carro pero no se sienten dueños de él.

Y durante demasiado tiempo, México ha sido un país rentado para sus habitantes. Ha pertenecido a sus líderes religiosos y a sus tlatoanis tribales y a sus colonizadores y a sus liberales y a sus conservadores y a sus dictadores y a sus priístas y a sus presidentes imperiales y a su *intelligentsia* y a sus partidos y a sus élites. No ha pertenecido a sus ciudadanos. Por eso pocos lo cuidan. Pocos lo sacuden. Pocos lo aspiran. Pocos lo lavan. Pocos lo enceran. Pocos piensan que es suyo. Pocos lo tratan como si lo fuera. Porque nadie nunca ha lavado un carro rentado.

Pero quienes saben que el país es suyo no viven con el lujo del descuido. Quienes hemos vivido años fuera de México sabemos lo que es andar con el corazón apretado. Lo que es caminar a pasos de pequeñas nostalgias y grandes recuerdos. Lo que es extrañar el olor y el sabor y la bulla y la luz. Lo que es querer tanto a un país que uno siente la imperiosa necesidad de regresar y salvarlo de sí mismo. Lo que es vivir pensando —de manera cotidiana— que los gobernados pueden y deben vigilar a quienes gobiernan. Que los partidos políticos pueden y deben reducir la violencia social y pavimentar la ruta democrática. Que la oposición puede y debe redefinir los términos del debate público. Que la clase política entera puede y debe fomentar la conexión entre la democracia y los ciudadanos. Que no es demasiado pedir.

Y como este libro propone, las soluciones están allí para ser instrumentadas. Las recetas están allí para ser aplicadas. Las reformas están allí para ser ejecutadas. Abarcan las candidaturas ciudadanas y la reelección legislativa y los juicios orales y la reforma a la Ley de medios y la apertura de la televisión y la lucha contra los monopolios y el replanteamiento de la "guerra contra el narcotráfico" y la rendición de cuentas y la construcción de una ciudadanía crítica, participativa, exigente. Tanto por hacer. Tanto por cambiar. Tantos sitios donde amontonar el optimismo. El optimismo de la voluntad frente al pesimismo de la inteligencia. El optimismo de quienes creen que las cosas en México están tan mal que sólo pueden mejorar. El optimismo perpetuo que se convierte en multiplicador.

En *El paciente inglés*, Katherine murmura: "Nosotros somos los verdaderos países, no los límites marcados en los mapas, no los nombres de los hombres poderosos." México no es el país de Andrés Manuel López Obrador o Enrique Peña Nieto o Carlos Slim o Emilio Azcárraga o Carlos Romero Deschamps o Elba Esther Gordillo o Felipe Calderón. No es el país de los diputados o los gobernadores o los burócratas o los líderes sindicales o los monopolistas. Es el país de uno. El país nuestro. Ahora y siempre.

I. CÓMO HEMOS SIDO

No es posible que una persona pensante viva en nuestra sociedad sin querer cambiarla.

GEORGE ORWELL

Ante las demandas de la conformidad, ningún hombre puede sucumbir y permanecer libre.

OSCAR WILDE

PAÍS SOMNOLIENTO

En México, muchos viven con la mano extendida. Con la palma abierta. Esperando la próxima dádiva del próximo político. Esperando la próxima entrega de lo que Octavio Paz llamó "el ogro filantrópico". El cheque o el contrato o la camiseta o el vale o la torta o la licuadora o la pensión o el puesto o la recomendación. La generosidad del Estado, que con el paso del tiempo, produce personas acostumbradas a recibir en vez de participar. Personas acostumbradas a esperar en vez de exigir. Personas que son vasos y tazas. Ciudadanos vasija. Ciudadanos olla. Recipientes en lugar de participantes. Resignados ante lo poco que se vacía dentro de ellos.

Porque la economía no crece lo suficiente. Porque el país no avanza lo que debería. Porque el tiempo transcurre y porque los pobres difícilmente dejan de serlo. En México sigue siendo difícil saltar de una clase a otra, de un decil a otro. En México, la brecha entre los de abajo y los de arriba es cada vez más grande, cada vez más infranqueable. Como lo revela de manera dolorosa el libro *¿Nos movemos? La movilidad social en México* (Fundación ESRU, 2008), los ricos siguen siendo ricos, los pobres siguen siendo pobres, y la pertenencia a un decil económico u otro sigue siendo —en gran medida— hereditaria. Casi uno de cada dos mexicanos cuyos padres pertenecían al veinte por ciento de la población más pobre, permanece en ese mismo quintil. Y según un estudio del Banco Interamericano de Desarrollo, el hijo de un obrero sólo tiene el diez por ciento de probabilidades de convertirse en profesionista. Nacer en la pobreza significa —en la mayor parte de los casos— morir en ella.

Sin perspectivas, sin esperanzas, con la migración en la mente pero la familia en el corazón. Anhelando una vida mejor pero sin acceso a ella.

Eso es lo que hemos creado. Un país estancado. Un país atorado. Un país que no educa a su población. Un país con petróleo pero sin ciudadanos participativos. Un país de empleados en vez de emprendedores. Damnificado por las riquezas que explota pero que no comparte con las mayorías. Años dejando hacer y dejando pasar. Años de más de lo mismo ante una realidad que demanda mucho más. Postergando las decisiones difíciles y las reformas dolorosas. Posponiendo la modernización por los intereses que afectaría. Ignorando los retos que la globalización exige: una economía más competitiva, una mano de obra más productiva, una población más educada, un capitalismo más dinámico que genere riqueza y —al mismo tiempo— tenga los incentivos para distribuirla mejor.

Como escribe Tom Friedman en *The World is Flat: A Brief History of the Twenty-First Century*, mientras dormimos, la tecnología y la geoeconomía han aplanado al mundo. Desde Bangalore hasta Beijing, la innovación marcha a pasos veloces, nivelando el terreno de juego para aquellos que saben competir y quieren hacerlo. Allí están los ingenieros en la India y los diseñadores en China: innovando, compitiendo, produciendo, avanzando.

Mientras tanto, en nuestro país todos los días las noticias plasman síntomas reiterativos del regreso a la somnolencia habitual, a la desidia de decadas, al sonambulismo que ha embalsamado a quienes gobiernan y explica por qué —con frecuencia— lo hacen tan mal. México es como Rip Van Winkle, el famoso personaje del cuento corto de Washington Irving, que decide tomar una siesta y duerme durante veinte años, inconsciente ante los cambios que ocurren a su alrededor. El mundo se transforma mientras Rip ronca. El mundo se mueve mientras Rip se acurruca al margen de él. Y en nuestro país sucede algo similar, algo más o menos igual. Funcionarios que siguen durmiendo el sueño de los injustos, arrullados por una estructura de gobierno que se los permite. Representantes que siguen tomando la siesta, cobijados por una forma de ejercer el poder que concentra su ejercicio. El sueño compartido de la clase política como un pacto con cláusulas secretas. No sacudir la colcha. No cambiar las sábanas. No alterar la dosis diaria de los somníferos aunque al país le urja hacerlo.

Por ello no sorprende que un excelente análisis sobre México de la revista *The Economist* se titule "Hora de despertar". Porque el sueño mexicano ha permitido gobernar —a unos y a otros— sin representar en realidad, gobernar sin reformar a fondo, gobernar sin modernizar a la velocidad que la globalización requiere y que los mexicanos necesitan. Políticos de un partido u otro, meciéndose en una hamaca apuntalada por el petróleo y las remesas. Dejando de hacer y dejando de empujar una reforma institucional urgente, una reforma política necesaria, una reforma hacendaria impostergable, una reforma educativa imperiosa, una reforma regulatoria deseable, una reforma energética que México ve con ambivalencia pero difícilmente puede eludir.

Pero es más fácil dejar todo como está. Gobernar como siempre se ha gobernado. Ver a la función pública como siempre se le ha visto. Ocupar la oficina, cobrar el sueldo, contratar al chofer, colgar los cuadros, pedir el celular, seleccionar a la secretaria. Administrar la inercia. Echarle la culpa por la falta de prisa al gobierno dividido o a la falta de mayorías legislativas. Y mientras tanto ese sueño de sexenios ha mantenido un andamiaje institucional para un sistema de partido dominante, disfuncional cuando ya no lo es.

Ese sueño compartido que ha mantenido un sistema presidencial que hoy opera con una lógica parlamentaria. Ese sueño que ha mantenido el monopolio de los partidos sobre la vida política. Ese sueño ininterrumpido que sigue viendo al gobierno como un lugar para rotar puestos en vez de representar ciudadanos. Donde no hay reelección ni la rendición de cuentas que debería producir. Donde no hay transparencia ni la obligación gubernamental de garantizarla. Donde se otorgan concesiones de bienes públicos para fines privados y se inauguran oficinas de lujo y se ignoran los conflictos de interés y se ejerce el presupuesto de modo discrecional. El sueño como inmunidad culpable. El sueño como tumba provisional.

La tumba incómoda que produce un país que desciende, poco a poco, en los índices internacionales de productividad, de competitividad, de educación, de transparencia. Con 35 millones de adultos que reciben menos de nueve años de educación. Con 400 mil mexicanos que anualmente dejan al país tras de sí. Huyendo, emigrando, abandonando. México partido entre los que acumulan riqueza y los que no tienen condiciones para hacerlo. México dividido entre los que acceden a la movilidad social y los que se mudan a Estados Unidos para aspirar a ella. Los costos de dormitar, los costos de reposar mientras que el mundo corre de prisa, imparable.

La tumba silenciosa que comparten los habitantes de un país que no crece lo suficiente, que no avanza lo suficiente, que no prospera lo suficiente. Porque nadie ha sido capaz de diseñar mejores políticas públicas e instrumentarlas. Porque nadie ha sido capaz de confrontar consistentemente a los monopolios y regularlos. Porque nadie ha sido capaz de reconocer los obstáculos para la competitividad y desmantelarlos. Porque nadie ha sido capaz de generar los consensos necesarios y ponerlos en prática. Porque el gobierno no invierte lo que debería en infraestructura, en educación, en salud, en la creación de empleo, dado que no tiene con qué. Año tras año, los mismos problemas diagnosticados y las mismas soluciones pospuestas. Año tras año, la siesta que abre la puerta a los fantasmas que cada gobierno entrante promete exorcisar.

Tiene razón el analista Luis Rubio: el problema de México no es técnico. El problema es que muchos saben qué hacer —para mejorar la economía y la política— pero pocos están dispuestos a hacerlo. El problema es que la recetas están allí para ser emuladas pero no hay personas con el arrojo o la audacia, o el compromiso para asegurar su aplicación. Porque eso entrañaría remplazar el paradigma prevaleciente sobre el papel del gobierno y la tarea de los partidos. Y quienes ocupan sus filas están demasiado a gusto. Viven demasiado bien. Ejercen el poder en nombre de personas a las cuales no les rinden cuentas, porque no hay reelección. Ejercen el presupuesto en nombre de ciudadanos a los cuales nunca ven, porque no necesitan su aprobación para brincar al siguiente puesto. Pueden recostarse en su oficina recién remodelada ya que jamás recibirán sanción por ello.

Y esos somnolientos no pueden exigir lo que no están dispuestos a dar. El gobierno —de cualquier signo, panista, priísta o perredista— no logrará las reformas que se propone si no se reforma primero a sí mismo. Pero eso requerirá más que el recorte simbólico de los sueldos de los servidores públicos o la eliminación de las plurinominales. Más que convertir a la seguridad en prioridad y concentrar la mayor parte de los esfuerzos iniciales en ella. Más que fortalecer al Ejército y no perder oportunidad para tomarse la foto junto a sus mandos. No se trata tan sólo de hacer presente al gobierno sino de insistir en que actúe de otra manera. No se trata tan sólo de reforzar al Estado sino de mandar el mensaje de que funciona en nombre del interés público. Denunciando la corrupción y combatiéndola cuando emane incluso desde el poder. Cambiando las reglas del juego económico y regulando a quienes —durante demasiado tiempo— las han manipulado para su favor.

Tareas de un gobierno que despierta de golpe en vez de dormir de lado. Con una ética gubernamental a la que México aspira pero no ha visto aún. Con reformas al gasto público que recorten el dispendio y los privilegios que permite. Con reglas claras sobre el conflicto de interés que aseguren su erradicación. Con una actitud que demuestre su oposición a los años Rip Van Winkle de administraciones anteriores. Y en la mente, como mantra, el poema de Robert Frost: "El bosque es hermoso, oscuro y profundo. Pero tengo promesas que cumplir, y millas que recorrer antes de dormir. Y millas que recorrer antes de dormir."

Habrá que despertar a México porque es un país privilegiado. Tiene una ubicación geográfica extraordinaria y cuenta con grandes riquezas naturales. Está poblado por millones de personas talentosas y trabajadoras. Pero a pesar de ello, la pregunta perenne es ¿por qué no nos modernizamos a la velocidad que podríamos y deberíamos? Aventuro algunas respuestas: por el petróleo, por el modelo educativo y el tipo de cultura política que crea, por la corrupción que esa cultura permite, por la estructura económica y por un sistema político erigido para que todo eso no cambie; para que los privilegios y los derechos adquiridos se mantengan tal y como están.

PAÍS PETRO-IDIOTIZADO

Desde hace cientos de años, México le apuesta a los recursos naturales y a la población mal pagada que los procesa. Le apuesta a la extracción de materias primas y a la mano de obra barata que se aboca a ello. Se convierte en un lugar de pocos dueños y muchos trabajadores; de hombres ricos y empleados pobres. Crea virreinatos y haciendas y latifundios y monopolios. Concentra la riqueza en pocas manos y erige gobiernos que lo permiten. Gobiernos liberales o conservadores en el siglo XIX, priístas o panistas en el siglo XXI, compartiendo el mismo fin: un sistema que protege al capital por encima del trabajo; un tipo de capitalismo que mantiene baja la recaudación y no tiene recursos suficientes para invertir en la educación.

Y donde no hay impuestos recaudados, no hay gobiernos eficaces. No hay un Estado que invierta en su población. No hay partidos que se centren en el capital humano y cómo formarlo. No hay líderes que piensen en la educación o en el empleo como prioridad. En cambio, sí hay mucha obra pública. Muchos caminos y puentes y segundos pisos y distribuidores viales y propuestas para Torres del Bicentenario. Muchas maneras de obtener apoyos cortoplacistas y los votos que acarrean. Muchas formas de manipular al electorado en vez de representarlo. Muchas maneras de comprar el voto en vez de ganarlo. Muchas constumbres vivas en el PAN, en el PRI, en el PRD, en todos los partidos. Formas de ejercer el poder que mantienen a México agarrado de la nuca.

Hemos creado un sistema de clientelas en todos los ámbitos. Un sistema de élites acaudaladas, amuralladas, asustadas ante los pobres a quienes no han querido —en realidad— educar. Porque no quieren franquear la brecha que tanto los beneficia. Porque no tienen los incentivos para hacerlo. Allí están los choferes y los obreros y los maestros y las empleadas domésticas y los jardineros mal pagados. Los que asisten a la escuela por turnos y dejan de hacerlo porque no parece importante. Sin primaria terminada, sin preparatoria acabada, sin una carrera profesional para hacerlos productivos, competitivos, ciudadanos empoderados de México y del mundo.

Hemos erigido un andamiaje político, social, cultural basado no en el mérito sino en las relaciones. Basado no en la excelencia sino en los contactos. Donde importa menos el grado que el apellido. Donde los puestos se adjudican como recompensa a la lealtad y no al profesionalismo. Donde las puertas se abren para los disciplinados y no necesariamente para los creativos. La dádiva de generación en generación, de familia en familia, de mano a mano. La palmada en la espalda y el guiño del ojo. Los matrimonios que cimentan alianzas de negocios y de clase. Las compañías que pasan del abuelo al hijo, al nieto. Los caudillos locales apoyados por sindicatos leales. El monopolio estatal que se vende al amigo y lo convierte en multimillonario.

Allí están los muros —educativos, culturales, sociales, empresariales— construidos contra los de afuera, obstaculizando la movilidad. Evitando el ascenso. Impidiendo el ingreso. De los pobres. De los provincianos. De los empresarios innovadores. De la competencia. De los que no tienen acceso al crédito. De los que aprovecharían las oportunidades reales si existieran, y que cruzan la frontera —al ritmo de 400 mil personas al año— en busca de ellas. Millones de mexicanos con múltiples trabajos, supervivientes ansiosos de un sistema que no funciona para ellos.

Un sistema que frena la competitividad del país ante un mundo globalizado. Que lleva la frustración a las calles. Que refuerza la desesperanza de los desposeídos. Que alimenta el éxodo y la exportación de talento que entraña. Que convierte a México en un país donde uno de cada cinco hombres entre las edades de 26 y 35 años vive en Estados Unidos. Que ara el terreno para cualquiera capaz de ofrecer promesas, asegurar recetas rápidas, proveer "un proyecto alternativo" o una "mano firme" con la cual salvar a la nación.

México tiene estabilidad macroeconómica, es cierto. México tiene el programa Oportunidades, es cierto. Pero eso no es suficiente para acelerar la transformación de la sociedad mexicana a fin de afianzar los logros de la clase media y sumar a un cada vez mayor número de familias que se encuentran por debajo de esa definición. Para garantizar la movilidad social. Para construir trampolines que permitan saltar de la tortillería al diseño de software.

Para darle ocho años más de educación al veinte por ciento de la población más pobre. Para cambiar una estadística que encoge el ánimo: el porcentaje de mexicanos entre 25 y 34 años con educación superior es de cinco por ciento, comparado con dos por ciento para la generación 30 años mayor. Otros países han hecho más y lo han hecho mejor. En Corea del Sur la proporción es de 26 por ciento cuando hace 30 años sólo era de ocho. Hace 25 años la economía coreana era cuatro veces menor a la de México; actualmente la rebasa.

Algo está mal. Algo no funciona. Tiene que ver con una cuestión profunda, histórica, estructural. Tiene que ver con la apuesta que el país hace a sus recursos por encima de su población. La extracción del petróleo sobre la inversión en la gente. La concentración de la riqueza que ese modelo genera. Las disparidades que acentúa. La población pobre y poco educada que produce. El comportamiento clientelar que induce. La ciudadanía poco participativa que engendra. Los recipientes apáticos que hornea, generación tras generación.

Y el círculo vicioso que nuestra dependencia de la extracción petrolera institucionaliza. Ese patrón de comportamiento transexenal que condena a México al estancamiento, independientemente de quien llegue a Los Pinos y gobierne desde allí. Ese patrón de reformas parciales o postergadas. De privatizaciones amañadas o mal ejecutadas. De todo lo que no se hace porque el precio del petróleo se encuentra a niveles históricamente altos. Eso que permite perder el tiempo; evitar las reformas indispensables; producir daño a largo plazo. Darle cosas a la población en vez de educarla.

Como señala el escritor y político canadiense Michael Ignatieff, los recursos naturales como el petróleo son un arma de doble filo para la democracia en cualquier nación en desarrollo. El petróleo puede idiotizar a un país. Puede volverlo flojo, complaciente, clientelar, parasitario. Más interesado en vender barriles que en educar a su población. Más centrado en la extracción de recursos no renovables que en la inversión en talentos humanos. Más preocupado por distribuir la riqueza entre unos cuantos que por generarla para muchos. Como México ayer. Como México hoy. Víctima de la "Primera Ley de la Petropolítica" descrita por el periodista Tom Friedman en un artículo de *Foreign Policy*: mientras mayor sea el precio del petróleo, menor será el ímpetu reformista y el compromiso modernizador.

México, adicto a la venta del petróleo, equivocándose una y otra vez. Presa desde hace cuarenta años de la maldición que entraña obtener ingresos con tan sólo perforar un pozo. Construyendo un país donde todo gira alrededor del oro negro y quién lo controla; donde todo depende del precio del barril y quién se beneficia con su venta. Donde no importa cómo competir sino cuánto extraer. Donde no importa cómo innovar sino dónde perforar. Donde no importa crear emprendedores sino proteger depredadores. El persistente saqueo gubernamental en defensa del "patrimonio nacional". Con efectos perniciosos para la economía, para la política, para la democracia y su consolidación.

Porque cuando un gobierno obtiene los recursos que necesita para sobrevivir vendiendo petróleo, no tiene que recaudar impuestos. Y un gobierno que no recauda impuestos para pagarse a sí mismo —y a sus aliados— no tiene que escuchar a su población. O representarla. O atender sus exigencias. Puede aliviar las tensiones sociales aventándoles dinero. Puede atenuar las exigencias comprando a quienes las enarbolan. Puede posponer la solución de problemas usando dinero discrecional que el petróleo provee. Puede evitar la rendición de cuentas porque hay demasiados partidos satisfechos con sus prerrogativas, demasiados líderes sindicales conformes con el Estado dadivoso como para exigir su transformación.

La riqueza petrolera lleva a la política como patronazgo. A la política vista como un intercambios de prebendas. A la política percibida sólo como un ejercicio donde el gobierno da y el ciudadano recibe. A la mano extendida y a la boca cerrada. A la democracia como un sistema de extracción sin representación. Y por ello, el gobierno no se ve obligado a construir un modelo económico más justo o un sistema político más representativo, o un sistema educativo más funcional que le permita a los mexicanos maximizar su habilidad para competir, innovar, prosperar. El petróleo no ha fomentado el desarrollo equilibrado; más bien lo ha pospuesto. El petróleo no ha facilitado el ascenso de los mexicanos; más bien ha contribuido a mantenerlos en el mismo lugar.

Joaquín Hernández Galicia y Fidel Velázquez.

México se volvió rico y lleva cuatro décadas gastando mal su riqueza. De manera descuidada. De forma irresponsable. Usando los ingresos de Pemex para darle al gobierno lo que no puede o quiere recaudar. Distribuyendo el excedente petrolero entre gobernadores que se dedican a construir libramientos carreteros con su nombre. Financiando partidos multimillonarios y medios que los expolian. Dándole más dinero a Carlos Romero Deschamps que a los agremiados en cuyo nombre dice actuar. Eso es lo que ha hecho el gobierno con los miles de millones de dólares anuales que recibe gracias a la venta del petróleo. Así hemos desperdiciado el dinero y desaprovechado el tiempo.

En vez de apostarle a la población y educarla. En lugar de invertir en las universidades y actualizarlas. En vez de identificar a los jóvenes emprendedores e impulsarlos. En lugar de remodelar a las instituciones para asegurar que la bonanza petrolera se gaste mejor y se vigile bien. En vez de crear condiciones legales, educativas, empresariales que permitan el capitalismo dinámico. El capitalismo innovador. El capitalismo que no depende de la complicidad sino de la creatividad. El capitalismo que hoy no existe pero debería para que México pueda ser mejor, más rápido, más inteligente que sus competidores. Para que se vea obligado a empoderar a sus habitantes. Para evolucionar de la dependencia idiotizante a la modernización acelerada.

Hasta ahora la discusión se ha centrado en cómo mantener los ingresos de Pemex, no en cómo disminuir la dependencia gubernamental de ellos o cómo gastarlos mejor. El debate se ha focalizado en cómo extraer más petróleo, no en cómo utilizar de manera más productiva la riqueza que produce. El debate ha sido técnico, cuando debería ser político. Cuando debería enfocarse no tanto en las formas de explotar un recurso patrimonial, sino en cómo usarlo para el desarrollo. Cuando debería incluir una estrategia para invertir en la educación de los mexicanos y no nada más en la construcción de refinerías. Porque cuando el petróleo se acabe, el impacto será brutal. México va a descubrir que tiene poco que ofrecerle al mercado global más allá de sus migrantes.

PAÍS MAL EDUCADO

Éste es un diagnóstico ensombrecedor acentuado por el modelo educativo del país y quien lo controla. Ese paraje feudal que es el Sindicato Nacional de Trabajadores de la Educación y la manera en la cual ha colocado a México contra la pared. Allí está el muro infranqueable que un sistema educativo indefendible erige en torno a millones de mexicanos. Víctimas de una educación que no le permite a México competir y hablar, y relacionarse con el mundo. Víctimas de una escuela pública que crea ciudadanos apáticos, entrenados para obedecer en vez de actuar. Educados para memorizar en vez de cuestionar. Entrenados para aceptar los problemas en vez de preguntarse cómo resolverlos. Educados para hincarse delante de la autoridad en vez de llamarla a rendir cuentas. Y ante la catástrofe conocida, lo que más sorprende es la complacencia, la resignación, la justificación gubernamental y la tolerancia social. Nuestra constante convivencia con la mediocridad, año tras año, indicador tras indicador, resultado dramático tras resultado dramático.

Si la educación es tan importante como todos dicen, ¿en dónde está el clamor? ¿Cómo entender que tantos marchen para defender a un líder sindical privilegiado, pero nadie movilice a la sociedad para protestar contra una educación deficitaria? En México no hay una reacción suficientemente vigorosa por parte de los ciudadanos, precisamente por la baja calidad del sistema educativo; estamos tan mal educados que no sabemos lo importante que es la educación. Estamos tan "indoctrinados" por nuestros Libros de Texto Gratuito que no entendemos cuán deficientes y obsoletos son. No entendemos la forma en la cual se nos ha negado lo que siempre ha sido nuestro, de todos: el derecho a la educación.

Derecho cercenado por una historia de progresivo deterioro, por el efecto combinado de la inclusión tardía, la reprobación y la deserción. Produciendo una generación herida, en la cual más de la mitad de los jóvenes mexicanos están por completo fuera de la escuela. Produciendo un país donde la escolaridad promedio es de tan sólo 8.7 en cuanto a grados, lo cual equivale a segundo de secundaria y se vuelve razón fundacional de nuestro desarrollo trunco. Donde 43 por ciento de la población de quince años o más no cuenta con una educación básica completa. Donde 56 por ciento de los mexicanos evaluados por la prueba PISA —la mejor métrica internacional— se ubican entre los niveles 0 y 1, es decir, sin las habilidades mínimas para enfrentar las demandas de un mundo globalizado, competitivo, meritocrático. Cifras de una catástrofe; datos de un desastre; números que subrayan aquello que el escritor James Baldwin advirtió: los países no son destruidos por la maldad sino por la debilidad, por la flojera.

O por la complicidad en la construcción de ese lucrativo coto que es el Sindicato Nacional de Trabajadores de la Educación. Un paraje amurallado por el tipo de liderazgo que Elba Esther Gordillo tiene y cómo lo ejerce. Por la manera en la cual está acostumbrada a hacer política y cómo retrasa su evolución. El apoyo que ofrece a cambio de las prebendas que garantiza; la lealtad que vende a cambio de los recursos que obtiene; la movilización política que asegura a cambio de los privilegios sindicales que logra

mantener. Sexenio tras sexenio, prometiéndole apoyo al presidente
en turno para que no tenga problemas con el sindicato. Para que
no haya pleitos ni movilizaciones ni confrontaciones como las que
ha habido en Oaxaca o en Morelos. Gobierno tras gobierno ha
concebido a la educación pública como una estrategia de pacificación, más que como un vehículo de empoderamiento.

Elba Esther Gordillo.

Mientras tanto, los miles de millones de pesos que ella exige —y
recibe— para el SNTE son señal de más de lo mismo. Evidencia de
las añejas maneras de relación y las viejas formas de complicidad,
vivas aún y estrangulando la educación de un país que necesita
reformarla. La anuencia sindical a cambio de la dádiva gubernamental. La mano extendida para aceptar la prebenda indispensable. Elba Esther Gordillo chantajea y presidente tras presidente se
deja chantajear. Ella quiere perpetuar el alcance de sus canonjías
y ellos no tienen la audacia política para acotarlas. Ese arreglo
primigenio ha conformado un entramado institucional que otorga
concesiones indefendibles al Sindicato, incluyendo el "derecho adquirido" de vender, heredar o intercambiar una plaza de maestro
por favores sexuales.

¿Quiénes pagan el costo de la complicidad constante entre el gobierno y La maestra? Seis de cada diez alumnos que no concluyen secundaria con conocimientos básicos de matemáticas. Cuatro de cada diez alumnos que tampoco los obtienen en español. Una "líder moral" del SNTE más preocupada por empoderar a sus allegados que por educar mexicanos. Un sistema educativo que cuesta mucho pero que rinde poco, sobre todo cuando se le compara con otros miembros de la OCDE. Un sindicato beligerante que exige más recursos en cada negociación presupuestal, pero no parece dispuesto a modernizarse a fondo para conseguirlos.

Peor aún: millones de niños mexicanos haciendo planas, copiando párrafos, memorizando fechas, acumulando la ignorancia en la forma de datos inertes. Millones de niños mexicanos que aprenden todo sobre los héroes que nos dieron patria, pero no se les educa para que sepan cómo ser ciudadanos activos en ella. Millones de niños mexicanos coloreando figuras de héroes mexicanos muertos, memorizando historias de victimización, rindiéndole tributo al pasado antes de pensar en el futuro. Sobrevivientes de una educación construida sobre mitos, enfocada a producir una identidad nacional. Y vaya que lo ha logrado: México, el país que produce personas orgullosamente nacionalistas, pero educativamente atrasadas. México, el país que enseña a sus habitantes a lidiar con un entorno que ya no existe. México, el país donde en la escuela pública se aprende poco de ciencia, pero se aprende mucho de sometimiento; se aprende poco de tecnología pero se aprende mucho de simulación; se aprende poco de álgebra pero se aprende mucho de cumplimientos mediocres, negociaciones injustas y beneficios extralegales. México el país donde, en la escuela pública, no se desata el sentido crítico o la autonomía ética o el empeño en el cambio social, sino una extendida propensión a la conformidad.

Condenándonos a la mediocridad permanente porque de cada 100 estudiantes que ingresan a la primaria, sólo 68 completa la educación básica y sólo 35 termina la primaria. Sólo 8.5 por ciento de la población cuenta con una licenciatura. Sólo tres por ciento de la población indígena completa al menos un año de universidad. Sólo una de cada cinco mujeres indígenas entre los quince y 24 años sigue estudiando. La educación pública en México es un desastre, ni más ni menos. Y el problema fundamental está en un modelo político y económico que privilegia el mantenimiento del corporativismo por encima del crecimiento económico; que premia clientelas en lugar de construir ciudadanos; que usa a los maestros para ganar elecciones en vez de educar niños. Un sistema de cotos reservados y sindicatos apapachados y acuerdos políticos arraigados.

El sistema educativo ha sido parte central de ese modelo maltrecho, con los resultados que el reporte "Brechas", de la ONG Mexicanos Primero, ilumina dolorosa pero necesariamente. Las desigualdades mayúsculas, las brechas que separan los estratos educativos, las brechas que dividen a México del mundo. La escuela mexicana de nivel básico que funciona como espejo de las divisiones sociales pero no como propulsor para trascenderlas. El hecho de que la inequidad en la distribución del aprendizaje está relacionada con las desigualdades socioeconómicas. Y ante ello la complacencia de tantos. La costumbre de ver las brechas como algo normal e imbatible.

Porque el sistema educativo no está pensado para garantizar la movilidad social. Y eso se debe a nuestros pobres resultados educativos. Se debe a nuestra apuesta histórica a la plata, al oro, al cobre, al petróleo, al gas, a las playas, a los bosques. Lo que no hemos logrado entender aún es que la única apuesta que verdaderamente cuenta es la apuesta a la gente, al capital humano, a aquello que es genuinamente renovable y multiplicador.

La educación en los países exitosos y dinámicos es radicalmente diferente. Allí, ayuda a desarrollar las facultades críticas de la mente, indispensables para prosperar en el mundo y en la vida. Ayuda a fomentar talentos necesarios como la creatividad, la curiosidad, el mérito, la ambición. Nutre una cultura de aprendizaje en la cual los alumnos viven con la boca abierta, con la mano alzada, preguntando, procesando, debatiendo con los maestros y no nada más copiando lo que escriben en el pizarrón. Premia el ingenio, la irreverencia, la capacidad para resolver problemas y no sólo el lamentarse frente a ellos.

La razón del rezago se encuentra en el binomio SEP/SNTE. En un modelo magisterial que ofrece ya poco margen para seguir siendo viable. En la creciente subordinación de diversos secretarios de Educación Pública a los dictados de La Maestra porque han querido llevar la fiesta en paz y alimentar sus propias aspiraciones presidenciales. En la persistencia de prácticas claramente ilegales como los cobros de maestros en dos entidades federativas, las secretarias con plazas de maestros, los prestanombres que eluden los concursos nacionales, el manejo discrecional de plazas, y la colonización de dependencias por "comisionados" que obstaculizan cualquier cambio de fondo.

El primer examen de oposición para concursar por plazas —parte de la Alianza por la Calidad de la Educación— constituye, sin duda, un gran primer paso, un valioso instrumento de diagnóstico y rendición de cuentas. Como lo revela la evaluación de Mexicanos Primero, el concurso muestra un resultado preocupante sobre la calidad de la docencia en México. Únicamente diez por ciento de los concursantes tiene realmente los conocimientos y habilidades necesarios para ingresar al servicio docente, según el instrumento de evaluación. Hay 16 433 docentes que no tienen la capacidad de desempeñarse como tales y, de ellos, más de 4 000 tuvieron la posibilidad de alcanzar la definitividad de la plaza. Tenemos 3 695 docentes en servicio que no deberían estar dentro del sistema educativo y no es posible separarlos del cargo.

El estado de la educación en un país avisora cómo será en treinta años. Ante lo que ello implica ya no podemos seguir perdiendo el tiempo. Seguir pensando que no es necesario replantear los fundamentos de nuestro sistema educativo. Seguir pensando que un maestro no es un profesional digno sino un peón de apoyos políticos. Seguir resignándonos a escuelas pobres para pobres, canalizadoras de ciudadanos de segunda. Seguir ignorando que la brecha en educación se traduce en brechas de desarrollo, en brechas de derechos, en brechas que condenan a una niña indígena a la marginación, cuando se merece lo mismo que queremos para nuestras propias hijas.

Para modernizar a México habrá que empezar por los padres de familia y sus bajas expectativas. Habrá que comenzar por los maestros y quien los mueve. Habrá que empezar por el gobierno y sus cálculos políticos. Habrá que imbuirle a la actuación del secretario de Educación Pública el sentido de urgencia —y el fuego en la panza— de una acción efectiva. Habrá que insistirle al gobierno federal que La Maestra puede ser una aliada, pero habrá que obligarla a actuar y a pactar de otra manera, con otros objetivos. Nunca como ahora la política educativa había estado tan controlada por el sindicato y ante ello, se vuelve imperativo que la SEP recobre la rectoría que perdió.

Porque si la respuesta de las autoridades al desastre educativo sigue siendo el silencio, la actitud defensiva, o la descalificación, condenarán a México a ser un país cada vez más rezagado, cada vez más rebasado, cada vez más aletargado, cada vez más pobre. Porque si no se instituye un padrón único de maestros, si no se transforma la educación normalista, si no se crean sistemas de formación continua de profesores, si no se implanta la certificación periódica y obligatoria para los docentes, si no se involucra a la sociedad civil en una revolución educativa, México continuará siendo un país parapetado detrás de las excusas y el miedo y la tibieza y la renuencia de tantos a pagar costos políticos. Porque si el gobierno le sigue permitiendo a Elba Esther Gordillo obtener recursos y puestos y posiciones sin comprometerse a fondo con ese primer paso que es la Alianza por la Calidad de la Educación, millones de niños mexicanos seguirán parados frente a la pared.

PAÍS CONFORMISTA

Y millones de jóvenes mexicanos continuarán siendo educados para la conformidad; para contribuir a la lógica compartida del "por lo menos". Por lo menos no provocó una crisis económica, se dice de Vicente Fox. Por lo menos hizo obra pública, se dice de Andrés Manuel López Obrador. Por lo menos es un político eficaz, se dice de Manlio Fabio Beltrones. Por lo menos es guapo, se dice de Enrique Peña Nieto. Por lo menos en el sexenio pasado sólo se robaron un jeep rojo y una Hummer. Por lo menos no ocupamos el último lugar en las evaluaciones PISA de educación. Por lo menos el Aeropuerto de la Ciudad de México no es tan malo como el de Ruanda, se escucha por allí. México se ha convertido

en el país del "por lo menos"; el país de los estándares bajos y las
expectativas encogidas; el país donde las cosas están mal pero podrían estar mucho peor. México ya no vive en el laberinto de la
soledad, está atrapado en el laberinto de la conformidad.

La propensión a compararse hacia abajo es el denominador
común de muchos mexicanos. Refleja el sentir de quienes se conforman con la realidad porque no quieren o no saben cómo cambiarla. Refleja los instintos de políticos e intelectuales conservadores
que evalúan a México con la vara comparativa del pasado e invitan
a los ciudadanos a hacerlo también. Vicente Fox no hizo nada, pero
por lo menos no hizo nada muy malo, aseguran. El gobierno no
logra combatir a los delincuentes, pero por lo menos no reprime
a sus adversarios como lo hizo en 1968, sugieren. El segundo piso
del Periférico es un una obra disfuncional, pero por lo menos existe,
argumentan. Antes las elecciones eran fraudulentas y ahora por lo
menos son más limpias, postulan. Antes el PRI era un partido de
Estado y ahora se ve obligado a reconquistarlo, señalan. Frente al
vaso roto es mejor el vaso medio vacío. Todo es relativo.

La vara de medición está tan cerca del suelo que el país se tropieza —una y otra vez— con ella. Las expectativas son tan bajas
que cualquier político incompetente o corrupto, o populista puede
satisfacerlas fácilmente. Es innegable: Vicente Fox no provocó una
crisis económica, pero bajo su presidencia México no se volvió un
país más competitivo, o más seguro. Es indudable: Andrés Manuel
López Obrador promovió obras públicas, pero bajo su gobierno
la vida en el Distrito Federal no se volvió considerablemente mejor. Es innegable: Beatriz Paredes habla muy bien, pero bajo su
liderazgo el PRI no se convirtió en un partido más visionario o
moderno. Es indudable: Enrique Peña Nieto es muy popular pero
el Estado de México no es un lugar bien gobernado. Después de
décadas de gobiernos desastrosos, muchos se conforman con gobiernos mediocres. Después de años de presidentes depredadores,
muchos se conforman con presidentes ineptos. Y después de dos
sexenios de democracia disfuncional, muchos parecen estar dispuestos a sacrificarla.

Como los mexicanos no pueden imaginarse algo mejor, se
conforman con lo existente. Como no quieren enfrentarse a la

realidad, se acomodan ante ella. Comienzan a pensar que el pasado no era tan malo. Comienzan a racionalizar, a justificar, a relativizar. Comienzan —por ejemplo— a defender a Carlos Salinas de Gortari. Por lo menos es un político pragmático. Por lo menos gobernó con una tecnoburocracia reformista. Por lo menos firmó el Tratado de Libre Comercio.

Y el mismo relativismo florece en otros bandos. El mismo conformismo emerge entre quienes defienden a Andrés Manuel López Obrador o Felipe Calderón y se declaran satisfechos con su trayectoria. Por lo menos AMLO favorece a los pobres, declaran. Por lo menos Calderón combate el crímen, justifican. Por lo menos AMLO ha escrito libros describiendo su proyecto alternativo de nación, concluyen. Por lo menos Calderón tiene una esposa sensata, argumentan. Por lo menos ninguno de los dos es el PRI, suspiran.

Estos argumentos tienen un común denominador; parten de la premisa "así es México". Parten de la inevitabilidad. Parten de la conformidad. Ya lo decía Octavio Paz: "Y si no somos todos estoicos e impasibles —como Juárez y Cuauhtémoc— al menos procuramos ser resignados, pacientes y sufridos. La resignación es una de nuestras virtudes populares. Más que el brillo de nuestras victorias nos conmueve nuestra entereza ante la adversidad". Nuestro conformismo con la corrupción cuando es compartida. Nuestra paciencia frente a las obras públicas mal pensadas y mal ejecutadas. Nuestra tolerancia ante empresarios que venden malos productos en contextos monopólicos. Nuestra resignación ante la posibilidad del regreso del PRI a Los Pinos. Nuestra convicción compartida de que México es incambiable. Nuestra complicidad con el *statu quo*.

Hoy, la defensa del país basada en el argumento del "por lo menos" equivale a una defensa de la mediocridad. Equivale a una apología del gradualismo que beneficia a pocos y perjudica a muchos. México sólo será un país mejor cuando sus habitantes dejen de pensar en términos relativos y empiecen a exigir en términos absolutos. Cuando se conviertan en profetas armados con una visión de lo que podría ser. Cuando empuñen lo que Martin Luther King llamó "coraje moral". Cuando vociferen que los bonos navideños y las obras interminables y los aeropuertos caóticos y las cárceles incontrolables y la inseguridad rampante y la violencia desbordada y el Estado ausente son realidades que ningún mexicano está dispuesto a aceptar.

Porque si nadie alza la vara, el país seguirá viviendo —aplastado— debajo de ella. Porque si nadie exige que las cosas cambien, nunca lo harán. Porque si nadie rechaza la conformidad, el país seguirá gobernado por políticos que no hacen nada (como Vicente Fox); que violan las leyes electorales (como Enrique Peña Nieto); que mandan al diablo a las instituciones (como Andrés Manuel López Obrador); que sólo promueven reformas minimalistas (como Felipe Calderón); que tienen mucha visión pero poca ética (como Carlos Salinas de Gortari). Porque si los mexicanos siguen habitando el laberinto de la conformidad, será muy difícil crear mejores gobiernos y mejores gobernantes desde allí.

Escribía Kazantzakis que el peor pecado es la satisfacción. Y demasiados mexicanos están demasiado satisfechos, porque no viven tan mal bajo el despotismo de la costumbre. Les sobra conformismo y les falta descontento. Defienden en términos relativos una corrupción que no puede ser defendida en términos absolutos. Comparan a México hacia abajo en vez de mirar hacia arriba. Pero el problema es que el consuelo de muchos suele ser el consuelo de tontos. Y las expectativas bajas se convierten en profecías. Y los laberintos de la conformidad también pueden convertirse en laberintos sin salida.

Porque los ciudadanos conformistas engendran políticos mediocres. Los ciudadanos que relativizan mucho están dispuestos a esperar poco. Los ciudadanos con bajas expectativas producen gobiernos que los reflejan. En México es más fácil jugar con las reglas existentes que exigir nuevas. Es más cómodo seguir las costumbres que confrontarlas. Es más rentable la conformidad cortés que la indignación permanente. Es más aceptable tolerar las grandes omisiones y negociar las pequeñas sumisiones. Pero esa displicencia permite que la clase política siga actuando como lo hace. Ese conformismo corrosivo permite que el gobierno se dé palmadas en la espalda porque el nivel de violencia en México es menor que en Nueva Orleans; que AMLO sea apoyado tan sólo por las cosas inviables que promete; que el PRI sea aceptado tan sólo por la predecibilidad que ofrece; que Enrique Peña Nieto sea considerado un candidato presidencial viable tan sólo porque es guapo.

Por ello México se ha vuelto un país incapaz de responder a los retos que tiene enfrente desde hace años. Incapaz de entender un entorno global cada vez más competitivo. Incapaz de formar parte de una revolución tecnológica global. Incapaz de comprender la vasta transformación económica más allá de nuestras fronteras, que está creando nuevos ganadores y nuevos perdedores. Líderes políticos y empresariales e intelectuales han hecho poco por prepararnos para el nuevo milenio. Y una razón principal detrás de la inacción enraizada en nuestra cultura política y en nuestra estructura económica es la pleitesía permanente de tantos mexicanos a las "Ideas muertas".

Ideas acumuladas que se han vuelto razón del rezago y explicación de la parálisis. Sentimientos de la nación que han contribuido a frenar su avance, como argumentan Jorge Castañeda y Héctor Aguilar Camín en el ensayo "Un futuro para México" publicado en la revista *Nexos*. Los acuerdos tácitos, compartidos por empresarios y funcionarios, estudiantes y comerciantes, periodistas y analistas, sindicatos y sus líderes, dirigentes de partidos políticos y quienes votan por ellos. La predisposición institintiva a pensar que ciertos preceptos rigen la vida pública del país y deben seguir haciéndolo. Y aunque esa visión compartida no es del todo monolítica, los individuos que ocupan las principales posiciones de poder en México suscriben sus premisas centrales:

- El petróleo sólo puede ser extraido, distribuido y administrado por el Estado.
- La inversión extranjera debe ser vista y tratada con enorme suspicacia.
- Los monopolios públicos son necesarios para preservar los bienes de la nación y los monopolios privados son necesarios para crear "campeones nacionales".
- La extracción de rentas a los ciudadanos/consumidores es una práctica normal y aceptable.
- El reto de la educación en México es ampliar la cobertura.

- La ley existe para ser negociada y el Estado de Derecho es siempre negociable.
- México no está preparado culturalmente para la reelección legislativa, las candidaturas ciudadanas, y otros instrumentos de las democracias funcionales.
- Las decisiones importantes sobre el destino del país deben quedar en manos de las élites corporativas.

Estos axiomas han formado parte de nuestra conciencia colectiva y de nuestro debate público durante decenios; son como una segunda piel. Determinan cúales son las rutas aceptables, las políticas públicas necesarias, las posibilidades que nos permitimos imaginar. Y de allí la paradoja: las ideas que guían el futuro de México fueron creadas para una realidad que ya no existe; las ideas que contribuyeron a forjar la patria hoy son responsables de su deterioro. Desde los pasillos del Congreso hasta la torre de Pemex; desde las oficinas de Telmex hasta la Secretaría de Comunicaciones y Transportes; desde la sede del PRD hasta dentro de la cabeza de Enrique Peña Nieto, los mexicanos son presa de ideas no sólo cuestionables sino equivocadas. Más grave aún: son ideas que corren en una ruta de colisión en contra de tendencias económicas y sociales irreversibles a nivel global. Son ideas muertas que están lastimando al país que las concibió.

Son ideas atávicas que motivan el comportamiento contraproducente de sus principales portadores, como los líderes priístas que defienden el monopolio de Pemex aunque sea ineficiente y rapaz. O los líderes perredistas que defienden el monopolio de Telmex, porque por lo menos está en manos de un mexicano. O los líderes panistas que defienden la posición privilegiada del SNTE por la alianza electoral/política que han establecido con la mujer a su mando. O los líderes empresariales que resisten la competencia en su sector aunque la posición predominante que tienen allí merme la competitividad. O los líderes partidistas que rechazan la reelección legislativa aunque es un instrumento indispensable para obligar a la rendición de cuentas. O los intelectuales que cuestionan las candidaturas ciudadanas aunque contribuyan a abrir un juego político controlado por partidos escleróticos. O los analistas que achacan el retraso de México a un problema de cultura, cuando el éxito de los mexicanos en otras latitudes —como el de los inmigrantes en Estados Unidos— claramente evidencia un problema institucional.

La prevalencia de tantas ideas moribundas se debe a una combinación de factores. El cinismo. La indiferencia. La protección de intereses, negocios, concesiones y franquicias multimillonarias. Pero con estas explicaciones yace un problema más pernicioso: la gran inercia intelectual que caracteriza al país en la actualidad. Nos hemos acostumbrado a que "así es México": así de atrasado, así de polarizado, así de corrupto, así de pasivo, así de "incambiable". Nuestra incapacidad para pensar de maneras creativas y audaces nos vuelve víctimas de lo que el escritor Matt Miller llama "La tiranía de las ideas muertas". Nos obliga a vivir en la dictadura de los paradigmas pasados. Nos convierte en un país de masoquistas, como sugiriera recientemente Mario Vargas Llosa.

Como México no logra pensar distinto, no logra adaptarse a las nuevas circunstancias. No logra responder adecuadamente a las siguientes preguntas: ¿Cómo promover el crecimiento económico acelerado? ¿Cómo construir un país de clases medias? ¿Cómo arreglar una democracia descompuesta para que represente ciudadanos en vez de proteger intereses? Contestar estas preguntas de mejor manera requerirá sacrificar algunas vacas sagradas, desechar muchas ortodoxias, reconocer nuestras ideas muertas y enterrarlas de una buena vez, antes de que hagan más daño. Porque como dice el proverbio, la muerte cancela todo menos la verdad y México necesita desarrollar nuevas ideas para el país que puede ser.

PAÍS DISCRIMINADOR

El conformismo y las ideas muertas permiten que en México, en estos días, ya todo sea visto como normal. Rutinario. Parte del paisaje. La violencia cotidiana en Ciudad Juárez y las muertes que produce. La impunidad rampante y los cadáveres que permite. Todos los días, a todas las horas, en todos los lugares: los ojos cerrados. Cerrados frente a miles de mujeres acechadas, hombres perseguidos, mexicanos maltratados. Mexicanos que se matan los unos a los otros, que se burlan los unos a los otros, que se discriminan entre sí. Pensando que eso es normal.

Cruces a las muertas de Juárez.

© Rafael Durán / Procesofoto / Cd. Juárez

Pensando que así es la vida. Que así es el país. Que así es la democracia. Que la violencia y el odio y la homofobia y el racismo no son motivos de alarma. Que no son problemas profundos que requieren soluciones urgentes. Que la sociedad sólo enfrenta divisiones de clase más no de raza o de género o de preferencia sexual. Que México no es Estados Unidos, ese país "históricamente excluyente y cargado de racismo". Que México no tiene por qué ser sensible a las denominaciones raciales porque nunca ha sido un país racista. Nunca ha sido un país excluyente. Nunca ha sido un país intolerante. Dicen aquellos que ignoran los códigos de conducta del lugar que habitan.

Porque esos argumentos ignoran a millones de mexicanos forzados a vivir a la intemperie. Sin la protección de la ley. Sin el paraguas de la igualdad. Sin el cobertor de la ciudadanía. Sin el arropo de los derechos civiles. Hostigados por depredadores sexuales, mutilados por secuestradores, asaltados por hombres abusivos, asesinados por su género o su edad, o su etnia. Millones de mujeres que viven la violencia y millones de indígenas que padecen la discriminación. Miles de homosexuales que enfrentan la homofobia y miles de discapacitados que sufren el rechazo. Cifra tras cifra, dato tras dato, expediente tras expediente: allí está la realidad de un país violento, de un país asustado, de un país intolerante.

"Pinche gringo" grita un automovilista cuando pasa al lado de mi esposo en el momento en que recoge una basura en la calle, cerca del Bosque de Chapultepec. Y bueno, se puede entender el motivo de la confusion porque tiene el cabello rubio, los ojos verdes y mide 1.96 m. Pero resulta que es canadiense y aún mas importante, es ser humano. Miembro de un grupo universal, cuyos derechos deberían trascender la raza, la etnia, el color de piel, la nacionalidad misma. Sin embargo —una y otra vez— se enfrenta a frases discriminatorias que son dardos, epítetos xenófobos que son flechas, expresiones intolerantes que revelan el rostro oscuro de México. Un país que es un maravilloso rompecabezas en su diversidad de etnias, culturas, edades, formas de pensar, de creer, de amar. Pero un rompecabezas incompleto todavía.

Porque aún hay millones de individuos a los cuales, se les discrimina, se les odia, se les golpea, se les trata como ciudadanos de segunda clase. Por sexo, por discapacidad, por ser joven, niña o niño, persona adulta mayor. Por orígen étnico, por apariencia, por nacionalidad, por preferencia sexual, por ser migrante. Indígenas a quienes se les niega el ejercicio igualitario de libertades y oportunidades. Mujeres a las cuales se les excluye y se les pone en desventaja. Homosexuales sometidos a la intolerancia sistemática, injusta e inmerecida. Ciudadanos a quienes se les violan sus derechos, a toda hora, todos los días. Como lo revela la primera Encuesta Nacional Sobre Discriminación, somos "una sociedad con intensas prácticas de exclusion, desprecio y discriminación hacia ciertos grupos" y "la discriminación está fuertemente enraizada y asumida en la cultura social, y se reproduce por medio de valores culturales".

Cuesta trabajo sabernos así, asumirnos así, vernos así. Usando la frase de Doris Sommer, México vive con una serie de "ficciones fundacionales". México se cubre la cara con la máscara de los mitos. El mito del país mestizo, incluyente, tolerante. El mito del país que es clasista mas no racista. El mito del país que abolió la esclavitud y con ello eliminó la discriminación. El mito del país progresista donde un indio zapoteca pudo ser presidente. Esas ficciones indispensables, esas ideas aceptadas: el mestizaje civilizador, el indio noble, la mujer como Madre Patria, la revolución igualitaria, la cultura acogedora. Esas medias verdades que son como bálsamo, como unguento, como antifaz. Esas mentiras aceptadas que ocultan la realidad de un país poco dispuesto a confrontarla. Donde nadie nunca se declara homofóbico o racista o machista o xenófobo o en favor de la violencia. Donde muchos por acción u omisión lo son y lo viven.

Un país donde 30.1 por ciento de las personas con educación secundaria no estarían dispuestas a permitir que en su casa vivieran personas con alguna discapacidad. Donde 28.1 por ciento no permitiría que vivieran personas de otra raza. Donde 30.1 por ciento no permitiría que vivieran extranjeros. Donde 32.5 por ciento no permitiría que vivieran personas con una cultura distinta. Donde 30.5 no permitiría que vivieran personas con ideas políticas distintas de las suyas. Donde 30.1 por ciento no permitiría que vivieran homosexuales o lesbianas. Donde no tener dinero, la apariencia física, la edad y el sexo son las condiciones más identificadas por la población cuya dignidad ha sido herida. Donde tres de cada diez mexicanos niegan o condicionan los derechos de los demás. Donde todo esto es percibido como normal.

La normalidad cotidiana de los asesinatos y los secuestros y las muertas de Juárez. La rutina recalcitrante de los cadáveres encontrados y los policías ajusticiados. El miedo compartido de quienes caminan en las calles de Nuevo Laredo y Ciudad Juárez. La noción apoyada por uno de cada cinco mexicanos a quienes les parece "natural" que a las mujeres se les prohíban más cosas que a los hombres. La experiencia común de la violencia familiar. Los ojos cerrados frente a la pobreza desgarradora. El uso extendido de expresiones derogatorias como "indio" y "naco" y "vieja" y "gata" y "nagual". El odio en las calles y en las casas. Los puños alzados, las pistolas desenfundadas, las miradas esquivas.

Pero esta realidad no agravia lo suficiente. No indigna lo suficiente. No produce los cambios necesarios y las reformas imprescindibles. Porque México vive la anormalidad como algo normal. Porque las mayorías complacientes ignoran a las minorías marginadas. Porque la peor violencia la padecen los pobres. Porque las mujeres son vistas como ciudadanas de segunda categoría. Porque los indígenas son ignorados hasta que se sublevan en Chiapas.

Pero ése es el problema. La "normalidad" en México es la "anormalidad" en otras partes. En otros países verdaderamente multiculturales, con políticas públicas que también lo son. En otros sistemas políticos que promueven los derechos y la dignidad de sus minorías. En otras sociedades con estándares de corrección política que en México parecen risibles, pero tienen razón de ser. Las reglas —escritas y no escritas— que protegen a las mujeres y a los homosexuales y a los indígenas y a los discapacitados tienen razón de existir. Están allí para asegurar todos los derechos para todos. Para prevenir las burlas y los albures y los linchamientos y la violencia. Para crear un país de ciudadanos iguales frente a la ley, al margen de la edad, el género, el grosor de sus labios, el color de su piel, el origen de sus padres, el camino andado.

En México todavía es posible reírse de la fisionomía de los negros; todavía es posible burlarse de la forma de hablar de los indios; todavía es posible descalificar a personas por su nacionalidad; todavía es posible despedir de un trabajo a empleadas embarazadas; todavía es posible discriminar a los discapacitados; todavía es posible matar a una mujer sin recibir un castigo por ello. Todavía es posible. Todavía es permisible. Todavía es justificable. Se vale. Por la historia o por la tradición o por la cultura o por el ánimo de hacer reír o por la excepcionalidad. Como México no hay dos, dice el dicho.

PAÍS CORRUPTO

Todo indica que, a pesar de los avances democráticos que ocurrieron en la década pasada, llevamos un buen tiempo sistemáticamente saqueando y maltratando a México. Y la culpa no es sólo de la clase política rapaz; la responsabilidad también reside en ciudadanos que emulan las peores prácticas que ocurren en los pasillos del poder: evaden impuestos, pagan mordidas, se vuelven cómplices de la corrupción que denuncian. Peor aún, no confían en sus compatriotas. La ausencia de ese valor fundamental para la consolidación democrática y la prosperidad económica, como lo escribió Francis Fukuyama en su libro *Trust*, lleva al surgimiento de una sociedad atomizada, corroída, descompuesta. Refleja lo que el escritor Michael Lewis llama un "colapso moral". Ese punto al cual llega una sociedad que ha perdido la cohesión, el sentido colectivo, los valores compartidos, el mapa mental que permite funcionar como país. Difícil reconocer que es así.

Nos hemos acostumbrado al saqueo colectivo; hemos aprendido que el país funciona así. Allí están los estratosféricos salarios, bonos, pensiones y beneficios de los que arriban al sector público. Allí está un sistema educativo que ni siquiera sabe cuántos maestros y burócratas tiene, mientras los mantiene de forma vitalicia. Allí está un sistema de seguridad social que genera incentivos para la informalidad, mientras desparrama recursos. Allí está el gasto público repartido entre los gobernadores, un hoyo negro que evade la fiscalización. Allí está el país paralelo, resistente al cambio y atorado en las costumbres extralegales, antiinstitucionales, informales.

Casi no importa donde termina el desperdicio y comienza el robo; lo primero enmascara y propicia lo segundo. Se asume que cualquiera que trabaja en el gobierno puede ser sujeto de la corrupción, de la complicidad, del encubrimiento. Quienes tienen tratos con miembros del sector público asumen que siempre se puede llegar a un acuerdo personal tras bambalinas. Quienes pasan su vida en el "servicio público" emergen con mansiones multimillonarias y casas de fin de semana en los destinos más codiciados. Quienes no encuentran un Estado capaz de ofrecer seguridad personal buscan la protección ofrecida por capos en lugar de policías.

El rasgo cultural —tanto causa como síntoma del colapso moral— es la resistencia de tantos mexicanos a pagar impuestos. La vasta mayoría de los trabajadores autoempleados hace trampa, evade, soborna, promueve la contabilidad creativa. Los mexicanos nunca han aprendido a pagar impuestos, y no lo han hecho porque pocos son penalizados. Es una ofensa social menor, como cuando un hombre no le abre la puerta a una mujer, o habla con la boca llena. En México el nivel de evasión es extraordinariamente alto y el nivel de recolección es deprimentemente bajo. Como la mayoría de los mexicanos, a excepción de los contribuyentes cautivos, no paga, la sanción a personas que no lo hacen parecería arbitraria. Y los casos de quienes son detectados practicando la evasión o la elusión son llevados a las cortes, donde languidecen durante años. Mientras tanto, millones de mexicanos insisten en pagos en efectivo, ocultan o lavan dinero, logran la condonación. El sistema tributario facilita que la sociedad entera haga trampa.

La cantidad de energía social que se dedica a doblar la ley en México es monumental. Y lo peor es que hemos perdido la capacidad para la sorpresa ante lo que debería ser visto como comportamiento condenable. El Estado mexicano no sólo es corrupto; también corrompe. Eso lleva a que los mexicanos tengan pocas cosas amables que decir sobre sí mismos o sus compatriotas. En lo individual, los mexicanos son generosos, leales, amables. Pero en lo colectivo demuestran lo peor de sí mismos: evaden impuestos, sobornan a políticos, mienten para obtener un beneficio personal. La total ausencia de fe social se convierte así en un círculo vicioso. La epidemia de la mentira, la trampa, el robo y la corrupción hacen imposible la vida cívica y el colapso de la vida cívica simplemente instiga patrones cada vez peores.

En México desde hace muchos años existen ovejas negras. Pero al contrario de lo que les ocurre en las fábulas de Augusto Monterroso, no son fusiladas. Siguen allí, en el rebaño. Pastando, balando, tomando el sol, tapándolo con una pezuña. Miembros de un bestiario surreal poblado por los políticos del país. Con sus casas y sus terrenos y sus cuentas y sus yates y sus aviones y sus elecciones multimillonarias. Con sus evasiones y sus justificaciones y sus vueltas de hoja. Los habitantes de ese espacio alucinado donde todos son iguales y comparten el mismo color de lana.

Desde hace algunos años México contempla la erupción de la corrupción y lo peor de sus efectos. Conforme avanza la transición, el país parece más democrático pero también más cleptocrático. Más abierto pero también más sucio. Más competitivo pero también más corrompido. Antes las fortunas de los políticos eran una suposición compartida; ahora son una realidad televisada. Antes los *pieds a terre* en París eran un secreto guardado; ahora son un escándalo publicado. Lodo va y lodo viene; propiedades van y propiedades vienen. La vida pública como ruta para el enriquecimiento privado, finalmente evidenciada. Expuesta. Aireada. Generando una indignación necesaria. Produciendo un enojo saludable. Provocando —también— una obsesión contraproducente con la corrupción.

Una obsesión que se convierte en el gran distractor, en una cortina de humo que oscurece problemas más profundos. La corrupción se vuelve el diagnóstico nacional para entender todo aquello que está mal. Y se recurre a ella como razón principal para justificar la parálisis. Sin personas como Elba Esther Gordillo, México avanzaría, se dice. Sin políticos como Mario Marín o Ulises Ruiz, México caminaría, se argumenta. Sin el pequeño priísta que todos los mexicanos cargan dentro, el cambio sería posible, se oye. Bastarían las manos limpias y las conciencias tranquilas. Bastaría la eliminación de las prácticas malas para producir resultados buenos. Bastaría decirle adiós a las trampas para que el país no se tropezara con ellas. El fusilamiento de las ovejas negras permitiría que todo el rebaño fuera blanco.

Pero como argumenta Moisés Naim —editor de *Foreign Policy*— la obsesión con la corrupción puede ser una mala medicina para un país enfermo. Porque la condena a los culpables se convierte en curita. Porque la crítica a los corruptos permite la catarsis pero poco más. El escándalo superficial mata la reflexión profunda. Mientras México mira a Jorge Hank Rhon no discute la competitividad. Mientras México recuerda la fortuna acumulada de Arturo Montiel no piensa en la productividad. Mientras

México contempla el canibalismo dentro del PRD, no se centra en la creación de empleo fuera de él. Hoy el país señala a los corruptos con el dedo índice, pero no sabe qué hacer con el resto de la mano. ¿Empujar hacia adelante las reformas estructurales o detenerlas? ¿Abrir más los mercados a la competencia o frenarla? ¿Promover un proyecto alternativo de nación o criticar su falta de viabilidad?

Es innegable que la corrupción lastima. Es cierto que la corrupción ofende. Es obvio que la corrupción tiene costos y el país los paga. Es claro que la corrupción debe ser combatida y castigada. Pero es un síntoma de males más complejos y más difíciles de curar: instituciones débiles, rendición de cuentas inexistente, capitalismo rapaz. Y la obsesión con la corrupción puede distraer la atención de donde tendría que estar centrada: en todo aquello que México tiene que hacer para modernizarse. En el hecho —incontrovertible— de que al país se le está acabando el tiempo para hacerlo. En la paradoja —terrible— de que la lucha contra la corrupción puede minar a la democracia y encumbrar a los hombres equivocados con las ideas equivocadas. En el reconocimiento —ineludible— de que la corrupción constituye un problema crucial pero es el reflejo de otros peores. Una economía cada vez menos competitiva; un mercado laboral cada vez menos productivo; un sector energético cada vez menos eficiente; un gobierno cada vez menos preparado para instrumentar reformas que la globalización exige; un Estado cada vez menos capaz de invertir en su población. Todo eso desaparece de vista, se tapa cuando se ondea la gran bandera del combate a la corrupción.

Nadie la enarbola mejor que Andrés Manuel López Obrador. Nadie la agita mejor que el Peje. Diciendo que la corrupción es el principal escollo al que se enfrenta el país. Argumentando que la deshonestidad "le ha dado al traste". Sugiriendo que "el cambio verdadero" se dará cuando se cuelgue a los corruptos. Augurando que todo cambiará cuando los ministros de la Suprema Corte dejen de ganar cuatrocientos mil pesos al mes, cuando el presidente use menos su avión, cuando termine el turismo político. Cuando los decentes remplacen a los malosos y les arrebaten sus cuentas. Cuando los políticos cerca del pueblo destierren a los políticos que lo exprimen. Cuando las reducciones millonarias del gasto corriente permitan la expansión del gasto discrecional.

El mensaje de AMLO es claro, reiterativo, disciplinado. Para incrementar la competividad será suficiente la honestidad. Para recobrar los espacios perdidos en el mercado mundial será suficiente recuperar los recursos del Fobaproa. Para aliviar la pobreza bastará con combatir a quienes se apropian indebidamente de la riqueza. Para López Obrador, el problema no es la falta de dinero, sino quienes se lo roban. El problema no es el estancamiento de la microeconomía, sino las marrullerías de quienes gobiernan. El problema no es la falta de empleo, sino los sueldos excesivos de quienes ocupan uno. El problema no es la falta de reformas estructurales, sino que todas han sido una "tomadura de pelo". Una y otra vez, AMLO repite que la enfermedad que aqueja al México profundo se curará con una cucharadita de anti-corrupción. Con la llegada de ovejas blancas, impolutas, del rebaño de Macuspana.

El problema es que al convertir a la corrupción en culpable de todo, será imposible cambiar algo. El cambio "verdadero" se reducirá a un cambio de personal y de domicilio. El cambio anticipado se centrará en el sueldo del presidente y el avión comercial en el cual se montará. Los problemas reales, profundos, espinosos, seguirán allí después de que López Obrador haya rasurado a todas las ovejas negras del país.

El combate a la corrupción es loable pero insuficiente; gana votos pero no sugiere soluciones y con frecuencia las pospone. Porque la obsesión con la corrupción alimenta expectativas que difícilmente podrán ser cumplidas. Genera la impresión de que la llegada de hombres buenos elevará los niveles de vida malos. Produce países impacientes que le apuestan a líderes providenciales armados con recetas rápidas. Alimenta la ficción de que bastará la llegada de un líder honesto para asegurar el progreso. Un Berlusconi, un Chávez, un Putin. Hombres que arribaron al poder —en parte— debido al rechazo frente a la corrupción que los precedió. Hombres que contaron fábulas de ovejas negras y terminaron pareciéndose a ellas.

Una democracia nueva habitada por chivos viejos acostumbrados a la corrupción, al clientelismo, al favoritismo, al uso arbitrario del poder, al gasto de recursos públicos como si les pertenecieran. Una democracia con alternancia pero sin contrapesos. Una democracia con competencia pero sin rendición de cuentas. Una democracia con costos ascendentes y un gobierno que no logra ser decente. Defendiendo instituciones opacas que no toman decisiones transparentes. Y ante ellas, una ciudadanía desamparada, desprotegida, que padece la discrecionalidad pero puede hacer poco para frenarla. Impotente ante los intocables.

En la novela de Mario Vargas Llosa, *La fiesta del chivo*, Urania le reclama a su padre la podredumbre política que protagonizó: "Luego de tantos años de servir al Jefe, habías perdido los escrúpulos, la sensibilidad, el menor asomo de rectitud. Igual que tus colegas. Igual que el país entero, tal vez." Pero el verdadero problema para México no es la omnipresencia de chivos sino el lugar donde pastan libremente. La ausencia de vigilancia y vigilantes, de monitoreo y monitores, de auditoría y auditores, de abusos detectados y castigos infligidos. Y por ello será necesario cambiar las reglas que han permitido a los chivos engordar a expensas de los ciudadanos. Reglas que han convertido a los mexicanos en naranjas exprimidas, día tras día.

PAÍS DE PRIVILEGIOS

Yo, al igual que usted, parezco una naranja. A mi, al igual que a usted, todos los días alguna empresa pública o privada me exprime. Me hace un cobro excesivo o me impone una tarifa exorbitante o me impone una comisión injustificada o me obliga a aceptar un servicio malo. Ya sea Telmex o ScotiaBank o Citigroup o la Comisión Federal de Electricidad o alguna Afore o alguna aseguradora o algún notario. Ya sea alguien de apellido Slim o cualquier otro monopolista, oligopolista o rentista de los que pululan a lo largo y a lo ancho de la economía nacional. Cual cítrico, Carlos Slim —y otros tantos como él— me exprimen el jugo, me sacan la pulpa, succionan el zumo, elaboran una multimillonaria naranjada con mi dinero y celebran su más reciente aparición en la lista *Forbes*.

Usted y yo somos co-responsables del ascenso del señor Slim —con Emilio Azcárraga, Ricardo Salinas Pliego, Roberto Hernández, Germán Larrea, etcétera— en la lista de hombres más ricos del mundo, porque el gobierno ha permitido que seamos tratados como naranjas, y nosotros hemos tolerado la extracción. Usted y yo somos víctimas de una economía oligopolizada en la que tres bancos dominan los servicios financieros, dos empresas controlan los canales de televisión abierta, una empresa controla la red de conexión telefónica, dos grupos empresariales controlan la distribución de gas LP, dos empresas controlan el mercado del cemento, una empresa controla dos tercios de la producción de harina de maíz, tres empresas controlan la producción de pollo y huevo, dos empresas controlan el ochenta por ciento del mercado de leche, tres empresas dominan el mercado de carnes procesadas, una empresa controla la producción del pan industrializado, y dos empresas controlan la distribución de medicamentos. Esos "jugadores dominantes" hacen —con la anuencia de funcionarios débiles o cómplices— básicamente lo que se les da la gana. Controlan, coluden, abusan, expolian, exprimen.

Arrancan gajo tras suculento gajo, transacción tras transacción, contrato tras contrato, cobro tras cobro. Como lo ha sugerido la Comisión Federal de Competencia, cada familia mexicana transfiere 65 mil pesos anuales a los monopolistas del país. Y los pobres pagan 40 por ciento más de lo que deberían por la falta de competencia en servicios básicos como telefonía. Los consumidores somos una fábrica lucrativa de jugo concentrado, que corre por las venas de la mayor parte de los reconocidos por la revista *Forbes*, al margen de su "talento empresarial". De 2009 a 2010 los nueve grandes ricos mexicanos incrementaron su patrimonio en 61 por ciento, al pasar de 55.1 a 90.3 millones de dólares. Y ello no se debió tan sólo al alza de sus acciones en la Bolsa o a inversiones visionarias que lograron hacer en una economía que se contrajo ocho por ciento. La respuesta se halla también en la estructura concentrada de la economía mexicana. En la falta de competencia que despliega. En las prácticas extractivas que permite. En el rentismo cotidiano que produce. Un huerto nacional de naranjas, donde 90 por ciento de los abusos cometidos contra los consumidores quedan impunes. Pero un huerto cada vez más reseco, menos productivo, que en lugar de cosechar fruta jugosa produce pobres en números crecientes. Y de allí la urgencia de revisar las reglas para la producción de naranjada, y modificar las sanciones para quienes la elaboran abusivamente.

Muchos en la élite económica han logrado hacerlo por el tipo de capitalismo que prevalece en México. Por la persistencia de lo que el premio Nobel de Economía Joseph Stiglitz llama *crony capitalism*: el capitalismo de cuates, el capitalismo de cómplices, el capitalismo que no se basa en la competencia sino en su obstaculización. Ese andamiaje de privilegios y "posiciones dominantes" y nudos sindicales en sectores cruciales —telecomunicaciones, servicios financieros, transporte, energía, educacion— que aprisiona a la economía y la vuelve ineficiente. Que inhibe el desarrollo de México en un mundo cada vez más competitivo. Que opera con base en favores, concesiones y colusiones que el gobierno otorga y la clase empresarial exige para invertir. Que concentra el poder económico y político en una red compacta que constriñe la competencia y ordeña a los ciudadanos. Gran parte de aquello que explica por qué México está atorado.

Como dice mi esposo canadiense con la perspectiva que le da provenir de un lugar bien gobernado: "Mexico no es un país de ciudadanos, es un país de intereses." A veces tan feudal como lo fuera la Europa del siglo XIV, convertida en un enorme tablero donde cada recuadro pertenecia a un poderoso *lord*. Mexico hoy, capturado por costumbres que lo remontan al medievo; atorado por actitudes que lo condenan a quedarse allí. Un país de intereses enquistados, de privilegios atrincherados, de cotos reservados. Presentes a lo largo del sistema politico y económico, complacidos con la situación actual y empeñados en asegurar su preservacion. Defensores de un arreglo feudal que dificulta la posibilidad del avance nacional.

Se ha vuelto un lugar común afirmar que el principal obstáculo del país es una democracia que no logra construir acuerdos. Un sistema político donde los partidos no tienen incentivos para la colaboración. Las reformas que México necesita no ocurren por la falta de consensos, es lo que se repite como mantra. Hace falta un gran acuerdo nacional, es lo que se repite en foro tras foro. Hace falta un Pacto como el de la Moncloa, es lo que se propone en reunión tras reunión. Ése suele ser el diagnóstico común sobre lo que nos aqueja y lleva a la discusión sobre propuestas encaminadas a construir mayorías legislativas u otras medidas con el objetivo de crear un gobierno "fuerte". Pero ante ese diagnóstico y esas recomendaciones me parece que estamos centrando la atención en el problema equivocado. México no está postrado debido a la falta de acuerdos o a la inexistencia del consenso, o la ausencia de mayorías. En México sí hay un acuerdo tácito entre políticos, empresarios, sindicatos, gobernadores y otros beneficiarios del *statu quo*. Pero es un acuerdo para no cambiar.

Es un pacto para el "no". Para que no haya reformas profundas que afecten intereses históricamente protegidos. Para que no sea posible disminuir las tajadas del pastel que muchos sectores reciben, en aras de permitir la creación de un pastel más grande para todos. Basta con examinar las reformas votadas, los presupuestos avalados, y las partidas asignadas. Los innumerables paquetes fiscales —aprobados por mayorías legislativas— no cambian las reglas del juego; tan sólo van tras el contribuyente cautivo. Los nombramientos en los últimos años de los miembros del IFE —aprobados por mayorías— no buscan crear contrapesos, sino asegurar que no existan. La exención de impuestos a nuevos jugadores en telefonía celular —aprobada por mayorías— no busca fomentar la competencia sino hacerle otro favor a Televisa. Los distintos presupuestos de Egresos —aprobados por mayoría— no buscan reorientar el gasto público para desatar el crecimiento económico, sino mantener su uso para fines políticos. En México todos los días se forman mayorías en el Congreso. Pero son mayorías que logran preservar en lugar de transformar.

Mayorías entre diputados y senadores, forjadas por intereses que quieren seguir protegiendo, incluyendo los suyos. Por los poderes fácticos a los cuales hay que obedecer. Por los derechos adquiridos que dicen, es políticamente suicida combatir. Por los privilegios sindicales que —con la excepción del SME— el Poder Ejecutivo no está dispuesto a confrontar. Por la presión de cúpulas empresariales que le exigen al gobierno que actúe, pero les parece inaceptable que lo haga en su contra, como en el tema de la consolidación fiscal o la promoción de la competencia. Muchos demandan reformas, pero para los bueyes del vecino. Más aún, cuando esas reformas ocurren en su sector, se aprestan a vetarlas. El país se ha vuelto presa de un pacto fundacional que es muy difícil modificar, porque quienes deberían remodelarlo viven muy bien así. Los partidos con su presupuesto blindado de miles de millones de pesos. Los empresarios con sus altas barreras de entrada a la competencia y sus reguladores capturados y sus diputados comprados y sus amparos y sus ejércitos de contadores para eludir impuestos en el marco de la ley. Los gobernadores con sus transferencias federales y la capacidad que tienen para gastarlas como se les dé la gana. El PAN temeroso de tocar intereses por temor a que busquen refugio con el PRI. Allí está, visible todos los días: el *Pactum Nullus Mutatio*.

El pacto rentista, el pacto extractor, el pacto conforme al cual es posible apropiarse de la riqueza de los otros, de los ciudadanos. Y los oligarcas de este país llevan décadas enriqueciéndose legalmente a través de aquello que los economistas llaman el "rentismo". El rentismo gubernamental-empresarial-sindical-partidista construido con base en transacciones económicas benéficas para numerosos grupos de interés pero nocivas para millones de consumidores. El rentismo depredador basado en contratos otorgados a familiares de funcionarios públicos. La protección a monopolios y la claudicación regulatoria. El control de concesiones públicas por parte de oligarcas disfrazados de "campeones nacionales". El pago asegurado a trabajadores del sector público al margen de la productividad. El uso del poder de chantaje para capturar al Congreso y frenar las reformas; subvertir a la democracia y obstaculizar el desarrollo de los mercados; perpetuar el poder de las élites y seguir exprimiendo a los ciudadanos.

El problema de México no es la falta de acuerdos, sino la prolongación de un pacto inequitativo que lleva a la concentración de la riqueza en pocas manos; un pacto ineficiente porque inhibe el crecimiento económico acelerado; un pacto auto-sustentable porque sus beneficiarios no lo quieren alterar; un pacto corpora-

tivo que ningún gobierno logra reescribir apelando a los ciudadanos. Y así como durante siglos hubo un consenso en torno a
que la tierra era plana, en el país prevalece un consenso para no
cambiar.

II. DE DÓNDE VENIMOS

Aquellos que se olvidan del pasado están condenados a repetirlo.

GEORGE SANTAYANA

La historia, dijo Stephen, es una pesadilla de la cual estoy tratando de despertar.

JAMES JOYCE

EL GOBIERNO COMO
DISTRIBUCIÓN DEL BOTÍN

"A favor", dice un diputado tras otro, en un anuncio de radio en el que presumen que saben ponerse de acuerdo. "En el Senado de la República, damos resultados", insiste otro *spot* en el que se alaba su labor. Campaña tras campaña de autoelogios, pagada con el dinero de los contribuyentes mientras el Senado en realidad los ignora. Propaganda financiada con el dinero de las personas a las cuales ambos órganos de gobierno dicen representar, cuando distan de hacerlo. Dándose palmadas en la espalda, al mismo tiempo que extienden la mano y abren la cartera. Ejemplos de "cómo vivimos ahora", diría Anthony Trollope, quien escribió una novela con ese título denunciando la decadencia moral que presenció en Inglaterra, su propio país. Ejemplos de todo lo que ocurre en el nuestro.

Esa cierta clase de deshonestidad, magnífica en sus proporciones, que escala a lugares altos, y se vuelve tan rampante y espléndida que enseña a los demás cómo volverse deshonestos, lamentaba Trollope. Porque al volverse espléndida, deja de ser abominable. Si la deshonestidad puede "vivir en un palacio hermoso con cuadros en las paredes... con mármol y marfil en todos los rincones y puede llegar al Parlamento y manejar millones, entonces la deshonestidad no es escandalosa, y un hombre que se vuelve deshonesto de esa manera ni siquiera es visto como un sinvergüenza". Y entonces la deshonestidad que debería ser condenada de pronto es justificada. Se convierte en parte del paisaje; en una pincelada de lo posible; en algo permitido por un país donde ya todo se vale. Así vivimos ahora.

© Benjamín Flores / Proceso

Nuevo recinto del Senado.

Con un Congreso en el que los coordinadores de las fracciones parlamentarias disponen discrecionalmente de millones de pesos para sus bancadas. Con un Poder Legislativo cuyo presupuesto ha crecido 37 por ciento en términos reales durante el sexenio. Donde los senadores obtienen una remuneración mensual de hasta 385 237 pesos, más un aguinaldo de 169 600 pesos. Donde los diputados reciben hasta 150 139 pesos mensuales a partir de la "dieta base", la "asistencia legislativa" y la "atención ciudadana". Donde constantemente se aprueba la renovación del parque vehicular para los diputados y los senadores. Donde se gastan millones de pesos para las tarjetas IAVE, incluso para diputados que viven en el Distrito Federal. Donde todos están muy ocupados remodelando oficinas, contratando asesores, solicitando boletos de avión, anotándose para turismo legislativo a París.

Así vivimos ahora. Y como nos recuerda Giovanni Sartori: "Evidentemente escasean los buenos políticos y no podemos esperar milagros. Así que si un chivo es chivo, seguirá siendo un chivo." Un país de chivos que pastan por los pasillos del poder, devorando todo lo que encuentran a su paso. Insaciables. Voraces. Glotones. Campantes. Alimentándose del presupuesto y engordando día tras día gracias a lo que que consumen de él. Rebaños rapaces porque no encuentran cercas que los acorralen, pastores que los controlen, castigos para el rumiante que coma de más. Reflejo de una democracia sin rendición de cuentas; síntoma de una democracia de alto costo y bajo rendimiento.

Evidenciada, abuso tras abuso, en las páginas de los periódicos y la cobertura de los noticieros. Chivos rampantes, desatados, con cuatro estómagos capaces de digerir lo que consumen en el Poder Ejecutivo, Legislativo y Judicial. La "tajada" de 146 millones de pesos que los coordinadores parlamentarios se reparten en vez de devolver. La compra de carros y chocolates, y flores para "alegrar el ambiente de trabajo" con ese remanente. Las irregularidades detectadas en la cuenta pública de Vicente Fox. La canalización de recursos a agricultores que no los necesitan a través del programa Procampo. La lista de "aviadores" que cobran en la Cámara de Diputados pero en realidad no trabajan allí. Los fraudes detectados mas no penalizados en los contratos de Pemex. Los fondos de retiro autorizados para 250 jueces y 70 magistrados. Allí pastando, los bovinos en su bacanal.

Cada uno, botón de muestra de cómo se percibe y cómo se vive un puesto público. La cultura del "dame." La cultura que ve al gobierno como un lugar al cual uno llega y se va con derechos. El derecho a gastar y a cobrar y a pedir y a otorgar y a ocultar, incluso. El derecho que se dan tanto la Suprema Corte como el Consejo de la Judicatura Federal, por ejemplo, a otorgar a sus miembros "prestaciones sociales y económicas" de manera discrecional. El derecho de la Secretaría de Hacienda de crear fideicomisos con recursos reservados, al margen de la rendición de cuentas, erigidos específicamente para evadirla. Como señala la

ONG Colectivo por la transparencia, en México, uno de los rubros peor evaluados son los fideicomisos que acumulan y administran recursos multimillonarios en condiciones de completa opacidad.

Y, ¿qué decir de los gobernadores? Los mandatarios de diecinueve estados que ganan salarios superiores al ingreso promedio de los 50 gobernadores de Estados Unidos, de 101 mil dólares anuales. Argumentando —cuando son evidenciados— que "otros ganan más". Apresurándose a formar parte de la negociación del presupuesto federal, con la esperanza de asegurar partidas más generosas. Gobernadores que han canibalizado los recursos del excedente petrolero durante los últimos años, sin dejar rastros productivos de él. Una pieza más del rompecabezas que explica por qué un país con tantos recursos, no logra aprovecharlos. México atorado porque está muy mal gobernado.

Porque el país es visto como premio que se reparte a pedazos entre los ganadores. El gobierno es un lugar para la distribución del botín. La política es práctica para la extracción permanente. ¿Y el resultado de esta forma histórica de asegurar la gobernabilidad y, a la vez, garantizar los negocios? Bienes públicos que acaban en manos privadas; recursos compartidos que terminan privatizados; un sistema de representación política que perpetúa clientelas en vez de construir ciudadanos. Después de la Revolución con el reparto de tierras, hoy con la entrega de Hummers; durante el cardenismo con la entrega de plazas, hoy con la férrea defensa de esa tradición; durante el sexenio de Carlos Salinas con la entrega de concesiones, hoy con su renovación discrecional; durante el gobierno de Vicente Fox con la firma de contratos que benefician a las familias de servidores públicos, hoy con el argumento de que eso es "legal", como ocurrió en el caso de Juan Camilo Mouriño.

No importa el partido, no importa la afiliación política, no importa la afinidad ideológica. Quien llega al poder en México —ya sea del PAN, del PRI, del PRD, del Partido Verde, del Panal— parece pensar de la misma manera: cómo, cuándo y para quién obtener algo. Para sí mismo o para su familia. Para su camarilla o para quienes dependen de ella. Para su partido y los votos que necesita comprar. Y por ello, con demasiada frecuencia, los puestos públicos se convierten en sitios para la promoción del patrimonialismo. Se vuelven lugares desde donde obtener contratos, conseguir vales, tramitar exenciones, eludir impuestos, exigir bonos, emplear amigos, promover a familiares, pagar comidas, obsequiar autos. Las 59 Hummers que regala/"rifa" Elba Esther Gordillo son tan sólo un botón de muestra, un recordatorio de prácticas criticables pero cotidianas, condenables pero arraigadas, execrables pero extendidas. Prácticas vivas en todos los niveles de gobierno, en todas las dependencias oficiales, en todos los sitios formalmente dedicados a la promoción del "interés público", cuando quienes laboran allí no saben ni siquiera qué significa.

© Grupo Reforma

Una de las Hummers de Elba Esther Gordillo.

Por ello Elba Esther Gordillo no tiene el menor empacho en declarar que distribuye Hummers y que lo hace de buena fe. Por ello a Petróleos Mexicanos no le preocupa gastar un millón 329 069 pesos —entre noviembre del 2006 y diciembre de 2007— en la compra de bebidas alcóholicas para altos ejecutivos de la Torre. Por ello Carlos Romero Deschamps, en lugar de guardar discreción sobre su riqueza cuestionable, presume sus relojes Rolex y sus departamentos y sus barcos. Por ello los gobernadores exi-

gen miles de millones de pesos para sus arcas en las negociaciones
del presupuesto, aunque —como lo revela un estudio del Instituto
Mexicano para la Competitividad— no se vean obligados a rendir
cuentas. Cómplices todos, en mayor o menor medida, de un sistema
evidenciado por el ex-gobernador de Veracruz, Fidel Herrera, quien
después de participar en una discusión en torno al presupuesto dijo:
"No vine por la lana pero tampoco quiero salir trasquilado."

Yate de Carlos Romero Deschamps.

Un sistema basado en el concepto de "derechos adquiridos". En
la lógica de "así ha sido siempre". En el argumento de "esto es lo
que me toca". En la práctica común en el sindicato de Pemex, en
el Sindicato Mexicano de Electricistas, en el sindicato del IMSS,
donde el padre trabajador tiene el "derecho adquirido" de "proponer" a una persona para ocupar una plaza en la paraestatal. Como
lo estipula —abierta y escandalosamente— el artículo 55 del Acta
constitutiva y estatutos generales del sindicato petrolero: "Al jubi-
larse un trabajador, si hubiera corrida escalafonaria y como consecuencia de ella la empresa solicitará cubrir la última plaza, será
propuesto el hijo, la hija, hijo adoptivo, hermano o hermana." Y
si un trabajador no tiene familia se le otorga el derecho de vender

la plaza por 150 mil pesos. Allí está, el ejemplo incontrovertible de la gobernabilidad edificada con base en las cuotas. La representación entendida como el arribo de recomendados. El país canibalizado por la protección constante de prebendas.

Y no sólo en el gobierno, no sólo en los sindicatos, no sólo en las cortes, no sólo en la burocracia. El mal de pensar que los privilegios adquiridos deben ser mantenidos a perpetuidad aqueja también a la cúpula empresarial. Basta con ver la felicidad de algunos miembros de la CIRT cuando cualquier presidente anuncia que otorgará más frecuencias de FM a los radiodifusores que ya tienen estaciones de AM. Basta con escuchar los argumentos que tanto Televisa como TV Azteca presentaron en defensa de la llamada "ley Televisa", con la cual buscaban proteger el gran pedazo del espectro radioeléctrico que se habían logrado embolsar. Basta con saber que se presentaron más de 30 mil amparos contra el IETU que —con todo y sus fallas— constituía un impuesto mínimo al sector corporativo acostumbrado a la elusión fiscal. Basta con analizar las posiciones detrás de los empresarios amparados ante una reforma electoral que prohibe la compra de *spots* por particulares. Basta con presenciar la forma en la cual Carlos Slim exige la posibilidad de ofrecer televisión aunque no haya cumplido con las condiciones de su concesión original.

El común denominador de estas posturas es la defensa de lo dado, lo acostumbrado, lo otorgado, lo merecido. La defensa de "derechos adquiridos" aunque hoy corran en contra de la competencia, obstaculicen la modernización, generen políticas públicas que favorecen a un manojo de personas por encima de la población. Lamentablemente el sistema mexicano ha funcionado y sigue funcionando con base en el clientelismo político. Te doy y me das; te hago un favor y me lo pagas. Aquello que Susan Stokes —académica de Yale— describe como "la entrega de bienes materiales a cambio de apoyo político, donde el criterio que el patrón usa es sencillamente: ¿Me apoyaste o me apoyarás?"

Ese clientelismo que recorre el andamiaje institucional y económico de principio a fin. Está vivo en la entrega de 59 Hummers. Está presente en el otorgamiento de concesiones radiofónicas que benefician a los mismos grupos de siempre. Está allí en la oferta de

puestos públicos y autos a quienes promuevan el voto a favor del
PRI en el Estado de México. Sobrevive en la opacidad con la cual
se ejerce el gasto público en los estados. Ese clientelismo que retrasa el desarrollo económico, sabotea la democracia, impide que
el gobierno provea bienes públicos, crea mexicanos que viven con
la mano extendida, encumbra empresarios que no le apuestan a
su propio talento sino a la cercanía con el gobierno. Ese clientelismo que convierte a México en un país de personas disputándose
el botín.

"GRACIAS AL PRI"

Y mientras tanto, cada vez que algún líder priísta abre la boca es
para vanagloriarse de lo que el PRI ha hecho por México. "Gracias al PRI hay estabilidad política", dice Beatriz Paredes. "Gracias
al PRI no hay polarización, insiste." "Gracias al PRI el país no se ha
hundido aún más ante el fracaso de los panistas", repite. La lideresa
recorre la República dándose palmadas en la espalda mientras pide
regresar al poder a un partido responsable de sus peores vicios. La
priísta denuncia la ineficacia y la inexperiencia de diversos funcionarios panistas incapaces de limpiar el tiradero que su partido dejó
tras de sí. Hay mucho de paradójico en su proceder porque existe
otra lista de cosas vinculadas con el PRI que valdría la pena recordar. Hay otras contribuciones por la cuales la población debería
estar menos agradecida. México arrastra un legado que no debería ser motivo de aplausos; México carga con una herencia de la
cual los priístas se distancian pero de cuyo origen son responsables.

Gracias al PRI, el narcotráfico se infiltra en el Estado y se en-
quista allí. A partir de la década de los ochenta, el negocio de la
droga comenzó a crecer y lo hizo con protección política. Con la
complicidad de miembros de la Policía Judicial Federal y agentes de la Dirección Federal de Seguridad. Con la colusión de gobernadores como Mario Villanueva y otros dirigentes priístas de
narcomunicipios y estados fronterizos. A lo largo de los años, la
estructura política del priísmo provee un caparazón al crímen organizado que avanza no a pesar del gobierno sino —en buena

medida— gracias a él. Cuando los panistas llegan a la presidencia encuentran un Estado rebasado, se enfrentan a autoridades estatales cómplices, se topan con policías infiltradas, apelan a procuradurías indolentes. Y sin duda, tanto la administración de Vicente Fox como la de Felipe Calderón, no han encarado el reto de la mejor manera; el primero por omisión y el segundo por falta de previsión. Pero lo innegable es que no son responsables del problema: lo heredan. Hoy los priístas culpan al gobierno panista de aquello que ellos mismos engendraron.

Gracias al PRI hay alguien como Joaquín Gamboa Pascoe y lo que representa. Líder vitalicio, electo para liderar la central obrera hasta el 2016. Líder hasta la muerte, encumbrado después de una votación *fast track* y por aclamación. Rodeado —en evento tras evento— de mujeres bailando en bikini, meciéndose al son de las maracas y las fanfarrias y las porras. Impasible ante los reclamos por los lujos que despliega y los relojes que ostenta. Y en sus reuniones Beatriz Paredes no alza la voz para cuestionar las prácticas anti democráticas del corporativismo, sino que niega su existencia. Argumenta que México ha cambiado y que los trabajadores son libres y merecen respeto, cuando lo ocurrido en ese evento es señal de la podredumbre de siempre. La genuflexión de siempre. La alianza de siempre. El pacto de siempre. El liderazgo del PRI ofrece prebendas a cambio de apoyo político. Tan es así, que sin ningún rubor, Gamboa Pascoe sostiene que "hizo cuentas con Paredes" para incrementar, en el próximo proceso electoral, el número de posiciones en el Congreso de integrantes cetemistas. Así el PRI ratifica su preferencia por las prácticas del pleistoceno.

Gracias al PRI el gobierno se percibe como botín compartido. El PRI permite que quien llegue a algún puesto —desde hace décadas— piense que está allí para enriquecerse. Para hacer negocios. Para firmar contratos. Para embolsarse partidas secretas. Para otorgar concesiones y recibir algo a cambio. Sólo así se explica la Colina del Perro construida por José López Portillo. Sólo así se explica la fortuna acumulada en las cuentas suizas de Raúl Salinas de Gortari. Sólo así se entiende el reloj de 70 mil dólares que porta Carlos Romero Deschamps. Sólo así se comprende el guardarropa de Elba Esther Gordillo. Gracias al PRI gran parte de la población considera que la corrupción es una conducta habitual y aceptable que acompaña a la función pública.

© Grupo Reforma

Mujeres contratadas para entretener a líderes priístas en un mitin organizado por Joaquín Gamboa Pascoe.

Gracias al PRI, el petróleo de los mexicanos se vuelve propiedad de los políticos. Pemexgate —el famoso desvío de recursos de la empresa a la campaña presidencial de Francisco Labastida— fue apenas el botón de muestra, el primer caso conocido de los muchos que faltan por conocer. Pemexgate sólo puso en evidencia lo que miles de mexicanos ya sabían: el PRI usaba a la empresa petrolera como cochinito particular y chequera personal. El petróleo cubría las cuentas del partido en el gobierno y los gastos que tuviera que sufragar para permanecer allí. Los pesos del petróleo pagaban teléfonos y toldos, mantas y maracas, camiones y comidas.

El patrimonio nacional permitía el patronazgo político del partido oficial: en cada elección, el candidato pedía y Pemex disponía; el candidato solicitaba y Pemex desviaba; el candidato exigía la promoción y el sindicato armaba la triangulación.

Pemexgate sólo puso sobre la mesa lo que miles de mexicanos creían que ocurría debajo de ella: el PRI transfería dinero de la empresa a los bancos y después a las rifas y después a las esposas y después a los comités distritales. Desde la campaña presidencial de Francisco Labastida, Pemex comenzaba a oler mal. Ya varios personajes había denunciado las mordazas y las amenazas, las desviaciones y las irregularidades. Ya despertaba sospechas que el ex director de Administración de Pemex fuera el vice coordinador de la campaña de Francisco Labastida. Ya flotaban preguntas sobre los recursos destinados para enfrentar demandas judiciales y cubrir incumplimientos laborales. Ya desataba dudas que dirigentes petroleros cobraran sueldos en Pemex al mismo tiempo que desempeñaban cargos públicos. Ahora el país sabe que aprovechando el rubro de "servicios generales" Pemex permitió que el sindicato petrolero triangulara dinero con fines electorales.

Gracias al PRI la impunidad se volvió una costumbre. El PRI inauguró un sistema para compartir el poder basado en la protección política a sus miembros, al margen de las leyes que violaban, los estudiantes que asesinaban, los desfalcos que cometían, los robos que encabezaban, los desvíos que ordenaban. La lista es larga y escandalosa: Gustavo Díaz Ordaz, Luis Echeverría, José López Portillo, Carlos Salinas de Gortari, Raúl Salinas de Gortari, Mario Marín, Arturo Montiel, Jorge Hank Rhon, Roberto Madrazo, Emilio Gamboa, José Murat, Ulises Ruiz. Y para protegerse a sí mismos promulgaban leyes a modo, saltaban de puesto en puesto, intimidaban a periodistas, negociaban amparos, compraban apoyos y corrompían jueces.

Todos ellos, orgullosos de lo que siguen llamando "la maquinaria del PRI". Esa que sirvió durante 71 años, y todos sabemos lo que es. Todos sabemos cómo funcionaba. Todos hemos sentido su peso. Es el ratón loco, la urna embarazada y la boleta quemada. Es la destrucción de paquetes electorales después de la elección de 1988 y la pérdida de toda prueba. Es la caída del sistema y la complicidad de tantos para permitirlo. Es la voz de Carlos Salinas de Gortari diciendo que no veía y no oía a quienes lo criticaban. Es la imagen del gobierno con los ojos cerrados y los oidos tapados. Es la consigna de ignorar e intimidar a Cuauhtémoc Cárdenas sin respiro durante años. Es la orden de espiar a sus asesores, intervenir sus líneas telefónicas, interrumpir su ascenso. Es el odio personal de Salinas hacia el cardenismo convertido en política pública a lo largo de su sexenio. Es cada anuncio lacrimógeno del Programa Nacional de Solidaridad.

¿Qué es la maquinaria del PRI? Es la larga lista de llamadas que se hacían desde la Secretaría de Gobernación en favor del tapado y en contra de sus adversarios. Es la cena de recolección en casa de Antonio Ortiz Mena en 1994, durante la cual Carlos Salinas de Gortari pidió dinero para apoyar la campaña presidencial de Luis Donaldo Colosio. Es la charola que se pasó entre la cúpula empresarial. Es la oferta de 50 millones de dólares que hizo Emilio Azcárraga Milmo para recompensar sus ganancias. Es la mano dura de Hacienda contra los que evadían los pagos al PRI. Es el avión particular que se le prestaba al candidato. Es la autoridad que creaba monopolios y que amenazaba con deshacerlos si no demostraban lealtad al presidente en turno. Es el Banco de México rindiendo pleitesía a las directrices económicas de Los Pinos durante 1994.

¿Qué es la maquinaria del PRI? Es la orden de ordeñar la obra pública durante el ciclo electoral. Es la telenovela tabasqueña de Roberto Madrazo y las trece cajas que documentan cuánto pagó para comprar su elección a la gubernatura de Tabasco en 1994. Es la famosa fotografía de un hombre con pistola presionando a priístas durante la elección primaria del PRI en ese mismo año. Es el cheque de Procampo y la promesa de Progresa. Es la distribución de despensas y la repartición de pollos. Es la torta y el refresco al final del mitin. Es el operador que ofrece vacunas a cambio de votos. Es el gobernador que manda a los maestros a marchar a la capital para desquiciarla.

¿Qué es la maquinaria del PRI? Es la simbiosis partido-gobierno que —en la elección del año 2000— le ofreció a Francisco Labastida el Campo Marte como estacionamiento particular para su helicóptero. Es la complicidad cotidiana que convertía a funcionarios públicos en asesores de su campaña. Es el servicio civil que —durante décadas— sirvió al partido en el poder. Es la conversión de embajadas y consulados que representaban a México en oficinas de relaciones públicas del PRI. Es el veto de embajadores a intelectuales incómodos en eventos en el extranjero. Es la transformación de tecnócratas en talacheros de campañas políticas, sexenio tras sexenio.

¿Qué es la maquinaria del PRI? Es la mancuerna con los medios que convirtió a Cuauhtémoc Cárdenas en un hombre invisible en la pantalla y en hombre perseguido en la prensa después de la elección de 1988. Es la censura editorial que llevó a la salida de Lorenzo Meyer de un programa de radio cuando criticó a Ernesto Zedillo durante su sexenio. Es la llamada telefónica que pedía la cabeza de un encuestólogo o un editorialista. Es la amenaza de quitar una concesión radiofónica o no renovarla. Es la presión para cambiar los titulares o los contenidos, o las líneas editoriales.

¿Qué es la maquinaria del PRI? Es la participación de intelectuales en giras presidenciales. Es el financiamiento con ataduras, candados y bozales a centros de investigación. Es el esfuerzo por silenciar a quienes han alzado la voz. Es el intento por desacreditar a quienes no se han podido domesticar. Es la amenaza de muerte a conciencias críticas en el sexenio salinista. Es el Estado que ofrece protección a empresarios leales y la supervivencia del más fuerte frente a quienes no lo son. Es el gobierno que abre la puerta de Los Pinos a "los cómodos doscientos" del empresariado nacional pero les cobra cara la entrada. Es el *dictum* de Carlos Hank González que se vuelve punto de partida para la participación en el gobierno: "Un político pobre es un pobre político."

LAS LECCIONES DEL PROFESOR HANK

Dentro de la mitología política del país el profesor Carlos Hank González ocupa un lugar privilegiado. Hombre leyenda y Maquiavelo mexicano, al profesor se le considera como un ejemplo paradigmático del viejo político. En realidad es más que eso: el profesor enseñó una forma de construir y de ejercer el poder. Y dado que los dinosaurios de la clase política todavía no están en extinción, el PRI como una forma de vida y de hacer política sigue coleando. Las lecciones de Hank que se enumeran abajo continúan transmitiéndose de generación en generación: de Echeverría a López Portillo, de López Portillo a Carlos Salinas, y de Salinas en adelante: lecciones traspasadas, aprendidas, emuladas incluso por los miembros de otros partidos:

1) *Mano de hierro, guante de terciopelo*. Una de las lecciones más importantes del manual hankista de la política es la caballerosidad. El autoritarismo funciona mejor cuando se aplica de buenas maneras, y cuando se ejerce con aparente suavidad. El buen político es aquel que controla con una mano y seduce con la otra; aquel que destruye a su enemigo sin tocarse el corazón pero con una sonrisa en los labios. Ser político es ser actor, y la mejor obra de teatro que logra montar Carlos Hank González es la de su propia trayectoria: el humilde profesor, que con base en el sudor de su frente se convierte en el poder económico detrás de varios tronos, y desde allí multiplica los panes y los peces para después repartirlos con generosidad.

© Martín Salas / Archivo Proceso

Carlos Hank González.

El profesor enseña que el verdadero poder se ejerce en silencio, en los pasillos y en las antesalas... no en el barullo de la contienda electoral o de la lucha partidista. Sabe que las fuentes de su poder no son públicas. El buen político no necesita recurrir a la violencia verbal o física, ni enfrentarse a la socieded porque obtiene lo que quiere haciendo la corte. La política se hace entre las élites, no frente a la opinión pública. El buen político, según la escuela del hankismo, no debe ni necesita rendir cuentas. Antes que todo es un evasor.

2) *Enriquécete y vencerás*. Para el profesor y sus discípulos, la política es patronazgo: un andamiaje de clientelas, favores, contratos y concesiones que sostiene y alimenta a una amplia franja de la clase política del país. Probablemente la supervivencia política del profesor, sexenio tras sexenio, se debió a su capacidad no sólo para enriquecerse, sino también para enriquecer a los demás. En entrevista con la revista *Época*, el profesor narra que en 1949 instaló su primera fábrica "pequeñita" en Atlacomulco, después compró un camión, luego armó otra fábrica con un amigo, y finalmente obtuvo las concesiones de Pemex para transportar gasolina. Lo demás es historia. De camión en camión, y de amigo en amigo, construyó un imperio bajo el sol. Obtuvo ventajas económicas de sus puestos políticos y amasó poder político gracias a su influencia económica. Compró casas y presidentes, campañas y candidatos, obras de arte y enemigos.

El profesor Hank es uno de los arquitectos más influyentes del PRI como una fórmula de protección política. El acceso privilegiado a Los Pinos le permitió erigirse en paraguas protector de todos aquellos adiestrados en el arte de canalizar el presupuesto público a los bolsillos privados. En el pasado los grandes negocios priístas se hacían a través de las empresas paraestatales; actualmente se hacen en los aeropuertos y en las aerolíneas y en las carreteras que transportan el 60 por ciento de la cocaína que ingresa a Estados Unidos. En el pasado, el Estado rentista permitía la simbiosis político-empresario; en el presente, el Estado acorralado no logra desmantelarla.

3) *Por encima de la ley, la amistad.* En una entrevista con el periodista estadounidense Tom Gjelten de *National Public Radio*, Hank declaró que en México "la amistad es casi una religión". Argumentó que los dirigentes del PRI eran sus "amigos" y no temía que hubiera nadie dentro de su partido que lo atacara o que lo rechazara. Enfatizó sus excelentes relaciones con el gobierno y con el presidente Zedillo. Al hacerlo simplemente reiteró uno de los credos principales del culto hankista/priísta: la amistad como complicidad. Protege y serás protegido. Encubre y serás encubierto. Ayuda y serás ayudado.

Durante los últimos cuarenta años, el amiguismo que acuñó el profesor Hank le permite a los priístas prosperar dentro de la ley, al margen de la ley, incluso fuera de la ley. La trayectoria de Hank está sembrada de rumores, pero no de demandas penales que hayan prosperado. En 1982 la Procuraduría General de la República se declaró inexplicablemente incompetente para investigar la denuncia del PAN contra Hank por irregularidades financieras cometidas durante su regencia. En 1994 la historia se repitió: su discípulo el Procurador Benítez Treviño lo exoneró nuevamente de una acusación por delitos electorales.

4) *Averigua el talón de Aquiles de amigos y enemigos.* La última regla política para sobrevivir en el priísmo que Carlos Hank ayudó a concebir es amasar información: averiguar de qué pie cojea quién, y de qué tamaño es la cola que todos tienen. Dicen que el profesor le pagaba las tarjetas de crédito a José López Portillo porque el ex presidente tenía problemas de liquidez; cuentan que le organizaba cenas a Carlos Salinas con los grandes empresarios del país porque el expresidente necesitaba apoyos de gran capital; sugieren que Hank le financiaba la campaña a Ernesto Zedillo porque era un candidato demasiado débil para andar solo. Sexenio tras sexenio el profesor se volvió indispensable porque sabía demasiado.

Por ello el hankismo como doctrina y como práctica está lejos de extinguirse. Muchos de los hombres del profesor permanecen en posiciones clave del sistema político. Para sus alumnos de todas las edades es fuente de inspiración, y sus lecciones se siguen al pie de la letra en distintos ámbitos: en el Congreso, en el PRI, en los gobiernos estatales. La política como complicidad e intimidación caballerosa es el pan nuestro de cada día.

El PRI está acostumbrado a gobernar al país a bolsazos de dinero. Con cajas de contratos. Con pilas de prestaciones. Tejiendo redes clientelares entre una población acostumbrada a ellas. Promoviendo el patronazgo en un país que entiende la política así.

Siguiendo las instrucciones del patriarca: enriquécete a ti mismo y a tu equipo, pinta bardas e inaugura puentes, bautiza todo con tu nombre o el de tu esposa, haz amistades y colócales por encima la ley. Compra, intimida, píntate el pelo y vencerás. Arturo Montiel y Roberto Madrazo y Ulises Ruiz y Mario Marín y Fidel Herrera y Manlio Fabio Beltrones y Enrique Peña Nieto y tantos priístas más, descendientes del mismo padre político.

Paso a paso, gesto tras gesto, golpe bajo tras golpe bajo, los líderes del PRI muestran lo que es el partido. Un vehículo para el enriquecimiento personal y familiar. Una fuente de recursos públicos que acaban en bolsillos privados. Una forma de vida disfrazada de partido político. Un estilo personal de gobernar que asegura un estilo extravagante de vida. Sexenio tras sexenio. Clan tras clan. Camarilla tras camarilla. Décadas de desviar, malversar, sacar con sifón para pagar casas y coches, comidas y cenas, constructoras y condominios, vinos y cavas, ranchos y caballos, vacaciones y los boletos de primera clase que entrañan. A costa del país que dicen gobernar. A costa de los contribuyentes que dicen representar.

Ahora bien, la corrupción rara vez es un acto individual. Suele involucrar grupos de personas vinculadas por el intercambio de favores y la oferta de oportunidades. Suele crear círculos concéntricos de cómplices y bancadas de beneficiarios. El PRI hizo de la corrupción una forma de vida porque podía hacerlo; el PRI se volvió diestro en el arte del pillaje porque había pocos personajes con las manos limpias que denunciaran al ladrón. El PRI saqueó la bodega cada sexenio porque no había nadie que sonara la alarma. Siempre había uno que encubría a otro, y la propuesta de pagar para ganar no sólo era posible sino deseable. El dinero —como escribe el novelista Martin Amis— es una complicidad tácita y el PRI la promovió de manera explícita.

LA *FAMIGLIA* SALINAS

Carlos Salinas de Gortari está presente y de regreso. Habita en la conciencia colectiva del país y quiere influir en él. El ex presidente quiere pelear por su pasado y por su futuro, por su lugar en la historia y el sitio meritorio que desea allí. Desde hace años, Carlos Salinas está fraguando su futuro y su reinvención, su agenda y su reconstrucción. Quiere limpiar su nombre y el de su familia. Quiere ser reconocido por las reformas que instrumentó y las políticas modernizadoras que impulsó. Quiere reconquistar el lugar que —en su percepción— le fue injustamente arrebatado.

Asesorando al que lo escuche. Usando al que se deje. Paseando por las pantallas de cuando en cuando. Celebrando con los notables. Abrazando a la plutocracia. Planeando su siguiente paso, su siguiente entrevista, su siguiente aparición. Midiendo sus fuerzas contra las de sus adversarios y pensando cómo debilitarlos. Participando con las armas que le quedan en la disputa por la nación. Como si la exoneración fuera posible. Como si el perdón fuera deseable.

Porque para eso regresa. Para ser aclamado, aceptado, reconocido. Para que México lo reconozca como el gran hombre que él piensa que es. Para limpiar su nombre y todo lo que hoy se asocia con él: las privatizaciones amañadas y las licitaciones pactadas, el hermano encarcelado y el hermano asesinado, la corrupción familiar y el escándalo que produce, los errores de pre-diciembre y la crisis que provocan, el nacimiento de los zapatistas y la muerte de Colosio. Ese olor a podrido que acompaña todo lo que toca. Ese legado maloliente que lo sigue dondequiera que va. Esa herencia ambivalente que lo persigue.

Pero México se haría un enorme daño si malintepretara al salinismo. Sería un gran error aplaudir el liderazgo de Carlos Salinas sin entender sus efectos. Salinas sí fue un líder y muchas de las reformas que promovió fueron buenas para el país; Salinas sí fue un modernizador y muchos de los cambios que condujo requirieron una enorme dosis de coraje. Pero no hay que olvidar nunca que fue también un líder poco loable y un modernizador a medias. Tuvo la visión necesaria para negociar el TLC pero cerró los ojos ante la corrupción de sus amigos y su familia. Tuvo la visión necesaria para liberalizar la economía pero cerró los ojos ante la necesidad del cambio político. Quería cambiar a México pero no lo suficiente. Fue el arquitecto de un paso difícil a la modernidad, pero también su saboteador.

El expresidente se ve a sí mismo como un innovador, como un reformista, como alguien que sacudió a México y lo obligó a cambiar. Pero es indispensable recordar que la cara moderna de Carlos Salinas —tanto ayer como hoy— coexiste con la cara pre moderna del hombre que quiso ser rey. Debajo de la toga del ex emperador había un priísta medular, producto del sistema en el cual creció y al cual gobernó. Nunca ha sido y nunca será un demócrata; nunca ha sido y nunca será un apóstol de la transparencia; nunca ha sido y nunca será un creyente de la rendición de cuentas. Gobernó para asegurar el predominio del PRI y por ello nunca fue inmune al ciclo electoral; a pesar de sus intentos reformistas quería —al final del día— que su partido permaneciera en el poder a toda costa.

Y de allí sus errores y los motivos detrás de su estrepitosa caída. Carlos Salinas tuvo y tiene varias caras. Salinas quería ser neoliberal y neopopulista. Quería inyectarle mayor competitividad a algunos sectores de la economía y proteger el predominio de monopolios en otros. Quería impulsar la "modernización" del PRI y asegurar su preservación como partido hegemónico. Quería entenderse con la derecha y desmantelar a la izquierda. Quería promover la eficiencia económica y conservar la partida secreta. Quería promover la disciplina fiscal y financiar la victoria presidencial del PRI. Quería gobernar con la tecnocracia y con los dinosaurios.

El suyo fue un sexenio de contradicciones insuperables, y por ellas su presidencia se desplomó mucho más rapidamente de lo que incluso sus críticos hubieran pronosticado. Las ambiciosas reformas económicas que instrumentó no produjeron el crecimiento económico prometido ni la prosperidad augurada. La falta de mecanismos institucionales para crear apoyo político —más allá de la popularidad del presidente— llevó al levantamiento zapatista. El canibalismo dentro de la clase política provocó asesinatos, traiciones y fuga de capitales. Políticas monetarias y fiscales inconsistentes, un exorbitante déficit comercial, y malos manejos macroeconómicos colocaron al país en la frontera del caos. No es posible justificar al salinismo argumentando que los fines justificaron los medios. Algunos de los fines —como asegurar la victoria del PRI, costara lo que costara— tuvieron un costo muy alto para el país.

© Marco Antonio Cruz / Imagenlatina

El gabinete de Salinas en reunión con líderes panistas.

De hecho, el populismo que actualmente enarbola Andrés Manuel López Obrador es producto del liberalismo diluido y parcial que Salinas instrumentó durante su paso por el poder. La política anti institucional de López Obrador es resultado de la modernización incompleta que Salinas promovió. Como un personaje de *La conspiración de la fortuna*, Salinas quería sacudir al país viejo, andrajoso e inmemorial. Quería convertirlo en un país extranjero. Quería convertirlo en un lugar próspero. Pero pensó que era posible arañarlo sin alterarlo; creyó que era viable romper la piel de México sin tocar su fondo. Y ése fue su gran error.

Salinas nunca buscó destruir a la república mafiosa sino sólo remodelarla. Nunca quiso tocar la forma en la cual se ejerce el poder en México sino sólo cambiarlo de manos. Nunca intentó rasgar la red de negocios en la que se había convertido el PRI, sino tejer otras con sus "jóvenes turcos". Nunca pensó en acabar con las pandillas en el poder sino crear la propia. Nunca buscó acabar de tajo con el tráfico de influencias sino permitir que su grupo las encabezara. Fue un paralítico encabezando el baile. Fue un hombre que habló de la modernización pero no le apostó a fondo. Promovió el éxito económico con la política plutocrática. Y de allí las transformaciones vertiginosas en muchos ámbitos excepto en el comportamiento de los políticos priístas y la élite empresarial. Y de allí la permanencia de las prebendas, la conservación de los cotos, el freno a la competencia económica real en sectores clave, el surgimiento de nuevos empresarios con viejas maneras.

Salinas jugó a cambiar al país cuando creía que eso no era verdaderamente deseable. Fue un déspota ilustrado pero un déspota al fin. Como no buscó erradicar hábitos políticos, siguen vivos. Como no buscó desmantelar complicidades añejas, siguen presentes. Como no quiso erradicar vicios históricos, hoy resurgen en su partido. Como no quiso democratizar la dominación, la hizo más evidente. Y hoy Andrés Manuel López Obrador hace campaña denunciando todo eso. El país próspero para los beneficiarios del salinismo e injusto para todos los demás. El sistema económico que produce grandes fortunas y grandes desigualdades. El sistema político que sigue siendo un mecanismo para la circulación de las élites. El sistema de partidos que permite la extracción sin la representación. El México donde la iniciativa individual es sofocada por el atrincheramiento corporativo.

Por ello asusta el pragmatismo de unos y la amnesia de otros. Es entendible que los beneficiarios de Carlos Salinas reiteren sus virtudes, lo inviten a sus fiestas, y lo acompañen a festejar la boda de sus hijos. Pero para la mayoría de los mexicanos que le apostaron a Carlos Salinas, el colapso de su gobierno implicó perder la casa y el carro y el empleo y la dignidad. Ahora que está de moda contrastar la eficacia del salinismo con la ineficacia de la democracia, el país debe preguntarse si lo primero vale sacrificar lo segundo. Hitler ofrecía resultados, Mussolini lograba que los trenes operaran a tiempo, Fujimori controlaba el terrorismo, Menem seducía a los inversionistas internacionales, Hussein mantenía la paz social. Pero, ¿a qué precio? México ya pagó el precio del gobierno de Carlos Salinas de Gortari y no debe enfrentarlo de nuevo bajo un nuevo nombre.

Lo que Salinas y sus seguidores no entienden es que la modernización de México de la que se jactaba Carlos Salinas jamás podrá obtenerse tan sólo a través de videos filtrados a la televisión, reuniones secretas, asesoría política a Enrique Peña Nieto, el cobro oculto de favores, la resurrección sigilosa del séquito salinista. El cambio real entrañaría convertir a la república mafiosa en la república auténtica. Una que hable en nombre del interés público en vez del de la clase política. Una que proteja a los consumidores por encima de quienes se aprovechan de ellos. Una que regule a los empresarios más poderosos del país en lugar de claudicar frente a ellos. Una que acabe con la complicidades, con los privilegios, con la conspiración desafortunada de los políticos en contra los ciudadanos.

Pero como bien advierte Aguilar Camín, "la política, vista de cerca, aun la política más alta, es siempre pequeña, mezquina, miope, una riña de vecindario". Y a Salinas no le interesa dinamitar la cueva de Alí Babá que es hoy el poder en México. A Salinas no le interesa crear ese país donde tendría que rendir cuentas. Donde tendría que hacer pública su declaración patrimonial, donde tendría que explicar las privatizaciones irregulares, donde tendría que reconocer los errores de política económica que desembocaron en el de diciembre, donde tendría que decir la verdad sobre sus hermanos, donde tendría que aclarar el destino de la partida secreta. En ese país profunda y verdaderamente moderno no sería posible que se sentara a celebrar México con sus dueños. En ese país no habría cabida para él.

Los hombres grandes casi siempre han sido hombres malos y Carlos Salinas es uno de ellos. Basta con recordar los dramas, asesinatos, violencia, corrupción, mentiras, traiciones, amantes, cuentas ocultas, pasaportes falsos, la búsqueda del poder y el precio que se paga por conseguirlo. Esas son las historias que acompañan a la familia Salinas por donde quiera que va. Esas son las palabras que la definen. Una familia que parece *famiglia*. Una familia que muestra cómo ha funcionado la política en el país y la podredumbre de ese funcionamiento. Una pequeña Mafia mexicana con todo y El

Padrino que la controla. Allí en el sótano, allí en el subsuelo, allí operando en las sombras.

Los Salinas —Carlos, Raúl, Enrique, et. al.— son un ejemplo, un arquetipo. Como los personajes de las novelas de Mario Puzo y las películas de Francis Ford Coppola, representan algo más que sí mismos. Plasman la forma en que la clase política se ha comportado y quiere seguir comportándose. De manera sórdida. De manera torcida. Con amantes en México y cuentas en Suiza; con partidas secretas y testigos ejecutados; con millones acumulados y juicios pendientes. Rodeados de fiscales que se suicidan, países que los investigan, colaboradores que desaparecen, cargos que no se pueden comprobar. Al margen de la ética, al margen del interés público.

La familia Salinas es más que sus miembros. Es una experiencia. La experiencia aterradora de asomarse a la cloaca de un clan. De presenciar las actividades de personas esencialmente amorales. De contemplar la vida que viven, los abusos que cometen, las mentiras que dicen, en vivo y a todo color. Allí en la pantalla de la realidad nacional. Una galería extraordinaria de hombres y mujeres que pueblan el mundo feudal de la política en el país. Presidida por el don Carlos: sonriente, sagaz, visionario pero letal. Un hombre influyente. Un hombre al frente de un imperio subterráneo que empieza con la clase empresarial, abarca a los medios, constriñe la conducta de muchos periodistas, incluye a sectores del PRI, toca a Los Pinos y termina en la cárcel donde su hermano vivió diez años.

Un hombre que, como don Corleone, quiere ganar legitimidad para sí mismo y para su familia. Ser aplaudido como el gran modernizador de México. Ser admirado, buscado, reconocido, aunque partes de su imperio estuvieran construidas sobre los cimientos de la corrupción. Una corrupción compartida, revelada en conversaciones telefónicas grabadas entre sus hermanos Raúl y Adriana. Una corrupción facilitada por empresarios, avalada por amigos, ignorada por tecnócratas, permitida por las autoridades. Año tras año. Cuenta tras cuenta. Millón tras millón. Inmueble tras inmueble. Una corrupción fácil de tapar y difícil de comprobar, como lo han argumentado los fiscales suizos.

Esos fiscales que se dieron cuenta de las dificultades que conlleva una investigación internacional de lavado de dinero. Y los obstáculos que enfrenta: la resistencia de las élites involucradas, la recalcitrancia del gobierno mexicano, la destrucción de documentos, los testigos cuestionables, su miedo a comparecer. Pero a pesar de las pesquisas frustradas hay algo inocultable. Eso que queda, eso que permanece. Lo que huele mal de 48 cuentas congeladas a lo largo del sistema financiero suizo. Lo que huele mal de compañías fantasma en las islas Caimán. Las transferencias multimillonarias de bancos en México, Estados Unidos, Luxemburgo, Alemania y Francia. Las acusaciones de lavado de dinero. El total de 130 millones de dólares. Acumulados por una persona —Raúl Salinas de Gortari— que siempre fue un funcionario menor, un académico a ratos, un *bon vivant* siempre. Que cuando conoció a María Bernal le dijo que era multimillonario, con la suerte de ser "el hermano del presidente".

Esa suerte que le permitió incorporar un "fondo de inversión" fuera de México, que le permitió recibir y enviar transferencias secretas de empresarios que compraron concesiones públicas, que le permitió acumular pasaportes falsos, que le permitió ser "el señor diez por ciento" por las comisiones que cobraba, que le permitió mentir una y otra vez. Esa suerte que el sistema político le provee a quienes están cerca del poder. Y en ese sentido Raúl Salinas tiene razón: él es sólo "uno más". Él es la personificación de lo peor del PRI y cómo gobernó, ni más ni menos. La avaricia incontenible y la irresponsabilidad rampante. Sentir que los recursos del país eran suyos y podía hacer lo que lo quisiera con ellos. Allí fotografiado en un yate con su amante sobre las piernas. Allí con su casa en Acapulco y su chalet en Aspen y sus caballos en El Encanto. Como tantos otros que se han enriquecido a través de su contacto con la política y sus conexiones con los políticos. Allí diciendo ahora —en entrevista tras entrevista— que su "único error" fue la soberbia, la arrogancia, sentirse todopoderoso y actuar así.

En realidad sus errores fueron otros y más graves. Como escribe Balzac, "detrás de cada gran fortuna hay un crimen". Y en su caso el crimen fue apropiarse de recursos que pertenecen —directa o indirectamente— al pueblo de México. El crimen fue utilizar su posición privilegiada para hacer negocios tras bambalinas, a oscuras, sin firmas, sin contratos, con sólo un apretón de manos. Negociar acuerdos y facilitar franquicias y canalizar recursos y transferirlos de cuenta en cuenta. A espaldas de la población. De la mano de leyes que lo permitieron porque para eso fueron creadas. Pensando todo el tiempo que quizá eso no era ético pero sí era legal.

Pensando todo el tiempo que eso era normal, parte del juego, parte de ese ritual histórico que describe tan bien el historiador Claudio Lomnitz. La corrupción para conservar privilegios, para mantener a competidores fuera de ciertos mercados, para crear una clase obrera dócil, para preservar las prerrogativas del linaje. La corrupción como una pirámide con el presidente y su familia sentados en la punta, desde la cual desparramaban beneficios y otorgaban contratos y asignaban concesiones. Y por eso en México el enriquecimiento ilícito ha sido un delito "no grave". Y por eso en México, el trato hacia los poderosos ha sido siempre reverencial. Y por eso la familia Salinas se ha salido y se sale con la suya.

Porque quizá Raúl Salinas no es culpable del crimen de asesinato, pero sí es culpable de muchas otras maldades. Y aunque declare que ha sido exonerado de peculado y lavado de dinero, el "sospechosismo" persiste. Sobre todo al escrutar las sentencias de los magistrados y en qué términos fueron planteadas. Los jueces de México dicen que el lavado de dinero —en el caso de Raúl— no puede acreditarse si no existe antes una sentencia por el delito original de enriquecimiento ilícito. Los jueces de México dicen que el peculado —en el caso de Raúl— no puede probarse dado que al no existir un fin presupuestario para la partida secreta, es imposible acusar por un "desvío". Los jueces de México dicen, palabras más palabras menos, que no pueden cargar con el paquete ni quieren hacerlo.

Muchos mexicanos tampoco. Ven a Raúl Salinas como víctima de un sistema judicial injusto, de un ex presidente arbitrario, de un linchamiento inmerecido. Lo convierten en la Gloria Trevi de la política mexicana, inocente de todo y libre al fin. Libre para salir en las páginas de sociales y asistir a las cenas en Las Lomas. Libre para decir que Ernesto Zedillo lo encarceló para su beneficio político, olvidando que su hermano Carlos lo hizo con la

Quina también. Libre para reclamar 130 millones de dólares e insistir que sólo fueron un préstamo de Carlos Peralta y Jorge Hank Rhon. Libre para permitirle a su hermano limpiar el nombre de la *famiglia* y participar abiertamente en la sucesión presidencial.

Pero antes de acogerlo como víctima, habría que recordar todo lo que Raúl Salinas ignoró para exonerarse. Todo lo que él justificó que es injustificable. Todas las buenas razones que la gente tuvo —y tiene— para estar enojada con él y sus parientes.

El salinismo fue culpable de la catástrofe que desató. Ésa es la verdadera historia del sexenio y sus secuelas, ausente en la narrativa de quien se muestra renuente a contarla con honestidad. La sobrevaluación del peso y el déficit de cuenta corriente que el gobierno ignoró. La política fiscal y monetaria irresponsable a lo largo de 1994 que el gobierno permitió. La bomba de tiempo de los Tesobonos que el gobierno activó. La falta de regulación del sector bancario que el gobierno aceptó. La alianza simbiótica con los intereses creados que el gobierno construyó. La falta de transparencia en la toma de decisiones económicas que el gobierno solapó. La ausencia de rutas verdaderamente democráticas para la participación que el conflicto en Chiapas evidenció. La construcción de fábricas de millonarios monopólicos a través de la privatización que el gobierno emprendió.

En sus libros recientes Salinas describe acertadamente al país atorado, aletargado, desanimado que prevalece hoy. Pero en gran medida, él mismo aseguró ese desenlace con el tipo de "modernización" que instrumentó. El liberalismo social combinó lo peor de ambos mundos: promovió políticas de mercado sin la regulación suficiente para que funcionaran de manera eficaz, y promovió la compensación popular pero de manera clientelar y anti democrática. Mucho de lo que Salinas critica del México actual es resultado de lo que hizo o dejó de hacer. Si hoy "los grupos tradicionalistas encontraron una nueva oportunidad para tratar de recuperar las cuotas de poder real perdidas" es porque él los empoderó. Si hoy prevalecen los oligarcas es porque él los engendró a través de información privilegiada y transacciones supervisadas por su hermano Raúl. Si hoy el populismo autoritario cobra nueva vida es porque él enseñó cómo utilizarlo. Si hoy no existen consensos sobre cómo modernizar a México es porque su gobierno hizo impopular los métodos para lograr ese objetivo.

Poco importa si Carlos Salinas sigue viviendo en el auto engaño y escribiendo libros que lo constatan. Poco importa si publica obras mal escritas e intelectualmente deshonestas que en realidad sólo sirven —por su tamaño y su peso— para mantener abierta la puerta del garage. Lo lamentable es que muchos obstáculos que explican la parálisis de los últimos diez años fueron colocados por el propio ex presidente. Lo grave es que el proceso modernizador —basado en mercados funcionales que aseguran el crecimiento económico y la redistribución de la riqueza— encuentra pocos adeptos. Lo condenable es que los instrumentos que México podría y debería usar para remontar la década perdida fueron desacreditados por quien los usó mal. El hombre que insiste en "la urgencia de una nueva alternativa" para la modernización del país es el mismo que la saboteó.

Al frente de una presidencia imparable, motivado por una ambición sin límites, Carlos Salinas de Gortari gobernó —eficazmente— como un rey. Pero sentado en las alturas ignoró muchas de las penurias de su propio país. Sabía de la guerrilla en Chiapas e intentó comprarla via Pronasol. Sabía de las actividades ilícitas de su hermano pero pensó que podría ocultarlas. Obsesionado con asegurar la estabilidad de su legado, cerró las rutas de la competencia política real. Por más que lo intente, por más que se mueva para propulsar a Enrique Peña Nieto a la presidencia, por más que haya logrado un arreglo político para sacar a su hermano de la cárcel, la historia lo juzgará como un reformador fallido. La pasión de Carlos Salinas nunca fue México; fue él mismo. El ex presidente puso a México a un paso del Primer Mundo pero tendió puentes frágiles con los cuales alcanzarlo. Construyó la fachada de un nuevo país y lo dejó en ruinas. Buscaba reformar para conservar. Soñaba con mejorar para mantener. Carlos Salinas es un pillo con sentido de Estado, ni más ni menos. Es aquel con la mirada más cínica y más clara para ver el lado torcido del poder y su ejercicio. Es el que se llama un ciudadano más, pero debería ser un ciudadano de más. Por inexcusable.

LA IMPUNIDAD COMO
CONDICIÓN NECESARIA

Como el hankismo y la *famiglia* Salinas ilustran, el PRI arrastra consigo un residuo peligroso, un legado de poder arbitrario, un sistema legal que perseguía a enemigos y liberaba a amigos. Un sistema donde la corrupción era compartida. Las líneas de complicidad han sido las arterias y las venas del cuerpo político mexicano. ¿Quién no ha pagado una mordida? ¿Quién no ha evadido algún impuesto? ¿Quién no ha esquivado la mirada o guardado silencio? ¿Quién no ha aceptado un bono navideño? Y México jamás logrará combatir la corrupción y la impunidad y la arbitrariedad si no entiende dónde y cómo ha florecido. Si intenta correr lejos del pasado sin mirarlo, cargará las cadenas consigo.

En el pasado priísta hay demasiadas preguntas sin respuesta, demasiadas prácticas corruptas, demasiadas violaciones de derechos humanos y políticos. Los mexicanos merecen saber qué le hizo qué a quién durante 71 años de predominio priísta. Todas las víctimas —los familiares de perredistas asesinados y campesinos acribillados, todos los que tienen algún muerto o herido, todos los que contemplaron un acto de corrupción— merecen saber que las cosas han cambiado. Merecen saber que los torturadores y represores y desfalcadores forman parte del pasado. Merecen ser tratados como ciudadanos con derecho a obtener información sobre un Estado que los ha maltratado. Porque la verdad misma entraña una forma de justicia; entraña la reparación de un mundo moral en el que las mentiras son mentiras, las verdades son verdades, y el Estado no es impune. México nunca escapará de su pasado y no ha logrado construir una verdad compartida sobre él.

Y de allí la relevancia de las siguientes preguntas, sugeridas por mi amigo el embajador Alberto Székely: ¿Qué pasaría si hechos similares a los del 2 de octubre de 1968 ocurrieran hoy? ¿Qué ocurriría si el Ejército disparara contra civiles desarmados? ¿Cómo respondería el sistema judicial y sus instituciones? ¿Presenciaríamos a un presidente que reconoce culpas o le permite a los militares y al secretario de Gobernación evadirlas? ¿Presenciaríamos a una Suprema Corte que se erige en defensora de los derechos humanos y las garantías individuales o las ignora como en el caso de Lydia Cacho? ¿Presenciaríamos a unas televisoras que reportan cabalmente lo ocurrido o aplauden al presidente por actuar con la mano firme mientras celebran que "fue un día soleado"? ¿Los partidos se aprestarían a denunciar a los responsables o intentarían blindarlos como lo hizo el PRI durante años con Mario Marín? ¿La impunidad inaugurada hace más de cuarenta años sería combatida por todos los niveles de gobierno o más bien los involucrados intentarían protegerse entre sí?

Éstas son preguntas relevantes porque apuntan a lo que Graham Greene llamaría *the heart of the matter*, "el corazón del asunto": un sistema político y un andamiaje institucional construido sobre los cimientos de la impunidad garantizada, la complicidad compartida, la protección asegurada, la ciudadanía ignorada. Un sistema que sobrevive gracias a la inexistencia de mecanismos imprescindibles de rendición de cuentas como la reelección. Un sistema que continúa vivo a pesar de la alternancia porque en realidad jamás fue enterrado, dado que nunca se combatió la impunidad en los lugares donde nació y creció: en Los Pinos y en el Ejército y en el SNTE y en el SNTPRM y en la Secretaría de Gobernación y en la Quinta Colorada de Tabasco y en la gubernatura de Puebla y en las mansiones de Arturo Montiel. Dado que nunca hubo un deslinde de las peores prácticas del pasado, sobreviven en el presente. Dado que nunca hubo un Estado de Derecho real, ahora resulta imposible apelar a él. Dado que nunca se diseñaron instrumentos para darle peso a la sociedad, ahora no acarrea grandes costos ignorar sus demandas o atenderlas teatralmente con la instalación de Consejos de Seguridad Pública.

La impunidad persiste a cuarenta años del 68 porque nunca ha sido verdaderamente combatida. Porque nunca se dieron las consignaciones a los responsables de la matanza del 10 de junio de 1971. Porque nunca hubo asignación de responsabilidades a Luis Echeverría y a Mario Moya Palencia y a Pedro Ojeda Paullada y al Ejército mexicano. Porque la Fiscalía Especial para Movimientos Políticos y Sociales del Pasado —creada durante el sexenio de Viente Fox— nunca obtuvo los recursos humanos y materiales que

necesitaba; nunca obtuvo el acceso a los documentos desclasifi-
cados que requería; nunca obtuvo la cooperación prometida por
parte del Ejército; nunca obtuvo la actuación eficaz de la Agencia Federal de Investigaciones, encargada de encontrar a aquellos
contra quienes se habían girado órdenes de aprehensión. Porque
nunca hubo un rompimiento claro con el pasado.

Desde la elección transicional del 2000, el gobierno ha
dado pasos para promover los derechos humanos y protegerlos.
Ha abierto algunas cajas y diseminado algunos documentos. Ha
colaborado con organismos internacionales y no ha puesto im-
pedimentos a su escrutinio. Pero esos pasos —en la direccion correcta— han sido demasiado pequeños y demasiado temerosos. A
los gobiernos de la "transición democrática" les ha faltado comprometerse a fondo con los derechos humanos de los mexicanos,
tanto de los vivos como de los muertos. Les ha faltado dar instrucciones claras y órdenes precisas. Les ha faltado asumir a los derechos humanos como una de las areas privilegiadas del ejercicio
del poder. Les ha faltado comprometerse con una cruzada contra
la impunidad y apoyarla a fondo.

Porque el escrutinio del pasado a muchos incomoda. A muchos asusta. A la élite empresarial y a los políticos que promueve.
Al Ejército y a los culpables que protege. A los priístas con la
conciencia intranquila y las manos sucias. A los cómplices, a los
callados, a los represores, a los culpables, a los que actuaron sin
límites en el pasado y no quisieran revivirlo. Muchos argumentan
que perseguir el pasado colocaría a México al borde del abismo,
polarizaría al país, generaría un alto grado de incertidumbre, im-
pediría las reformas estructurales, debilitaría al Estado, acorralaría
a la presidencia. Pero paradójicamente todos esos escenarios ya
están ocurriendo. Se están dando. México ya está parado en un
lugar precario, ya enfrenta la polarización, ya vive la incertidumbre, ya padece un Estado débil, ya presencia las reformas postergadas, ya sufre una presidencia acorralada. Lo único que ha
producido el esfuerzo por enterrar al pasado es la perpetuación de
sus peores prácticas en el presente.

Por ello cuando la periodista Carmen Aristegui le pregunta
a Miguel de la Madrid si "¿la impunidad es condición necesaria

para el funcionamiento de la maquinaria política del país?", el ex presidente asiente. Aunque después —amenazado, presionado, acorralado— pide que no le creamos, el diagnóstico queda allí. Y todo lo que ha ocurrido desde entonces tan sólo constata el peso de sus palabras, comprueba la certeza del diagnóstico, valida lo que dijo antes de volverse prematuramente senil de un día para otro. El sistema político mexicano ha sido construido para asegurar la impunidad de quienes gobiernan. Opera cotidianamente para lograr ese fin y quienes engrosan sus filas lo saben. La competencia electoral entre partidos no erradica la impunidad, tan sólo la democratiza. La alternancia política no combate la corrupción, tan sólo amplía su espectro ideológico. Ésto comprueba que en México hay demasiados dispuestos a firmar el pacto de impunidad.

Aunque en privado los priístas reconocen que Miguel de la Madrid tiene razón, en público se unen para desacreditarlo. Saben que dice lo que tantos han sugerido, pero aún así cierran filas para declaralo un demente. Saben que tiene razón, pero precisamente por ello no pueden reconocerlo. De la Madrid desnuda al sistema construido por el PRI, del cual viven, con el cual se han enriquecido, el cual necesitan preservar. En cualquier democracia funcional, las imputaciones hechas hubieran provocado un deslinde o un distanciamiento entre el ex presidente involucrado y su propio partido. Pero en México, los priístas optan por matar al mensajero —de la Madrid— con el objeto de acallar el mensaje. En vez de exigir una investigación esclarecedora, Manlio Fabio Beltrones exige el silencio cómplice.

México es un país de corrupción compartida pero nunca castigada, de crímenes evidenciados sin sanciones aplicadas, de ex presidentes protegidos por quienes primero los denuncian pero luego pierden la razón, de políticos impunes y empresarios que también lo son. Por ello las procuradurías exoneran, las fiscalías especiales nunca funcionan, las comisiones investigadoras en el Congreso no cumplen con su función, los custodios no custodian, los crímenes persisten. Hay demasiados intereses que proteger, demasiados negocios que cuidar, demasiadas irregularidades que tapar, demasiadas cuentas bancarias que esconder, demasiadas propiedades que ocultar, demasiados pactos que preservar.

Manlio Fabio Beltrones.

"Sí, presidente" dice Emilio Gamboa —pálido, nervioso y atemorizado— cuando habla con Carlos Salinas de Gortari. "Sí, presidente" dice Miguel de Madrid ante las amenzas recibidas de su sucesor, que lo obligan a aceptar su transformación pública en vegetal. "Sí, presidente" dicen Elba Esther Gordillo y Arturo Montiel cuando le otorgan 30 millones de pesos a Carlos Ahumada para comprar los videos que revelan la corrupción en el PRD. "Sí, presidente" dicen funcionarios e intelectuales que recibieron fondos de la partida secreta. "Sí, presidente" dice Vicente Fox cuando asegura la libertad de Raúl Salinas de Gortari a cambio de información para dañar a AMLO. "Sí, presidente" musitan empresarios que se beneficiaron con las privatizaciones del sexenio salinista. "Sí, presidente" concuerdan los panistas que hablan de "prescripción del delito" y juicios ciudadanos en las urnas en vez de una investigación formal contra Carlos Salinas y los suyos. "Sí, presidente" repiten las principales cadenas de television cuando ignoran las acusaciones lanzadas por Miguel de la Madrid en la entrevista con Carmen Aristegui.

Porque como lo reconoce el ex presidente, la impunidad es condición indispensable para el funcionamiento de la maquinaria política del país. Esa maquinaria que produjo a Carlos Salinas y sobre la cual sigue montado. Esa maquinaria de la que se aprovechan todos los partidos y de la cual pocos —en realidad— se quieren bajar. Engrasada por aquello que Carlos Ahumada revela, Miguel de la Madrid sugiere, el PRI diseña, Vicente Fox no combate, el PAN ignora y Raúl Salinas de Gortari intenta ocultar. La función pública como vehículo para el enriquecimiento personal; el poder político como instrumento para llenar cuentas bancarias; la consanguinidad como forma para conseguir contratos; el gobierno como distribución del botín; la democracia electoral como la mejor pantalla para una forma de entender y ejercer el poder que sigue viva aunque hayamos sacado al PRI de Los Pinos.

Basta con recordar algunas imágenes de la Patria. Vicente Fox y Marta Sahagún abrazados bajo un árbol, presumiendo su rancho. Roberto Madrazo con los brazos en alto, celebrando su triunfo en el maratón de Berlín. Mario Marín en una reunión de la Conago, sonriendo mientras platicaba con sus contrapartes. Ulises Ruiz de la mano de su esposa, paseando por un hotel de lujo en la playa. Arturo Montiel, en un resort invernal, esquiando de cuesta en cuesta. Emilio Gamboa sentado en la Cámara de Diputados, negociando desde allí las reformas a la medida de los intereses de Kamel Nacif. Personajes impunes, progenitores de la desconfianza, númenes de la impunidad, patrones de la trampa, emblemas de la nación, faros de la mentira e íconos de la República. Protagonistas prominentes del "país donde no pasa nada".

Donde hay muchos escándalos pero muy pocas sanciones. Donde proliferan las fotografías sugerentes pero no las investigaciones contundentes. Donde siempre hay corruptos señalados pero nunca corruptos encarcelados. Y donde todo esto es normal. Los

errores, los escándalos y las fallas no son indicio de catástrofe sino
de continuidad. El coyotaje practicado por Marta Sahagún o la
pederastia protegida por un gobernador o la fortuna ilícita acumulada por un candidato presidencial o las negociaciones turbias
entre un senador y un empresario no son motivo de alarma sino de
chisme. No son síntoma de un cáncer a punto de metástasis, sino
de una urticaria con la cual el país se ha acostumbrado a convivir.
La permanencia en el poder público de quienes violan sus reglas
más elementales es lo acostumbrado, tolerado, aceptado. Lo que
ha sido será y no hay nada nuevo bajo el sol.

© Grupo Reforma

Roberto Madrazo en el maratón de Berlín.

O sólo la grabación telefónica más reciente o la entrevista incri-
minatoria más picante. Aquello que se vuelve tópico de mil sobremesas y comidilla en un centenar de cafés. Siempre acompañado
de inescapables manifestaciones de indignación e increíbles muestras de sorpresa. Como si nadie hubiera conocido la trayectoria de
Roberto Madrazo desde su elección fraudulenta en 1994. Como
si nadie hubiera leído hace años los reportajes de *Proceso* sobre
la playa El Tamarindillo y el tráfico de influencias —orquestado
desde Los Pinos— que revelaron. Como si nadie hubiera oído a

Emilio Gamboa decirle a Kamel Nacif sobre una iniciativa que perjudicaba sus intereses: "Va pa'tras papá; esa chingadera no pasa en el Senado." Como si nadie hubiera escuchado las conversaciones grabadas entre Mario Marín y Kamel Nacif. Como si el país entero se hubiera olvidado de ellas. Y eso es precisamente lo que ocurre: primero el escándalo y después el arrumbamiento. Primero el ultraje y después el abandono, la siguiente noticia picosa, la próxima oportunidad para asar a la parrilla a un político infame y luego olvidarse de él.

Porque en todos los casos de corrupción en el "país donde no pasa nada", no importa la evidencia sino la coyuntura política. La correlación de fuerzas en el Congreso. El calendario electoral. Las negociaciones entre los partidos y sus objetivos de corto plazo. La relación entre el presidente y la oposición que busca acorralarlo. Las conveniencias coyunturales de los actores involucrados. Los intereses de los medios con agenda propia y preferencias políticas particulares. En un contexto así, el combate a la corrupción se vuelve una variable dependiente, residual. No es un fin en sí mismo que se persigue en aras de fortalecer la democracia, sino una moneda de cambio usada por quienes no tienen empacho en corroerla. Las instituciones establecidas se convierten —como diría Louis Mumford— en una "sociedad para la prevención del cambio". Hay demasiados intereses en juego, demasiados negocios qué cuidar, demasiados cotos qué proteger.

Cotos como el que Mario Marín erigió en Puebla y la Suprema Corte intentó desentrañar. 1251 páginas donde la comisión investigadora determinó que el arresto de Lydia Cacho "fue una componenda del gobernador con el empresario". 1251 páginas que describieron de manera detallada cómo las instituciones se pusieron al servicio del gobernador y sus amigos. 40 personas —procuradores, jueces, comandantes, agentes judiciales—involucradas en una conspiración; en un "concierto de autoridades con el objetivo, no de enjuiciar, sino de perjudicar a la periodista" como lo subrayó la Foja 1137. Evidencia inequívoca que no debió ser ignorada. O archivada y sin embargo lo fue.

© Benjamín Flores / Proceso

Mario Marín.

Pero siempre se nos dice que ahora sí, la impunidad terminará. En este sexenio, la Secretaría de la Función Pública —de verdad— actuará. En el gobierno del "México ganador" —de verdad— los juicios políticos ocurrirán. Todos los esfuerzos se encaminan en esa dirección, afirman los vendedores de la inmunidad gubernamental. El gobierno de la República trabaja para ti —anuncian— mientras parece hacerlo siempre para ellos, los mismos de siempre. Los López Portillo o los Salinas o los Cabal Peniche o los Madrazo o los Montiel o los Marín o los Ruiz o los Gamboa o los Bribiesca Sahagún. Desde hace décadas, el gobierno como la explotación organizada, como la depredación institucionalizada. Así se vive la política en México. Así la aceptan sus habitantes. Así se vuelven cómplices de ella. Mexicanos convertidos en comparsas de una clase política que como sentencia el *Financial Times*, "sigue sirviéndose a sí misma".

Emerson escribió que las instituciones son la sombra alargada de un solo hombre. De ser así, las instituciones confabuladas de México son el reflejo de sus habitantes; de aquellos estacionados cómodamente en el viejo orden de las cosas. Ciudadanos complacientes que contemplan a los corruptos, pero no están dispuestos a pelear para consignarlos. Ciudadanos imaginarios, atraídos por las imágenes de la Patria ennegrecida pero que no levantan un dedo para limpiarla. O para exigir que quienes la gobiernan tengan un mínimo de decencia.

Quizá Felipe Calderón entiende lo que el PRI le ha hecho al país y por ello exclama: "Dios quiera y no regresen a la presidencia", como lo hizo en una reunión reciente. Pero si eso ocurre, tanto él como su predecesor habrán producido ese desenlace al optar por un "pacto de no agresión" desde la elección del 2000. Al suponer que bastaría sacar al PRI de Los Pinos sin modificar sustancialmente su *modus operandi*. El gran error del PAN ha sido tratar de operar políticamente dentro de la estructura que el PRI creó, en vez de romperla. El gran error del PAN ha sido creer que podría practicar mejor el juego diseñado por el PRI, en vez de abocarse a cambiar sus reglas. El gran error ha sido emular a los priístas en vez de rechazar la manera de hacer política que instauraron.

LA EMULACIÓN PANISTA Y EL SUICIDIO PERREDISTA

El PAN lleva los últimos años mimetizando al PRI y copiando algunas de sus peores prácticas en vez de distanciarse de ellas. Los panistas no han sabido combatir con inteligencia al viejo regimen. No han querido en realidad hacerlo. Han cerrado los ojos cuando debieron haberlos abierto. Han esquivado la mirada cuando debieron haberla mantenido atenta y crítica. Han emulado todo aquello que el PAN fue creado para combatir: las dirigencias sindicales antidemocráticas y los gobernadores corruptos y las alianzas inconfesables y el cortejo a los poderes fácticos y los certificados de impunidad y el gobierno como lugar desde donde se reparten bienes públicos.

En vez de promover juicios, el PAN ha protegido a los corruptos. En vez de democratizar a los medios ha optado por doblegarse ante ellos. Y por ello Acción Nacional es corresponsable del regreso de lo peor del PRI porque no lo detuvo a tiempo. No lo paró a tiempo. No lo denunció a tiempo. Como ha escrito Jorge Castañeda: "¿Si el PAN va a gobernar como lo hizo el PRI —perpetuando privilegios y empoderando élites y construyendo clientelas— para qué seguir apoyándolo? Ya muchos mexicanos comienzan a pensar, 'pa' priístas en el gobierno, pues mejor el PRI."

El PRI tiene más gubernaturas, más recursos, más unidad, más disciplina y más hambre que en la última elección presidencial. El PRI está mejor posicionado para ganar y el PAN ha ayudado a que eso ocurra. En el poder, Acción Nacional pasó más tiempo definiendo cómo repartir posiciones que pensando cómo ganarlas. En lugar de ampliar su base electoral disminuyendo las barreras de entrada al partido, decidió elevarlas. En lugar de hacer política con y para la ciudadanía, se refugió en las burocracias partidistas. El PAN no ha aprendido a hacer política de cara a los ciudadanos. Sigue apostando a la política de pasillos de poder, a las cuotas entre camarillas, a los acuerdos cupulares, a la popularidad presidencial, a los métodos priístas. A formas de actuar y de pactar que evidencian a un PAN —hasta ahora— incapaz de crear e instrumentar nuevas formas de involucrar a los ciudadanos y fomentar su participación.

Desde hace más de una década, el reto para el PAN —según sus dirigentes— ha sido ganar el poder sin perder el partido. Participar en la política sin perder los principios. Optar por el pragmatismo necesario o refugiarse en el purismo seguro. Cada vez que el PAN gana la presidencia, padece una crisis de identidad; se enfrenta a un dilema hamletiano. ¿Ser partido en el poder o ser partido que lo critica? ¿Ser gobierno que se ensucia las manos o fuerza política que se rehúsa a hacerlo? ¿Ser una organización de masas o una coalición de élites? ¿Ser un partido *catch-all* que gobierna en el centro del espectro político o ser un partido que se desliza hacia la derecha? La crisis de identidad se convierte en la huella dactilar de un partido que sabe cómo ganar la presidencia, pero aún debate cómo comportarse y gobernar al país.

Y lo hace mal. En gran medida la resurreción del PRI surge de la urgencia negociadora del gobierno de Felipe Calderón y su imperiosa necesidad de llegar a acuerdos para presumir que los obtuvo. Pero es precisamente esa urgencia panista la que ha alentado el jugueteo priísta y el chantaje constante de sus líderes. La que ha propiciado el golpeteo políticamente redituable de Manlio Fabio Beltrones a Vicente Fox y a Felipe Calderón, ante el cual los panistas —durante mucho tiempo— no hicieron más que callarse por miedo a sabotear las negociaciones en curso.

Ya en la presidencia los panistas le apostaron demasiado a los acuerdos con el PRI en el Congreso, y al empujarlos como lo hicieron perdieron margen de acción. Todavía hace apenas unos meses, asesores gubernamentales de alto nivel se vanagloriaban de las reformas aprobadas durante el ultimo sexenio. "Somos el gobierno más exitoso que ha tenido México en diez años porque logramos sacar reformas por consenso, aun en un gobierno dividido", aseguraban. Pero lo que jamás entendieron los artifices de la estrategia calderonista, es que el electorado no iba a premiar al PAN tan sólo por llegar a acuerdos si no tenían un impacto importante sobre el crecimiento económico y el empleo.

Las reformas de Felipe Calderón no lograron cumplir con esos objetivos por la forma en la cual fueron negociadas y todo lo que se cedió en el camino para lograr su aprobación. Como ha escrito el economista y premio Nobel, Paul Krugman: "Uno podría pensar que la mitad de un pedazo de pan puede ser visto como mejor que la ausencia de pan; pero no es así si medidas a medias acaban desacreditando o diluyendo todo el plan reformista. No vale la pena tener una reforma si se obtiene haciendo tantas concesiones que acaba por condenarla al fracaso." Y eso es lo que ha ocurrido con la reforma fiscal y la reforma energética del calderonismo. Poco o casi nada a cambio de lavarle la cara al PRI y ahora presenciar su fortalecimiento.

Por ello ahora que el PRI denuncia el fracaso del PAN, en cierta medida tiene razón. Los aprendices incipientes son fustigados por los maestros experimentados. Los panistas han fracasado en el

intento de gobernar como lo hacían los priístas. Los panistas han
fracasado en su intento por adaptarse a las reglas de instituciones
que el PRI torció. Los panistas no han logrado pactar eficazmente
con los narcotraficantes; no han logrado comprar eficazmente a
los líderes sindicales; no han logrado beneficiar eficazmente a los
grandes empresarios; no han logrado ocultar eficazmente los negocios que han hecho en su paso por el poder; no han logrado
combatir eficazmente la impunidad porque también se volvieron
cómplices de ella. Gracias al PRI el país padeció tantos años de
mal gobierno. Gracias al PAN es probable que la historia se repita.

Este escenario también es producto de la disfuncionalidad
del PRD y de una izquierda que todavía no sabe qué hacer consigo misma o con Andrés Manuel López Obrador. Alguien que en
el 2006 fue irremediablemente combativo, confrontacional, anti
institucional. Alguien que durante ese proceso electoral fue inva-
riablemente atávico, testarudo, conservador, contumaz. Alguien
cuyas posturas poco claras —y con frecuencia contradictorias—
han inspirado una desconfianza que será difícil, si no imposible,
remontar. Alguien que metió a la izquierda en un callejón del cual
le está resultando muy difícil salir.

Para quienes piensan —pensamos— que México debe tener
una izquierda funcional, pocas cosas tan tristes como contemplar
la tragedia de su auto sabotaje. Las heridas que se ha infligido a sí
misma desde la última elección presidencial. El papel suicida que
la izquierda dividida se ha empeñado en jugar. El PRD y el PT y
Convergencia atrapados en una lógica de confrontación constante,
transformados en propulsores de su peor adversario: el Partido Revolucionario Institucional. López Obrador convertido en promotor involuntario del regreso del PRI. López Obrador responsable,
sin sopesarlo siquiera, de una regresión a la cual ha contribuido.

Tomando decisiones equívocas —una y otra vez— que minan
su posición política y fortalecen las del contrario; haciendo declaraciones que le restan apoyos y se los transfieren a quienes desea
debilitar pero termina por apuntalar; negando la legitimidad de
las alianzas PAN-PRD aunque se han vuelto la única forma de parar al PRI. AMLO como conductor contraproducente; como actor
auto-destructivo; como político paradójico que encabeza una iz-

quierda empecinada en empoderar al priísmo. Una izquierda lopezobradorista que en lugar de actuar como contrapeso eficaz al PRI redivivo, explica su avance.

Y si López Obrador no entiende esto, ojalá que otros miembros de la izquierda mexicana sí sean capaces de hacerlo. Ojalá comprendan que el proyecto de nación que AMLO sigue proponiendo es demasiado estrecho, demasiado excluyente, demasiado monocromático. El país que quiere gobernar donde sólo hay cabida para los pobres. El candidato que nunca ha dicho lo que hará por las clases medias y cómo fomentará su expansión. El redentor que ofrece aliviar la pobreza pero no explica cómo va a crear riqueza. El líder social que no sabe cómo ser político profesional. Que no entiende la necesidad de deslizarse hacia el centro del espectro político y liderar una izquierda moderna y propositiva desde allí. Incapaz de aprender que precisamente eso llevó al poder a Tony Blair y a Ricardo Lagos y a Felipe González y a Michele Bachelet y a Lula. La transformación del agravio histórico en propuesta práctica. La reinvención del resentimiento en planteamiento. El combate a la desigualdad con medidas para asegurar la movilidad. Pero López Obrador no quiere o no puede pensar de esa manera.

Éste es un diagnóstico desolador para quienes creemos que México necesita una izquierda encabezada por líderes modernos que entienden los imperativos del crecimiento económico y la globalización. Una izquierda capaz de remontar la intransigencia que fortalece al priísmo en vez de frenar su avance. Una izquierda que sea acicate del cambio progresista y no pretexto para la restauración conservadora. Una izquierda con ideas viables y no sólo posiciones morales. Una izquierda que sepa hablarle a las clases medias en lugar de alienarlas. Una fuerza política que sepa ser oposición y también opción viable de gobierno, porque el país necesita ambas.

Todo aquello que explica la razón de ser de la izquierda mexicana sigue allí. La pobreza y la desigualdad y la corrupción y la justicia discrecional y la concentración de la riqueza y la postergación de soluciones para distribuirla mejor. El país de privilegios y de quienes no quieren perderlos es real. Existe. Consagrado en los evasores de impuestos que no quieren comprometerse a pagarlos. En los contratos otorgados de manera discrecional bajo el arropo de "la normatividad existente". En ese neoliberalismo mal instrumentado que preservó en vez de transformar. En las privatizaciones que transfirieron monopolios públicos a manos privadas y no los desmantelaron. En los bonos discrecionales y los sueldos desorbitados y la rapacidad de quienes trabajan para el Estado pero se embolsan partes de él. Por ello, los de abajo siguen siendo los de abajo, los de arriba siguen siendo los de arriba, los de en medio siguen luchando para quedarse allí. Pero la izquierda parece estar demasiado ocupada peleándose consigo misma y denunciando al sistema para pensar en cómo mejorarlo.

Si quiere influir y no sólo vetar, la izquierda debe reflexionar. Debe reconsiderar. Debe entender que si continúa comportándose como lo ha hecho en los últimos años, no hará de México un país más justo sino más priísta. No hará de México un país más equitativo sino más reaccionario. Y no empoderará a los desposeídos sino al partido responsable de un sistema que los excluye. Y si López Obrador sigue empeñado en convertir al PRD en promotor de la priízación del país, ojalá que los progresistas de México no se lo permitan. Sería una paradoja trágica que la izquierda continuara pavimentando la ruta que el PRI usa para rebasarla.

Porque mientras el panismo se encoge y la izquierda se suicida, el PRI lleva los últimos años reorganizándose a nivel estatal y local, ganando posiciones en la periferia con la esperanza de reconquistar la presidencia. Aprovecha el descrédito del PAN y el canibalismo del PRD para recuperar el terreno que le fue arrebatado en las elecciones presidenciales del 2000 y del 2006. Y a diferencia de las divisiones que lo llevaron a perder, el PRI ahora despliega la disciplina que necesita para ganar. Ha dejado de ser el partido que no sabía cómo actuar y no sabía en qué dirección debía marchar. El momento de pasmo después de la derrota del año 2000, marcado por los enfrentamientos constantes y las recriminaciones incesantes, parece haber quedado atrás. De hecho, hemos presenciado en el PRI la virtual eliminación de los conflictos internos, por lo menos a nivel de los medios masivos de comunicación. Hoy el PRI disfruta los beneficios asociados con la resurección de la "línea".

A pesar de los pleitos personales y las divergencias ideológicas los priístas se unen bajo una sola consigna y es la de ganar elecciones. Como dice uno de sus dirigentes: "Optamos por ser un partido capaz de competir y ganar." Hoy la fuerza del PRI no está en la dirigencia del partido sino en los coordinadores del partido en el Congreso y en las gubernaturas de los estados.

Para la gran mayoría de los priístas, la candidatura de Enrique Peña Nieto ofrece la salvación. Ofrece reconquistar la República y lo va logrando. Promete el regreso a los viejos modos, a las viejas maneras, a la forma de vida que fue y que a tantos benefició. Augura la restauración y hay millones de priístas cansados de vivir a la intemperie y fuera del presupuesto. A lo largo del país el PRI regresa no necesariamente por lo que ofrece sino por los vacíos que llena. Regresa por *default*, regresa con líderes desacreditados, regresa porque puede. Utiliza todos los mecanismos tradicionales a su alcance: el dinero, la intimidación, la movilización clientelista, los niveles bajos de participación. Reproduce el modelo con el cual ganó en el Estado de México con Enrique Peña Nieto por todo el país. Y con ello manda un mensaje: para volver, el PRI no necesita modernizarse. Puede seguir siendo como siempre ha sido y aún así ganar.

El PRI no cambia porque ni el PAN ni el PRD se lo han exigido. El PRI no evoluciona porque nadie le ha pedido que lo haga. El PRI no limpia su propia casa porque dice que la del vecino está igual de sucia. El pragmatismo inescrupuloso de los priístas refleja el que también despliegan sus contrincantes. El PRI se nutre de la complacencia con la corrupción cuando es compartida; una tendencia que se refuerza cuando el propio gobierno y la izquierda misma no la combate. El PRI pre-moderno sigue allí porque el país que gobernó durante tanto tiempo también sigue allí. El pequeño priísta que muchos mexicanos cargan dentro todavía vive y el PAN y el PRD se encargan de proveer alimentos para su manutención.

Con su comportamiento contraproducente, el PAN y el PRD no han hecho más que empoderar al enemigo cuya contención fue el motivo fundacional que los llevó a constituirse como partidos.

Enrique Peña Nieto y Arturo Montiel.

Y los resultados de su actuación están allí. En encuesta tras encuesta, las opiniones favorables del PRI van creciendo. El nivel de aceptación del PRI va a la alza. El partido que tantos quisieron sacar de Los Pinos se posiciona para regresar allí.

¿EL REGRESO A MACONDO?

Como escribe Gabriel García Márquez en *Cien años de soledad*, notar la diferencia entre la gente de Macondo allí puede ser difícil porque tienen rasgos similares, facciones parecidas, hábitos idénticos. No defienden ideales sino intereses, no colaboran con las mejores mentes sino con los peores depredadores, no combaten la corrupción porque se valen de ella. Marchando de mitin en mitin con la cartera abierta y la integridad ausente. Como el PRI que camina sembrando contratos y cosechando clientelas. Asociado con liderazgos famosos por las irregularidades que han cometido. Famosos por lo que han gastado, manipulado, torcido. Famosos por los libramientos que han inaugurado y las elecciones que se han robado. Armados con las nuevas herramientas de la mercadotecnia pero lejos de representar la modernidad.

Cómo olvidar a Arturo Montiel, el de los dientes blancos y la trayectoria gris. El que eleva la deuda del Estado de México de 22 mil millones a 31 mil millones de pesos. El que le pone su nombre a todo lo que toca. El que percibió un aguinaldo en el 2004 de 178 840 pesos. El que hizo más de 30 giras internacionales. El que en un sólo viaje a Asia gastó 296 700 pesos. El progenitor político de Enrique Peña Nieto. Y los dos demostrando que el PRI no puede ni quiere cambiar. Allí está, como siempre ha sido. Allí está, como siempre quiere ser. La maquinaria que da y también aplasta. El corporativismo que persiste y también obstaculiza. La obra pública que compra votos y también conciencias. El viejo PRI como lo describe a la perfección Elba Esther Gordillo: "Tú ibas a una colonia y les arreglabas la luz, hacías pavimentaciones, metías banquetas, arreglabas escuelas y hacías carreteras aunque fuera por esa vez."

Allí sigue ese PRI, tan arraigado como los familiares de José Arcadio Buendía, el patriarca de Macondo y el responsable de su longevidad. Ese PRI que también es responsable de muchos años de soledad. La soledad infinita que produce la democracia distorsionada. La democracia mediatizada. La democracia saboteada. La democracia que el PRI usa pero no entiende. La democracia que conjuga frases huecas, palabras trilladas, promesas desgastadas. "Lo que el país necesita." "Lo que los mexicanos esperan." La repetición incesante del discurso que muchos oyen y pocos creen. La única diferencia es que ahora el PRI paga para pronunciarlo en las pantallas de televisión. Paga para pegarlo en los espectaculares. Paga con dinero de los contribuyentes todo aquello que usará para comprarlos.

Porque quiere inmunidad, quiere protección, quiere recuperar a través de negociaciones tras bambalinas parte del poder que perdió en las urnas. Quiere seguir jugando el viejo juego de pactos entre las élites porque eso es lo que sabe hacer mejor. Quiere —en ciertos casos— empujar hacia adelante leyes o reformas estructurales con las cuales algunos de sus líderes obtendrían un claro beneficio. Quiere pararse del lado de las instituciones porque para el PRI, tal y como están, han funcionado.

Y para ello necesitan el olvido. La suspensión de la memoria. El exilio de la verdad conocida. Arturo Montiel y Enrique Peña Nieto son los repositorios vivientes de todo aquello que los mexicanos deberían recordar pero no recuerdan. Representan todo aquello que el país peleó para enterrar y ahora exhuma. Simbolizan todo aquello que México quiso cambiar y ahora acepta. El regreso a la casa familiar, a la habitación conocida, aislada del mundo y todo lo que ocurre allí. Ambos habitan un lugar donde el tiempo no avanza en línea recta sino en círculos y el mundo se repite. Lo que fue ahora es; lo que ahora es alguna vez fue.

Probablemente los priístas piensan que la corrupción no cuenta a la hora del voto. Que en México el enriquecimiento personal de los políticos es visto como una medalla de honor; como un premio a la astucia. Es muestra de que el PRI está allí para que las cosas se hagan. Para que los contratos se firmen. Para que los negocios se asignen. Para que la familia post revolucionaria goce de ellos y los comparta. Como el PRI gobernó 71 años así ahora cree que han transcurrido sin dejar huella. Cree que el país sigue siendo el mismo del cual se aprovechó. Que es posible ser corrupto y ganar, ser corrupto y gobernar, ser corrupto y regresar. Le apuesta a la cultura cínica por encima de la cultura cívica. A la complicidad de la población en vez de su oprobio.

Siete décadas de priísmo parieron mexicanos apáticos y electores cínicos. Siete décadas de priísmo crearon una población que no sabe cómo indignarse ni frente a qué hacerlo. Siete décadas de priísmo institucionalizaron una forma de hacer política que incluso otros partidos emulan. El peor legado del PRI es una cultura de tolerancia frente a los errores del poder, una cultura de pasividad frente a sus penurias, una cultura de complicidad frente a sus abusos, una cultura de ciudadanos que no saben cómo serlo.

El PRI tiene una fórmula para utilizar. Un precedente sobre el cual construir. Un punto de partida ideado por quienes piensan que el político más eficaz en México no es el que respeta la ley, sino el que la dobla y comparte los beneficios de hacerlo. Gobernadores que mantienen vivas las redes que su partido ha tejido durante tanto tiempo con prebendas, con privilegios, con protección, con palmadas en la espalda y los tratos que se cierran así. Ese priísmo que no cree en las instituciones gubernamentales sino en las relaciones personales. Que presencia las filtraciones pero no ve las sanciones. Acostumbrado a que el país sea así. Antes y ahora.

Basta con ver la cara de los priístas en cualquier acto público. Basta con advertir las sonrisas compartidas, los rostros complacidos, los abrazos entusiastas. Están felices y se les nota; están rebosantes y no lo pueden ni lo quieren ocultar. Saben que vienen de vuelta, saben que están de regreso, saben que encuesta tras encuesta los colocan en el primer lugar de las preferencias en las elecciones estatales y cada vez más cerca de recuperar el control del gobierno federal. El PRI resurge, el PRI revive, el PRI resucita. Beneficiario del panismo incompetente y del perredismo auto destructivo, el Revolucionario Institucional está a un paso de alcanzar el picaporte de Los Pinos tan sólo dos sexenios después de haber sido expulsado de allí.

Para muchos mexicanos esta posibilidad no es motivo de insomnio ni de preocupación. Hablan del retorno del PRI como si fuera un síntoma más de la normalidad democrática. Un indicio más de la alternancia aplaudible. Un indicador positivo de la modernización que México ha alcanzado y que ya sería imposible revertir. "El país ya no es el mismo que en 1988" advierten quienes no se sienten alarmados por la resurreción priísta. "El PRI no podría gobernar de manera autoritaria como lo hizo alguna vez" sugieren quienes celebran los logros de la consolidación democrática. "Los priístas se verían obligados a instrumentar las reformas que hasta ahora han rechazado" auguran los oráculos del optimismo. Y ojalá tuvieran razón las voces de aquellos a quienes no les quita el sueño la idea de Enrique Peña Nieto en Los Pinos, Manlio Fabio Beltrones en la Secretaría de Gobernación, Beatriz Paredes en cualquier puesto del gabinete, y Humberto Moreira —o cualquiera como él— en la presidencia del PRI.

© Benjamín Flores / Proceso

Líderes priístas.

Ojalá fuera cierto que una nueva era de presidencias priístas puede ser señal de alternancia saludable y no de regresión lamentable. Ojalá fuera verdad que tanto el país como el PRI han cambiado lo suficiente como para prevenir el resurgimiento de las peores prácticas del pasado. Pero cualquier análisis del priísmo actual contradice ese pronóstico, basado más en lo que sus proponentes quisieran ver que en la realidad circundante. Como lo escribe el columnista Tom Friedman en *The New York Times*, en México hoy coexisten tres grupos: "Los Narcos, los No's y los NAFTA's": los capos, los beneficiarios del *statu quo* y los grupos sociales que anhelan el progreso y la modernización. Y hoy el PRI es, por definición, 'el partido del no'. El que se opone a las reformas necesarias por los intereses rentistas que protege; el que rechaza las candidaturas ciudadanas por la rotación de élites que defiende; el que rehúye la modernización sindical por los "derechos adquiridos" que consagró; el que no quiere tocar a los monopolios porque fue responsable de su construcción. El PRI y sus bases son los "No's" porque constituyen la principal oposición a cualquier cambio que entrañaría abrir, privatizar, sacudir, confrontar, airear o remodelar el sistema que los priístas concibieron y del cual viven.

A quien no crea que esto es así, le sugiero que lea los discursos atávicos de Beatriz Paredes, que examine la oposición pueril de Enrique Peña Nieto a la reelección, que reflexione sobre los intereses cuestionables de Manlio Fabio Beltrones, que estudie los negocios multimilonarios de Emilio Gamboa, dirigente de la CNOP, que estudie el nepotismo de Humberto Moreira en Coahuila. Allí está el PRI clientelar, el PRI corporativo, el PRI corrupto, el PRI que realmente no cree en la participación ciudadana o en los contrapesos o en la rendición de cuentas o en la apertura de la vida sindical al escrutinio público.

Si la biografía es micro historia, entonces se vuelve indispensable desmenuzar la de Emilio Gamboa ya que su selección para una de las posiciones más importantes del priísmo revela mucho sobre el ideario, los principios y el *modus operandi* de la organización. Emilo Gamboa, descrito en el libro coordinado por Jorge Zepeda Patterson, *Los intocables*, como el *broker* emblemático de la política mexicana; el intermediario entre el dinero y el poder político. Viculado al Pemexgate, al quebranto patrimonial en Fonatur, al crimen organizado vía su relación con Marcela Bodenstedt y el Cartel del Golfo, a las redes de pederastia, al tráfico de influencias. De nuevo en la punta del poder dentro de su propio partido.

Ése es el PRI de ahora, y si no lo fuera, su dirigencia ya habría denunciado a Emilio Gamboa junto a tantos que se le parecen. Pero no es así. El PRI del nuevo milenio y el que se apresta a gobernar a la República sigue siendo un club transexenal de corruptos acusados y corruptos exonerados; de cotos construidos sobre la intersección de la política y los negocios; de redes tejidas sobre el constante intercambio de favores y posiciones, negociadas a oscuras. En una conversación telefónica grabada y ampliamente diseminada —que a pesar de ello no ha hecho mella en su carrera política— Emilio

Gamboa le dice a Kamel Nacif: "Va p'a tras". Y ése es el mismo mensaje que el PRI envía sobre el país bajo su mando.

Cada lector tendrá su propia interpretación, su propia historia, su propia experiencia. Habrá muchos que evalúen a la maquinaria del PRI de una forma más benigna, más benevolente. Habrá quienes hablen de la forma en que esa maquinaria construyó caminos y carreteras, hospitales y hospicios, puertos y aeropuertos. Habrá quienes comparen la dictablanda mexicana con la dictadura chilena y encuentren la primera menos criticable que la segunda. Habrá quienes defiendan la excepcionalidad mexicana frente a la brutalidad latinoamericana. Habrá quienes piensen que la corrupción del priísmo en México fue mejor que la violencia del militarismo en América Latina. Habrá quienes aplaudan la estabilidad del autoritarismo mexicano frente a la inestabilidad padecida en otras latitudes. Millones de mexicanos todavía se identifican con el PRI, prefieren la continuidad.

Pero ojalá que quienes decidan votar por el PRI en el futuro lo hagan con los ojos abiertos y con la conciencia tranquila. Ojalá lo hagan montados sobre una maquinaria que moviliza el voto de manera legítima, y no aplastados por una maquinaria que asola al país con tal de gobernarlo. Ojalá que quienes crucen el emblema del tricolor lo hagan incitados por una campaña consistente y no comprados por un corporativismo sin cuartel. Ojalá que el PRI apueste a demostrar que puede ganar limpio en vez de nuevamente jugar sucio.

Porque si eso no ocurre, lo que fue será: la decadencia lenta y dolorosa de un lugar que no entiende lo que debe hacer. Anegado por lluvias que durarán más de un sexenio si el PRI regresa sin haberse modernizado. México que se vuelve Macondo. Donde la vieja podredumbre del PRI coexiste con la nueva capacidad para esconderla. Donde lo inconcebible ahora parece posible. Donde generación tras generación camina por la misma ruta y se tropieza con la misma red de intereses creados. Más de 71 años de tiempo que se mueve de manera circular. Un pueblo condenado a cometer el mismo error una y otra vez. Un pueblo condenado a la soledad, que ha perdido la oportunidad para aliviarla.

III. LA OPORTUNIDAD DESPERDICIADA

Esto pudo haber ocurrido una vez,
y lo perdimos, lo perdimos para siempre.

ROBERT BROWNING

No hay nada más agradable en la vida que hacer las
paces con el Establishment *—y nada más corruptor.*

A.J.P. TAYLOR

VICENTE FOX: EL HOMBRE QUE NO PUDO

Me hubiera encantado conocer al Vicente Fox que aparece en el libro de Jorge Castañeda y Rubén Aguilar, *La diferencia: radiografía de un sexenio*. Me hubiera enorgullecido apoyar al hombre democrático, visionario, inteligente, honesto, sofisticado, astuto, valiente, cuyos únicos errores fueron un poco de impericia y demasiada ingenuidad. Ese tipo hubiera sido un presidente fantástico y justo lo que la transición democrática necesitaba. Lástima que nunca existió. El Vicente Fox reinterpretado, revisado y editado es mucho mejor que el real. El presidente ficticio que según los autores "hizo lo que se pudo", es bastante más atractivo que quien nos traicionó.

Como dice el dicho, el poder absoluto corrompe absolutamente, pero el rechazo al poder por parte de quien debería ejercerlo entraña su propia forma de corrupción. Su propia manera de claudicación. Produce el estilo personal de no gobernar o hacerlo mínimamente. Produce —en el caso de Vicente Fox— una presidencia que en vez de pelear por la modernización de México, prefirió aplaudir su inercia. Celebrar su estancamiento. Darse palmadas en la espalda por las crisis que evitó y los riesgos que no tomó. Vicente Fox será recordado en gran medida por todo lo que pudo hacer y no hizo. Por todo lo que el país exigía y él ignoró.

Lo más característico de su periodo fue el mal uso de la institución presidencial. Desde el inicio de su sexenio, Vicente Fox se especializó en ponerla al servicio de las decisiones más cuestionables. La búsqueda de consensos con la parte más podrida del PRI. El apoyo irrestricto a la ambición política de su esposa. El desafuero.

La candidatura presidencial de Santiago Creel. La Ley de Radio y Televisión, mejor conocida como la "ley Televisa". La demanda a la revista *Proceso* por supuesta difamación. La pregunta de "¿Y yo por qué?" ante circunstancias complejas —como la confrontación en San Salvador Atenco o la toma del Chiquihuite— que requerían tomar decisiones difíciles. A lo largo de su gestión, la silla presidencial fue utilizada para ignorar, para evadir, para patear problemas hacia adelante en vez de resolverlos.

Atrapado en la burbuja de Los Pinos, Vicente Fox no pudo mirar más allá de ella. Se convirtió en un presidente que no quiso lidiar con los vicios del viejo sistema y erradicarlos. Vio un país democrático y económicamente estable sin entender que esa apreciación era parcial, insuficiente, irreal. Vio un sistema político que —desde su perspectiva— no necesitaba reformas institucionales profundas y por ello no las promovió. Vio una economía que no requería —desde su punto de vista— nuevas reglas del juego y por ello no las empujó. Vio un México que sólo existía en la cabeza de alguien que nunca quiso mirarlo de frente.

Alguien que no pudo encarar a los peores demonios del PRI y encontrar la forma de exorcisarlos. Alguien que se negó a entender que en el año 2000 tenía ante sí la posibilidad de transformar y no sólo de preservar. Alguien que había denunciado a las tepocatas, a las alimañas y a las víboras prietas para después tomarse la foto junto a ellas. O inaugurar presas con su nombre, como acabó haciendo en el caso de Leonardo Rodríguez Alcaine. O apuntalar a líderes autoritarios, como acabó haciendo en el caso de Ulises Ruiz. O avalar la impunidad prevaleciente, como acabó haciendo en el caso de Carlos Romero Deschamps.

Al partir de un diagnóstico equivocado, Vicente Fox adoptó actitudes equivocadas. Prefirió vender antes que gobernar. Prefirió promover antes que cambiar. Prefirió viajar a lo largo del país antes que comprender lo que debía hacer para echarlo a andar. Prefirió conformarse con la estabilidad macroeconómica, sin pensar en lo que tendría que haber hecho para construir una economía más dinámica sobre sus cimientos. Prefirió mirar el vaso medio lleno, sin ver que la mirada mundial lo veía cada vez más vacío. Un país estable pero paralizado, subsidiado por su petróleo y sus migrantes. Quizá mejor que ayer para algunos, pero igual que ayer para muchos.

Vicente Fox.

Un país con logros que palidecen ante el tamaño de los problemas que Vicente Fox dejó tras de sí. Un México más libre pero más polarizado. Un México con más crédito pero con más crimen. Un México con más vivienda pero más narcotráfico. Un México con más oportunidades del cual un número creciente de personas decide emigrar. Un México con un Estado más decentralizado pero más acorralado por intereses particulares cada vez más poderosos. Un México con baja inflación y alta concentración de la riqueza. Un México dividido en un Norte próspero y un Sur estancado. Un México que va perdiendo la ventaja competitiva de su cercanía con Estados Unidos, mientras lamenta la construcción de muros fronterizos que su letargo ha contribuido a crear. Un México donde más del 30 por ciento de la población no cree en las instituciones democráticas y es convocada regularmente a las calles a denunciarlas. Un México donde la izquierda siente que la quisieron destruir y por ello con frecuencia actúa anti institucionalmente frente a sus adversarios.

Quizá Vicente Fox no es responsable de esta larga lista de sinsabores, pero en muchos casos los exacerbó. Por acción y por omisión. Por lo que hizo y por lo que dejó de hacer. Por las viejas reglas del juego que no modificó y con las cuales los poderosos siguieron jugando. Por todo aquello frente a lo cual cerró los ojos o volteó la mirada. Por la frivolidad cotidiana que su propia esposa fomentó. Por las negociaciones difíciles que debió haber llevado a cabo y eludió. Por el vacío de poder que produjo y que otros llenaron. Porque a lo largo de seis años, Fox fue un candidato permanente pero un presidente intermitente. Fue un porrista de tiempo completo pero un jefe de Estado que lo acabó debilitado.

Y ése probablemente es su peor legado. Un Estado que en rubros cruciales ha perdido la capacidad para serlo. Un Estado que, en teoría, se erige para proteger la seguridad de la población pero hoy no puede asegurarla. Un Estado que, en teoría, existe para gobernar en nombre del interés público que ha sido rebasado por los intereses fácticos. Un Estado acorralado por las fuerzas que debería articular pero frente a las cuales —con Fox a la cabeza— se rindió. Un Estado arrinconado por los múltiples "centros de veto" que constriñen su actuación. Los monopolistas rapaces y los líderes sindicales atrincherados y las televisoras chantajistas y los empresarios privilegiados y los movimientos sociales radicales y los priístas saboteadores que ofrecen pactar pero sólo para mantener las cosas tal y como están. Todos los que ejercen el poder informal en México. Todos los que han llenado el hueco que la presidencia encogida de Vicente Fox produjo y dejó allí.

Vicente Fox seguramente justificará su herencia con el argumento de la presidencia democrática. Dirá que decidió acotar su poder y se alabará por ello. Dirá que decidió quitarle protagonismo a la presidencia y argumentará que hizo bien. Dirá que México necesitaba terminar con el presidencialismo exacerbado y él lo logró. Argumento tras argumento demostrará lo que no entiende y nunca entendió. Sus críticos no le exigían que fuera un presidente imperial sino que fuera un presidente eficaz. No le exigían que se comportara como un dictador sino como un líder. No le exigían que ejerciera el poder de manera arbitraria, sino que lo ejerciera y punto. Pero Vicente Fox, una y otra vez, confundió la autoridad legítima de cualquier presidente en cualquier democracia con el autoritarismo. Pensó que si actuaba con firmeza sería catalogado como un priísta. Creyó que si usaba sus atribuciones sería denostado por ello.

Para no excederse, optó por no actuar. Para evitar la crítica que sus acciones podrían generar, evitó llevarlas a cabo. "Respetó" tanto a los otros poderes que eludió ejercer el propio. Obsesionado en no parecerse a los presidentes priístas que tanto criticó acabó emulando a los defensores del *statu quo*. Acabó defendiendo lo que en la campaña presidencial denostó. Acabó disminuido en la misma silla del Águila que había ofrecido desmantelar. Acabó siendo un hombre que llegó al poder prometiendo cambiar lo más elemental de su ejercicio, pero sólo lo encogió y para mal de la presidencia, para mal del Estado, para mal del país.

En el texto "Reflexiones al término del mandato" que Vicente Fox diseminó en los últimos días de su sexenio, dice que trabajó al límite de sus fuerzas, con todas sus capacidades. Y tristemente tenía razón. Hizo todo lo que pudo dada la persona que es. El personaje necesario para sacar al PRI de Los Pinos que dio para poco más. El presidente que salió relativamente mejor librado que sus peores predecesores, pero eso es poco decir. Alguien que sembró esperanzas para después cosechar reclamos. Al juicio de la historia le corresponderá aclarar si la presidencia desilusionante de Fox se explica por constricciones estructurales al margen de su temperamento o si él mismo las exacerbó por miedo o flojera o ausencia de audacia o falta de experiencia. Sea cual sea la respuesta, Fox desperdició su presidencia y la oportunidad que la historia le entregó.

EL PRESIDENTE COMO PRODUCTO

En el año 2000, Vicente Fox inventó un producto —a sí mismo— salió a venderlo, y la mayoría de los mexicanos lo compró el día de la elección. El estilo de Vicente Fox rompió moldes, cimbró al sistema e inauguró una nueva forma de hacer política en el país. La campaña de Vicente Fox fue la primera al estilo estadounidense en suelo mexicano. Como cualquier campaña moderna y profesionalmente manejada, la del guerrero guanajuatense incluyó cuatro ingredientes: encuestas, procesamiento de datos, imagen y dinero. Las encuestas descubrían lo que el elector pensaba de antemano, el procesamiento de datos interpretaba la profundidad de esas creencias, la imagen del candidato se iba armando sobre los deseos detectados y la mercadotecnia colocaba el paquete en los medios. En pocas palabras: mercadotecnia + dinero = presidencia. Francisco Ortiz, uno de sus principales asesores y el mago de la mercadotecnia, primero vendió Choco Milk y después vendió a Vicente Fox. O más bien, logró que el pueblo de México lo consumiera.

Diez años antes, pocos conocían a Vicente Fox, y la percepción que el país adquirió a lo largo de ese tiempo fue la que él mismo construyó de manera cuidadosa y deliberada. La mercadotecnia de la campaña creó un efecto espejo: Fox reflejaba lo que el electorado quería ver. Cada mexicano colocó sobre las espaldas de Fox sus propias aspiraciones, sus propias metas, sus propias promesas. Fox se volvió una pantalla colectiva en la cual el país proyectó sus sueños e intentó exorcizar sus pesadillas.

No es posible entender lo que fue el fenómeno Fox sin tomar en cuenta el llamado Proyecto Millenium —mapa y manual para llegar a la presidencia— diseñado por su amigo y ex colega de Coca Cola, José Luis "El bigotón" González. Allí se encontraba el plan de ataque y las estrategias mercadotécnicas. Allí se estipulaba que Fox representaría la personificación del "producto". Allí se asentaba que Fox debería arrebatarle banderas a la izquierda y moderar a la derecha. Allí se enumeraban las estrategias con las cuales compitió y arrasó. Asesorado por el consultor tejano Rob Allyn, Fox y los suyos llevaron a cabo una campaña a la gringa.

Apoyado por un experto estadounidense, Fox aprendió a aprovechar su estatura y acicalarse el pelo, arremangarse la camisa, y utilizar su sonrisa. Aprendió cómo planear la espontaneidad.

Uno de los consejos más contundentes que Fox recibió provino de Alan Stoga, experto en relaciones públicas, y ex socio de Kissinger Associates. Stoga le dijo que pensara más allá de la demografía convencional de los votantes y que se centrara en los jóvenes. Le dijo que volteara a ver a los 27 millones de votantes menores de 35 años. Le sugirió que reorganizara su campaña en torno a "la gran idea de Vicente" y la capacidad de presentarse como el candidato del cambio. En vez de hacer que la gente se enojara con Francisco Labastida —el candidato del PRI— debía lograr que la gente se riera de él. En vez de centrarse en la crítica del pasado debía abocarse a la venta del futuro. En vez de permanecer en la tierra debía ofrecer el cielo. Fox debería provocar la "foximanía" y aprovechar la energía que podría desatar.

Con base en la asesoría recibida, Fox convirtió a la elección en un referendum sobre el cambio *versus* la continuidad y con ello ganó la elección. 69 por ciento de los mexicanos que querían el cambio votaron por él. La mayoría de los votantes entre 18 y 34 años votaron por él. Prendieron la televisión, escucharon el radio, se formaron una impresión instantánea del "bravucón del Bajío" y lo apoyaron. La esencia de una campaña moderna es el énfasis en la personalidad y Fox se encargó de empaquetar la suya.

Siguiendo la estragegia que usó para ganar, Vicente Fox fue el primer mandatario mexicano que intentó también gobernar apelando a la mercadotecnia. Buscó usar su popularidad entre la población para presionar a las élites. Apeló a las estrategias públicas para influenciar las negociaciones privadas. Pensó —como lo hacía Bill Clinton— que un presidente necesita obtener una mayoría en todo momento y no sólo el día de la elección. Por ello se montó en los medios, salió a seducir, se subió a la silla del caballo en vez de sentarse detrás del escritorio en Los Pinos. Pensó, como lo advertía Mark Twain: "Es mejor ser popular que tener la razón."

Como parte de su estrategia escénica y política, Fox concibió al país en dos dimensiones distintas: el círculo verde, compuesto por la mayor parte de la población y el círculo rojo, compuesto por

las élites que crean opiniones y toman decisiones. En el primer
círculo estaban los votos y en el segundo se encontraba el poder
para generarlos. En el primer círculo estaban los beneficiarios de
los programas que el presidente prometía, y en el segundo se en-
contraban los legisladores que podían vetarlos. En el primer círculo
estaban quienes aprobaban a Vicente, y en el segundo, los que tenían opiniones más negativas sobre él.

Fox buscó "apelar al público", saltando por encima del círculo
rojo de las élites para convencer al círculo verde de la poblacion,
en un esfuerzo por usar su personalidad para generar popularidad.
En vez de encerrarse a negociar, el presidente delegaba a otros la
tarea. En vez de fomentar la movilización a través de los partidos,
el presidente miraba a los medios. En vez de trabajar dentro de las
instituciones, el presidente buscaba brincar por encima de ellas. El
primer mandatario se volvió un político peripatético, mediático,
público. La presidencia foxista estuvo basada en la actuación de un
político que siempre concibió su liderazgo como un acto escénico.

Así lo hizo Ronald Reagan y así lo hizo Bill Cinton. Como lo
describe Sam Kernell en *Going Public: New Strategies of Presidential
Leadership*, los presidentes en la "era de la información" negocian
cada vez menos y actúan cada vez más. Hablan con el público en
lugar de cabildear a los legisladores. Apelan a millones de habitantes en lugar de convencer a cientos de miembros del Congreso. Pelean batallas frente a a las cámaras en lugar de librarlas en
los pasillos del poder. Usan las relaciones públicas para conseguir apoyo popular en lugar de tender puentes políticos para obtener apoyo legislativo. Abrazan al círculo verde para que presione
al círculo rojo.

Fox emuló el estilo estadounidense —*going public*— por la manera en la cual fue electo y por el tipo de temperamento que po-
seía. Para ganar la postulación del PAN, Fox tuvo que ponerse a
trabajar desde temprano al margen de las reglas formales y las
élites establecidas del partido. Para posicionarse en la contienda
política, Fox tuvo que darse a conocer entre la opinión pública a
través de los medios. Para ganarle al PRI, Fox tuvo que movilizar
a las mayorías y no sólo a la base de su partido. Para ganar la presidencia, Fox tuvo que conseguir el voto útil, el voto volátil, el voto

de aquellos que en una elección le sonreían al PAN y en la siguiente le fruncían el ceño. Ya en Los Pinos, Fox apeló al público porque no es posible ser un tipo de hombre y otro tipo de presidente.

Ataúd del PRI durante la campaña electoral de Vicente Fox.

Fox se comportó tal y como lo hizo en la campaña porque no podía ser de otra manera: era un vendedor, no un negociador. No tenía ni el talante ni el talento para la confrontación. No le gustaba el estira y afloja de las batallas a puerta cerrada ni quería pelearlas. No le interesaba convencer a cada congresista sino tratar con "todo el pueblo de México". Prefería hablar y viajar, solicitar apoyo en la televisión y hablarle directamente a la población. Prefirió casarse para resolver un problema de popularidad, antes que negociar la reforma fiscal para resolver un problema de gobernabilidad. Pero el problema con este tipo de comportamiento es que generó un presidente con mucha experiencia mediática y poca experiencia política. Produjo un presidente que sabía cómo comportarse en campaña pero no entendía cómo lograr que San Lázaro apoyara a Los Pinos. Generó un presidente que sabía cómo hablarle a las cámaras pero no entendía cómo relacionarse con las élites institucionales.

Porque creía en la estrategia de *going public*, Fox peleó —en el primer año de su presidencia— por la iniciativa indígena en los medios, antes de conseguir apoyo para ella en el Congreso. Porque creía en la política del *bully pulpit*, Fox vendió públicamente la reforma fiscal antes de amarrarla con los legisladores. Porque pensaba que la popularidad del presidente podía generar apoyo para sus propuestas, Fox llevó a cabo sondeos y encuestas semanales para auscultar al electorado.

Pero la instrumentación de *going public* en México resultó ser un plan plagado de problemas, porque es una estrategia que funciona bien en las democracias consolidadas, pero funciona mal en las democracias incipientes. Funciona bien al Norte del río Bravo, pero funciona de manera imperfecta al Sur de él. En Estados Unidos, el círculo verde sí puede influir al círculo rojo, pero en México, el círculo verde tiene poca interlocución con el círculo rojo. En Estados Unidos las masas presionan a las élites, pero en México las élites ignoran a las masas. En Estados Unidos, los ciudadanos saben quiénes son sus diputados y cómo comunicarse con ellos. En México, la mayor parte de la población no sabe quién actúa en su representación. En Estados Unidos, un congresista que ignora a su base sabe que perderá la reelección. En México, un diputado que ignora a su base es parte de la regla y no de la excepción. En Estados Unidos, el presidente puede utilizar su prestigio personal para librar una batalla campal. En México, la popularidad presidencial es irrelevante para legisladores que no tienen la reelección delante. El futuro de un diputado panista depende más de la buena voluntad de su partido que de la buena imagen del presidente.

Por eso, cuando Fox saltaba por encima de la cabeza del Congreso, ganaba la batalla de la popularidad, pero perdía la guerra legislativa. Lo que el presidente percibía como persuasión, los diputados lo percibían como coerción. Cuando Fox apelaba al gran público, colocaba piedras en el camino de la concertación. Al adoptar una posición final, montado sobre el escenario, limitaba su margen de acción tras bambalinas. En su afán por utilizar las estrategias públicas, Fox descuidaba las negociaciones privadas. En su afán por convencer a los miembros del círculo verde, Fox ignoraba a los legisladores del círculo rojo. En su afán por apelar a la mayoría silenciosa, Fox alienaba a la minoría poderosa.

Según Aldous Huxley, los métodos que se utilizan para vender a una figura política como si fuera un desodorante garantizan que el electorado difícilmente sepa la verdad. Pero poco a poco y a lo largo del sexenio, la verdad sobre Vicente Fox comenzó a emerger. Fox no es un hombre que se detenga en los detalles. Lee poco y habla mucho. Escoge una idea y corre con ella, mientras la retaguardia se encarga de explicarla. Define metas desde una perspectiva gerencial, pero no se ocupa del proceso que entraña llegar a ellas. Le interesa la satisfacción del consumidor con el producto, pero no le interesa participar en su elaboración. Durante años Fox se dedicó a vender Coca-Cola y nunca tuvo que negociar su fórmula. En la presidencia se enfrentó a la necesidad de hacerlo, pero no lo logró cabalmente.

El reto para Vicente Fox fue que, a diferencia de la campaña, la silla presidencial no tenía un manual de instrucciones. Él se sentó allí durante seis años pero no logró sentirse cómodo. Algunos pensaban que le quedaba grande y otros le reclamaban el poco tiempo que pasaba sentado en ella. En vez de celebrar la aprobación de la ley indígena, Fox se vio obligado a distanciarse de lo que su partido apoyó. En vez de avanzar en la composición de un consejo de administración profesional en Pemex, Fox se vio obligado a retroceder en cuanto a su integración. En vez de conseguir el aumento del IVA, Fox se vio obligado a luchar un frente unido en torno a su modificación. En tema tras tema, Fox sufrió derrotas importantes y reveses humillantes. El sexenio pasó repleto de agendas encontradas y señales cruzadas y desorganización y falta de coordinación. El presidente pasó más tiempo defendiendo a su equipo que gobernando con él.

En lugar de trabajar mano a mano con el PAN, Fox se vio obligado a defenderse de sus embates. Durante la campaña, la mercadotecnia foxista marginó a Acción Nacional y después el presidente pagó los costos de hacerlo. Acostumbrado a andar solo, Fox no logró convertirse en publicista y promotor de su propio partido. Acostumbrado a moverse a sus anchas, Fox tomó decisiones en Los Pinos que fueron percibidas como imposiciones en San Lázaro. Acostumbrado a las alianzas pragmáticas, Fox negoció con los ajenos primero y con los propios en segundo lugar. Acostumbrado a disparar primero y apuntar después, Fox creyó que el PAN debía funcionar como una correa de transmisión de sus labores de promoción. Por su parte, los panistas con frecuencia concibieron al gobierno federal como un enemigo que era necesario vencer, en vez de un aliado al cual era imperativo apoyar. Creían que marchar a tambor del presidente era caer en un ritmo vergonzante. Pensaban que la agenda de Fox no era la agenda del PAN.

Gran parte de los escollos a los que se enfrentó el presidente fueron producto de su propia historia y manera de ver al mundo. Enfundado en sus botas, Fox ascendió con rapidez la escalera corporativa de Coca-Cola y al llegar a la presidencia quiso emular lo que vio allí: una estructura basada en la delegación de funciones y la descentralización de operaciones. Fox sólo quería definir las tareas que su equipo se dedicaría a realizar; sólo quería diseñar el *business plan* y que otros se encargaran de ponerlo en práctica; sólo quería remodelar la fábrica y que su equipo se ocupara de administrarla. Pero en tema tras tema, el presidente se vio obligado a intervenir y a decidir, cosa que hacía con renuencia.

Cuando Fox trabajó en Coca-Cola, no tenía el poder cuasi absoluto para instrumentar su visión individual. Era parte del engranaje de una enorme corporación, en la cual podía observar y escuchar y reportar y ejecutar pero no tenía que decidir. Pero como presidente no podía abstenerse de hacerlo. Además de observar y escuchar tenía que encarar, tenía que enfrentarse a la resistencia del Congreso, tenía que conseguir apoyo desde abajo para lo que se planeaba desde arriba. Es mucho más compleja la labor presidencial que trabajar para una multinacional, y quizá

Fox nunca logró entender que las lecciones de la iniciativa privada difícilmente podían transferirse al ámbito público.

Fox quizá pensó que los miembros de su gabinete actuarían como jefes de división de una corporación: cada secretario se ocuparía de su área de una manera autónoma y se limitaría a informar al presidente sobre los avances logrados y los obstáculos encontrados. Pero un buen jefe de operaciones sabe ejecutar las políticas e instrumentar las decisiones. Y es en este rubro crucial donde el gabinete foxista falló de manera monumental. Algunos secretarios simplemente no supieron qué hacer con el poder que tenían; otros rehuyeron ejercerlo.

Durante el sexenio, ciertos secretarios —como Jorge Castañeda y Josefina Vázquez Mota— empujaron exitosamente su propia agenda y persiguieron sus propias ambiciones, impresionando a Fox cuando podían o actuando al margen de él si era necesario. Pero ciertos secretarios hicieron todo lo posible por convertirse en hombres y mujeres invisibles. Algunos fueron audaces, otros fueron huidizos; algunos caminaron con coraje, otros cultivaron la cautela. Estas diferencias naturales dentro de un grupo de gobierno no hubieran sido perniciosas si el hombre sentado en el ápice hubiera mantenido el mando. Pero con frecuencia Vicente Fox pareció no poder o no querer hacerlo.

Cuando Fox no fallaba en favor o en contra de una propuesta, quienes la apoyaban o la desdeñaban se dedicaban a pelearse entre sí. Cuando no había una palabra final, todos buscaban apropiarse de ella. Cuando el presidente no tomaba decisiones, dentro de su equipo florecían las fricciones. Por ello, temas como la Comisión de la Verdad, la relación con el PAN, la forma de sacar la reforma fiscal, la interlocución con o la crucifixión del PRI no terminaban y no se resolvían y no se enfrentaban. Jorge Castañeda pensaba una cosa, Santiago Creel opinaba otra; Adolfo Aguilar Zínser proponía y Rafael Macedo de la Concha se oponía; Francisco Barrio hacía olas y Francisco Gil Díaz las calmaba.

A lo largo de su gestión, a Vicente Fox parecía más bien interesarle un papel ceremonial y testimonial: aparecer en los medios, inaugurar eventos, clausurar congresos, meditar sobre lo que sus subalternos sugerían y cruzar los dedos con la esperanza de que lo lograran. Pero muchas veces el presidente no se involucraba ni en el seguimiento ni en la ejecución de su plan de gobierno. No tenía manera de saber si aquellos que trabajaban bajo su mando estaban jalando en la misma dirección o si marchaban al ritmo de su propio tambor. Como no decidía, otros lo hacían por él. Como no marcaba una ruta clara, sus colaboradores con frecuencia caminaban en direcciones contradictorias. Como delegaba mucho, en algunas áreas ocurría poco. Ya sea por inexperiencia o negligencia, el gobierno foxista dio la impresión de evadir responsabilidades. El estilo *hands off* del presidente dejó florecer a unos pero dejó a la deriva a otros.

Al final del sexenio supimos que Fox era un buen vendedor pero un mal estratega; supimos que era un buen ejecutivo de relaciones públicas pero un mal constructor de relaciones políticas. Dejó la percepción compartida de que en ocasiones no sabía cuál debía ser el comportamiento del presidente de la República. Nunca logró entender la diferencia entre aspirar a un puesto y ocuparlo. Un candidato debe seducir y un presidente debe gobernar. Un candidato debe cortejar la popularidad y un presidente debe estar dispuesto a sacrificarla. Un candidato debe venderse a sí mismo y un presidente debe vender lo que sea mejor para el país. Un candidato puede montarse sobre su partido pero un presidente necesita legislar con él.

Es cierto que la presidencia es una campaña permanente, pero para lograr sus objetivos necesita claridad en el rumbo y coherencia en el mando —algo que no se vio a lo largo del sexenio. La disección del gobierno foxista demuestra que la mercadotecnia es un instrumento útil para ganar; pero lo que no queda claro es que sea una técnica infalible para gobernar. Para seducir a un consumidor se requiere construir una imagen; para convencer a un elector se necesita hacerla realidad. Fox y los suyos tuvieron una gran estrategia de venta; pero al final de cuentas vendieron un producto defectuoso. Como Vicente Fox no pudo negociar en privado lo que prometió en público, *going public* resultó ser una estrategia equivocada, en el lugar equivocado, en el momento equivocado.

LA POLÍTICA DE PACTOS CON EL PRI

Ésa es la realidad de un presidente que cometió errores y muy graves. Equívocos principales que determinaron el curso de su sexenio y explican su descenlace atribulado. Tres decisiones tomadas que Vicente Fox no puede endosar a nadie más que a sí mismo. Y quizá la más importante fue la política de concertación con el PRI, con la cual Fox acabó limpiándole la faz a un adversario rehabilitado que luego lo acorraló. Algunos culpan al PRI de la parálisis del gobierno foxista pero el presidente la fomentó al encamarse con las alimañas, las tepocatas y las víboras prietas en lugar de exterminarlas. Allí siguen hoy, en posiciones de mando, los priístas reconocidos como listos y hábiles, pero profundamente imbuidos de los vicios más arraigados del pasado. Ése es legado de Vicente Fox.

En la lógica de Fox —y sobre todo de Santiago Creel— había que convivir con los priístas porque llegaron en segundo lugar. Había que ayudarlos a levantarse de nuevo después de su derrota en el año 2000 porque eso hacen los presidentes de las transiciones. Aquellos que están por encima de la política y no se ensucian las manos con ella. Aquellos que quieren llegar al cielo o por lo menos regresar vivos al rancho.

Desde el momento en que arribó a Los Pinos, Vicente Fox justificó la presidencia disminuida con el argumento del gobierno dividido. Atribuyó expectativas encogidas a negociaciones necesarias. No tenía opción, declaraba. No había otro camino, sugería. Había que colaborar, enfatizaba. Pero precisamente el error más grande que cometió Vicente Fox fue pensar que el PRI era capaz de cambiar; que los priístas eran capaces de concertar con él; que sus enemigos podrían llegar a acuerdos y también cumplirlos.

Ante el escenario del "gobierno dividido" al que Fox se enfrentó, había personajes dentro del gobierno que buscaban, ante todo, asegurar una transición de terciopelo. Formados en el Grupo San Ángel y socializados por él, miembros prominentes del gobierno foxista pensaban que la política era la construcción de consensos en vez de la institucionalización de conflictos. Querían estrechar la mano de todos en vez de conseguir el apoyo de algunos. Y eso llevó a que tantos foxistas estuvieran dispuestos a perseguir una política de pacificacion con el priísmo. Por eso la combatividad de la campaña acabó siendo remplazada por la búsqueda del consenso a toda costa. Fox y los suyos comenzaron a pensar que matarían suavemente a sus adversarios a golpes de buena voluntad. Percibían a la política como un ejercicio de bondad colectiva en vez de un una batalla campal. Jugaban *softball* en vez de *hardball*.

De cara a los problemas persistentes que enfrentaron a lo largo del sexenio, la respuesta siempre fue la misma: negociar hasta el cansancio, buscar el consenso a toda costa, civilizar a los contrincantes o morir en el intento. "Chapultepec *forever*", cantaba el secretario de Gobernación Santiago Creel frente al sainete de San Salvador Atenco. El secretario quedó atrapado en el seminario del Castillo de Chapultepec, en busca de enemigos a los cuales poder domesticar. El atorón en Atenco lo demostró: Santiago Creel quería revivir y reproducir esos momentos gloriosos en los que se forjaron acuerdos sin precedentes entre adversarios recalcitrantes. Quería ver a todos los que se odian sentados en la misma mesa, mirándose a los ojos. Para el caballero de la mesa de Bucareli, lo más importante era la gobernabilidad y la civilidad, el buen tono y las buenas maneras. Para Santiago Creel, más allá de la ley estaban los consensos. En su país perfecto, la política era asunto de pactos, de acuerdos, de documentos firmados y apretones de mano captados por las cámaras, en algún recinto histórico.

Pero el problema con la concepción de la democracia como el diálogo *ad náuseam*, es que se corre el riesgo de la parálisis. Y eso es precisamente lo que ocurrió durante la presidencia de Vicente Fox. Cuando el proceso de la política suplanta a la meta, no hay meta. El proceso de la democracia es importante —como método para tomar decisiones— pero si el proceso no tiene objetivos claros, es sólo eso: proceso. Cuando lo que más importa es recorrer la ruta, no importa si ésta no va a ningún lado. Y por ello, en los primeros años del sexenio, Santiago Creel acabó caminando en círculos, cual viajero entusiasta sobre el *road to nowhere* del cual cantaban The Talking Heads.

El comportamiento de Santiago Creel colocó al gobierno foxista constantemente contra la pared. Reforzó la percepción de debilidad de un presidente que de entrada era percibido como demasiado buena gente. Cuando Santiago Creel anunció que la paz social era su prioridad principal, cualquiera podía ponerla en jaque. Cuando Santiago Creel definió el éxito como la ausencia de violencia, cualquiera que portaba un machete podía arrinconar al gobierno y chantajearlo. Cuando la victoria era cantada en función de las carreteras que no habían sido bloqueadas, el primer bloqueo se convirtió en derrota. Y al colocar la barrera de una manera tan baja, todos saltaban por encima de ella. San Andrés Atenco no fue la excepción; se convirtió en la regla del sexenio foxista. El que ponía en jaque la paz social se convertía en interlocutor privilegiado. Y a partir de ese momento se volvió más difícil negociar reformas pendientes con grupos que se oponían a ellas. Todos los miembros de sindicatos públicos del país leyeron el manual de Atenco, y llegaron a la conclusión de que si uno gritaba con las suficientes ganas podía parar lo que fuera.

Atenco ocurrió porque Santiago Creel logró imponer sus sello consensualista al gobierno de Vicente Fox; logró convencer a su jefe de que la política era la amalgama de los afectos, no la administración de los odios, y de allí los errores. Para pasar la reforma fiscal empujada por Vicente Fox no bastaba con apelar al supuesto patriotismo de los priístas. Para lograr la aprobación de iniciativas legislativas era necesario negociar duro y fuerte; era necesario otorgar favores y cobrarlos; era necesario cambiar la capa de terciopelo por la coraza de hierro; era necesario acosar al PRI en vez de apapacharlo.

Durante su paso por el poder los foxistas fueron ingenuos, generosos, ilusos. En vez de pensar cómo debilitar al bravucón del kínder, los mininos Montessori le regalaron dulces. En vez de diseñar una estrategia de confrontación, adoptaron un plan de acomodación. En vez de amenazar a los priístas, buscaron cómo sentarlos a la mesa. Y ello produjo una oposición fortalecida y reformas diluidas; un sexenio diluido y un gobierno paralizado; un PRI que le sonreía al presidente de frente pero se reía de él a sus espaldas.

Al tratar al PRI con guantes blancos, el gobierno se debilitó
a sí mismo; al voltear la otra mejilla, los foxistas se debilitaron a
sí mismos. Podrían haber usado la verdad y el escrutinio del pasado priísta como arma; podrían haber inaugurado una política
de guerra eficaz y no de paz costosa; podrían haber inaugurado
una política de enfrentamientos catalizadores y no de consensos
artificiales; podrían haber desplegado una política de eficientes y
no de decentes.

El guanajuatense tenía guantes con los cuales pelear, tenía un
ring al cual subirse. El arma más importante con la que contaba
el presidente era la información sobre el pasado. El dardo más ve-
nenoso que podría utilizar contra el priísmo hubiera sido la revelación de sus penurias. La batalla más valiosa y más valiente que
podría haber dado Vicente Fox era la batalla contra la impunidad. Hubiera sido la madre de todas las batallas y podría haberla
ganado, con la ley en la mano y la población de su lado. Tenía la
oportunidad de arrancar de raíz al árbol torcido en el cual se ha
convertido el país; tenía la capacidad de combinar lo que era ética-
mente necesario con lo que era tácticamente indispensable hacer.
Al gobierno le hubiera convenido usar la información que tenía
sobre los priístas para incitar su colaboración.

Después del 2 de julio del 2000, era el momento de ofrecerle zanahorias a los "modernizadores" del PRI y garrotes a
todos los demás. Era el momento de otorgarle supervivencia política a quienes colaboraran con el presidente entrante, y el peso
de la ley a quienes se rehusaran a hacerlo. Era el momento para
construir apoyos legislativos con una parte del priísmo y exi-
liar políticamente a su parte podrida. Dividir al PRI era la única
forma de lidiar con un gobierno dividido. Era la única forma
en la cual podía haber remontado los obstáculos institucionales
a los que el nuevo gobierno se enfrentó. Pero lamentablemente
no fue así.

LA OBSESIÓN CON AMLO

El segundo gran error de Vicente Fox fue la decisión del desafuero, con la que rompió una de las reglas básicas del pacto democrático descritas por Robert Dahl en *Polyarchy*; ese acuerdo de "seguridad mutua" con el cual el gobierno se compromete a no destruir a la oposición y la oposición se compromete a no destruir al gobierno. Al violarlo, Fox le proveyó de herramientas a Andrés Manuel López Obrador para después descalificar una elección en la que no logró imponerse de forma contundente. Fox le "ganó" a AMLO pero a costa de la confianza democrática que tanto trabajo le costó al país construir.

Jorge Castañeda lo sugirió, y fue un error hacerlo; dijo que a AMLO había que pararlo a la buena o a la mala. Y, ¿cúales fueron los resultados de usar el desafuero como instrumento para sacar a López Obrador de la contienda presidencial? Un presidente que ya no podía salir de Los Pinos sin escuchar reclamos de estudiantes. Un gobierno criticado —a nivel internacional— por traicionar un proceso democrático que le permitió llegar al poder. Una primera dama —la Salomé de Celaya— recordada por pedir la cabeza de alguien a quien odiaba. Un secretario de Gobernación, Santiago Creel, conocido como el "chico totalmente torpe". Un vocero presidencial que ya no quería hablar. Una Procuraduría que padeció revés tras revés. Una Suprema Corte a la que le caían, de manera cotidiana, papas calientes en el regazo. Un PAN que se enorgulleció de "exponer" a un "mártir" cuando contribuyó a crearlo.

Porque como afirma el politólogo Adam Przeworski en un texto clásico, la democracia es la institucionalización de la incertidumbre. Es la sujeción de todos los intereses —de la derecha y de la izquierda— a la incertidumbre. Es un proceso con resultados poco predecibles: a veces encumbra a los buenos y a veces a los malos; a veces produce presidentes que gobiernan con inteligencia y a veces produce presidentes que gobiernan con visceralidad; a veces empodera a la derecha y a veces empodera a la izquierda; a veces produce un Franklin Roosevelt y otras un George W. Bush.

No es un compromiso con un resultado predeterminado sino con un proceso acordado. No es un compromiso sustantivo; es un compromiso contingente. Y quienes lo asumen, sujetan sus intereses a esa incertidumbre.

© Germán Canseco / Proceso

Marcha contra el desafuero.

Pero en México, el PRI, el PAN y el presidente Vicente Fox simple y sencillamente no quisieron hacerlo. No quisieron asumir ese riesgo. No quisieron enfrentar sus posibles consecuencias. No se atrevieron a ser demócratas "de a deveras". Porque en una democracia real, ningún grupo interviene para prevenir un resultado que afectaría sus intereses. Pero ellos sí intervinieron y de eso de trató el desafuero. De usar a la derecha "responsable" para frenar a la izquierda "temible". De usar a las instituciones para eliminar a un político indeseable. De debilitar a la democracia para "salvar" al país. De quitarle a los ciudadanos la opción de decidir, de evaluar, de sopesar, de votar por AMLO o en su contra.

Porque eso fue el desafuero, tal y como se llevó a cabo. Fue caer en lo que T.S. Eliot llama "la última tentación", la gran traición: hacer la cosa correcta por el motivo equivocado. Inaugurar el Estado de Derecho con el puntero en la contienda presidencial. Aplicar la ley con uno cuando no se aplica con otros. Imponer un castigo desproporcionado —la pérdida de los derechos políticos— a un delito que ni había sido probado. Perseguir desaforadamente un error o una omisión relativamente menor, cuando se cerraba los ojos ante aquellos que son mayores. Y lo más dañino, lo más reprobable: usar la justicia selectiva para construir una democracia selectiva.

Sin duda los epítetos lanzados contra Andrés Manuel López Obrador eran merecidos y quizá no debe ser presidente jamás. Pero tomar esa decisión no le correspondía a Vicente Fox o a Santiago Creel o a Roberto Madrazo o a Marta Sahagún o al Consejo Coordinador Empresarial. Esa decisión no era suya. Lo que estaba en juego en la debacle del desfuero no era sólo el futuro político de Andrés Manuel López Obrador, o la elección presidencial del 2006. Lo que estaba en juego era la calidad, la viabilidad, la longevidad de la democracia mexicana más allá de esa fecha. Lo que estaba en juego era el Estado de Derecho al servicio de la democracia, frente a su tergiversación para sabotearla.

Tanto Santiago Creel como Vicente Fox como el PAN dijeron que harían todo lo posible para frenar a AMLO y así fue. Produjeron entonces una Procuraduría que se paró al lado de las peores causas. Un secretario de Gobernación que conminaba a que otros fueran "hombrecitos" cuando él daba pocas señales de serlo. Una manipulación de la ley que socavó la justicia. Una elección presidencial manchada de antemano por quienes aspiraban a ganarla. Una transición democrática debilitada por quienes llegaron al poder gracias a ella. Una transición trastocada.

El duelo en torno al desfuero reveló a un presidente que —después de cuatro años en la silla presidencial— no entendía su puesto. Creyó que la institución presidencial podía ser puesta al servicio de una animadversión personal. Pensó que Los Pinos debía convertirse en una casa de campaña. Asumió que era válido reunirse con panistas y "pedirles su ayuda" con el desafuero. La pugna desnudó a un Vicente transformado en todo aquello contra lo cual peleó. El candidato que prometió desmantelar el *statu quo* luego se erigió en su principal defensor. El hombre arrojado que prometió cambiar un sistema político después se escudó con él. El que despotricaba contra las tepocatas y las alimañas y las víboras prietas buscó sus votos para el desafuero.

Antes de arribar a Los Pinos, Vicente Fox hablaba de la necesidad imperiosa de cambiar instituciones disfuncionales pero durante el debate en torno al desafuero las sacralizó. Antes de llegar al poder, violó la ley con sus amigos, pero durante el desafuero exigió su aplicación estricta. Antes de ganar la presidencia, cuestionaba la existencia misma de "el Estado de Derecho", pero durante el desafuero lo celebró. Pero celebraba algo que no luchó por instaurar. Algo que debería existir pero aún no existe y cada mujer asesinada en Ciudad Juárez lo demuestra.

Y por ello, Fox acabó pareciendo hipócrita, inconsistente, contradictorio. Se volvió el campeón de la indignación selectiva. Declaró que ningún servidor público estaba por encima de la ley, cuando él mismo —en distintos momentos, como con la toma del Chiquihuite— se negó a aplicarla. Dijo que los juicios se dirimían en los tribunales y no en las calles, cuando llegó a la gubernatura de Guajanjuato gracias a la movilización callejera. Se manifestó en contra del abuso de poder y la falta de transparencia en el caso de AMLO, pero no en el caso de Marta Sahagún. Rechazó el "retorno del autoritarismo" a través de una victoria perredista, pero no le preocupó aliarse con los artífices del autoritarismo priísta. Anunció que el respeto a la ley no admitía componendas, y se olvidó se su propia componenda en Atenco. Pidió respetar a las instituciones, cuando las instituciones —el Congreso, la Suprema Corte, la Produraduría— acabaron doblegadas durante el desafuero.

Al arremeter como lo hizo contra López Obrador, Vicente Fox acabó convirténdose en su principal promotor. Cada vez que Vicente Fox hablaba de la legalidad, la mayor parte de la opinion pública sabía que existe sólo de manera precaria. Cada vez que el presidente empuñaba su espada en defensa de las leyes, la mayor parte de la opinion pública recordaba su falta de aplicación. La hipocresía de Los Pinos alimentó la percepción de una injusticia orquestada, de una democracia saboteada, de un pleito personal promovido por la pareja presidencial.

Al batirse en un duelo diario, Vicente Fox ayudó a quien estaba tan empeñado en destruir. Como lo argumentó Leo Zuckermann, el desafuero tuvo algunos efectos positivos para el entonces Jefe de gobierno, que la presidencia misma contribuyó a crear. Ante la agresión casi unánime, el Peje unió a un PRD dividido. Ante la campaña en su contra, el Peje armó la propia fuera de los tiempos oficiales. Ante la retórica predecible del desafuero, el Peje pudo eludir el debate necesario de los temas. Ante la hipocresía presidencial, el Peje logró evadir los cuestionamientos a su propia conducta. El presidente se convirtió así en el jefe de la campaña de su adversario; en el principal promotor de su némesis; en un duelista obsesivo cuyas repeticiones absurdas crearon escenarios peligrosos. Escenarios con muchos problemas y pocas salidas.

Por su parte, el Peje intentó convencer "con la mera fuerza del absurdo", como diría el oficial Feraud en la película *Los duelistas*. El absurdo de un desacato —no probado— que se había convertido en un proceso ridículamente politizado. El absurdo de un desacato —no probado— que ni siquiera tenía una sanción penal explícita conforme a las leyes mexicanas. El absurdo de una teoría de negligencia criminal que volvió al Jefe de gobierno personalmente responsable por todos los actos de sus empleados. El absurdo de una ley que convertiría a cualquier alcalde de cualquier ciudad en un criminal cien veces al día, como lo argumentó el jurista Bruce Ackerman de la Universidad de Yale en una columna publicada en *The New York Times*. El absurdo de sacar a alguien de la contienda porque había "violado la ley" cuando sus contrincantes, si se usaba el mismo rasero, habían hecho lo mismo.

Lo criticable es que AMLO respondió ante el absurdo del desafuero con el absurdo de la anti institucionalidad. El entonces Jefe de gobierno tuvo razón al cuestionar la aplicación arbitraria de las leyes, pero se equivocó cuando su única respuesta fue colocarse por encima de ellas. Tuvo razón cuando cuestionó el comportamiento de ciertas instituciones, pero se equivocó al no pronunciarse en favor de su remodelación. Frente a la inexistencia del Estado de Derecho, el Peje propuso la sabiduría de su propia voluntad. Frente a una institucionalidad disfuncional, propuso una anti institucionalidad mesiánica. En vez de clamar por leyes buenas aplicadas por jueces limpios, recurrió a la provocación. En vez de alzar la voz por lo que es necesario cambiar, recurrió a las amenazas. El duelo del desafuero también lo reveló, lo descubrió, lo desnudó como alguien que se declaraba en favor de la democracia pero no tenía propuestas concretas para institucionalizarla.

Y así pasaron los días. Y pasaron los meses. Y pelearon con el puño en alto, con el odio en los ojos. Un presidente hipócrita y políticamente ineficaz contra un perredista anti institucional y provocador. Un par de políticos que dicen, como *Los duelistas*: "Llegamos aquí para matarnos. Cualquier campo es bueno para hacerlo." Pero eso no es loable ni cierto. Las heridas que se infligieron a sí mismos tambien fueron dañinas para México. Para un país exhausto. Para un país que se preguntaba por qué el presidente y el Jefe de gobierno peleaban tanto contra sí mismos y tan poco por lo que —verdaderamente— vale la pena. La representación política real. La rendición de cuentas siempre y en todos los ámbitos. La competencia incluyente con resultados legítimos. La transparencia asumida como compromiso y no sólo como reacción. El Estado de Derecho como aspiración necesaria y no sólo como justificación politizada.

Finalmente, Vicente Fox descartó la opción nuclear del desafuero y qué bueno que fue así. Pero a pesar de ello, el daño ya estaba hecho. Porque alguien pensó en la bomba y alguien la diseñó. Alguien pensó en cómo usarla y alguien la armó. Alguien le vendió la idea al presidente y alguien lo acorraló. Los grandes estrategas de Los Pinos resultaron ser los pequeños saboteadores de la democracia. Hombres y mujeres dispuestos a todo con tal de ganar; con tal de vencer; con tal de frenar. Políticos dispuestos a destruir con el pretexto de salvar. Y aunque la bomba no explotó, los efectos de su creación deliberada llegaron para quedarse.

Aunque Vicente Fox haya dado la orden de detener la explosión, él permitió los planes que llevaron a esa posibilidad. Aunque el procurador Rafael Macedo de la Concha haya fallado en la colocación de un explosivo, Los Pinos le dio la autorización para usarlo. Aunque Santiago Creel haya buscado la conciliación al final, fomentó la confrontación al principio. Aunque el PAN después condenó el precio político que comenzó a pagar, votó —de manera entusiasta— por el desafuero que lo provocó. Aunque todos retrocedieron del precipicio, todos llevaron al país a ese lugar polarizado.

Por mezquindad, por mendacidad, por torpeza. Porque no hay otras palabras para describir lo ocurrido; lo que pensaban hacer y no pudieron lograr. Porque más allá de la falta de ética fue visible la estupidez estratégica. La falta de visión. La ausencia de planeación. La sorpresa contundente frente a los resultados previsibles: la censura doméstica e internacional, la crítica en los medios y en las calles, el martirio de Andrés Manuel López Obrador y su crecimiento gracias a ello. Desde el primer momento del desafuero, Vicente Fox se convirtió en el mejor promotor de Andrés Manuel López Obrador. Se volvió su vocero. Se transformó en su impulsor. Quiso pararlo y terminó por construirle un trampolín.

El presidente rectificó pero ya demasiado tarde. Vicente Fox desandó la ruta recorrida pero fue visto caminando allí. Porque compró la mala idea de mutilar a la democracia que alguien le vendió. Porque Santiago Creel cargó la bomba y fue visto con ella. Porque el PAN aplaudió el acto de sabotaje y fue obvio cuánto lo disfrutó. Porque todos se comportaron como priístas, pero del PRI nadie esperaba algo más. Porque amaneció y después de todo, Andrés Manuel López Obrador seguía allí. Pero con un arma poderosa —el desafuero— con la cual deslegitimar la elección del 2006.

Ante ella, Vicente Fox, y con la mira puesta en AMLO, volvió a cometer el mismo error. Alimentó la ira. Elevó el encono. Se montó sobre la polarización y la profundizó. Asi se comportó quien debió haber sido árbitro neutral pero prefirió ser participante parcial. Vicente Fox se convirtió en porrista, cuando debió evitarlo, incluso parecerlo. Vicente Fox metió las manos en la contienda electoral, cuando debió mantenerlas fuera de ella. Vicente Fox se involucró de lleno en la campaña, cuando debió limitarse a contemplarla. Y generó con ello la acusación de una elección de Estado, de una elección inequitativa, de una elección amañada que después sería cuestionada. Palabra tras palabra, el presidente tiró leña al fuego y ayudó a incendiar la casa de todos.

Los prejuicios presidenciales fomentaron un conflicto post electoral predecible. Los temores del hombre que habitaba Los Pinos acabaron minando la transición pacífica que debió haberse dado desde allí. El odio de Vicente Fox a AMLO se volvió una obsesión.

Algo que por primera vez le quitó el sueño a alguien acostumbrado a apagar la la luz antes de las diez de la noche. Algo que fue más allá de la actitud confrontacional e impidió una respuesta racional. Otra vez —en los meses que precedieron a la elección del 2006— el país presenció al Vicente Fox del desafuero. Otra vez México padeció al Vicente Fox empeñado en aniquilar al adversario. Al presidente rijoso. Al presidente descalificador. Al líder faccioso que usaba a las instituciones para polarizar en vez de gobernar.

Porque cada vez que Vicente Fox lanzaba diatribas contra AMLO, le daba armas a quienes quisieran salir a las calles a defenderlo. Porque cada vez que el presidente hablaba de mantener el mismo caballo, demostraba estar dispuesto a cualquier cosa para evitar el triunfo de otro jinete. Y esa actitud se volvió letal para un país que necesitaba apostarle a la vía institucional. A la equidad incuestionable. A la elección impoluta en la que nadie trata de amarrar *a priori* y nadie necesita cuestionar *a posteriori*.

Si Vicente Fox hubiera emprendido la revitalización de las instituciones, AMLO no podría haber exigido tajantemente su refundación. Si Vicente Fox hubiera apoyado la reforma del Estado, AMLO no podría haber propuesto su destrucción. Si Vicente Fox hubiera gobernado en función del interés público, AMLO no podría haber criticado la imposición de los intereses privados. Si Vicente Fox no hubiera puesto a las instituciones al servicio del desafuero, AMLO no podría haberlas descalificado un día sí y al siguiente también. Si Vicente Fox no hubiera inundado al país con sus *spots*, muchos mexicanos no hubieran cuestionado la equidad de la contienda ni exigido su anulación. Si Vicente Fox no hubiera producido un vacío de poder, AMLO no lo hubiera llenado. Uno cometió errores y el otro los aprovechó. Uno barnizó con gasolina la puerta carcomida y el otro la incendió. La causa y la consecuencia. El problema y el síntoma.

El movimiento contestatario y confrontacional que AMLO logró armar se dió —en buena medida— por todo aquello que Vicente Fox tendría que haber hecho y no hizo. Por todo lo que tendría que haber atendido e ignoró. Por todo lo que tendría que haber empujado y postergó. La necesidad de renovar el andamiaje institucional, en vez de sólo aplaudirlo. La necesidad de reformas institucionales que permitieran la construcción de mayorías legislativas estables, en vez de la apuesta a la colaboración *ad hoc* con el PRI. La necesidad de reformas económicas que fomentaran la competencia en sectores cruciales, en vez de obstaculizarla como ocurrió con la ley Televisa. La necesidad de enfrentar a actores atrincherados en el mundo sindical, en vez de fomentar acuerdos subrepticios. La necesidad de comportarse como el presidente de todos, en vez de actuar a lo largo de la campaña, como el principal denostador de su adversario. Vicente Fox odió a Andrés Manuel López Obrador pero contribuyó a multiplicar su fuerza.

Al actuar como lo hizo, Vicente Fox creó la impresión de una elección del *Establishment*. De una elección de Estado contra quienes han sido sus víctimas. De un presidente que doblaba las reglas de juego para asegurar su resultado. Lo que unos celebraban como el derecho legítimo del presidente a pronunciarse, otros criticaban como el derecho ilegítimo del presidente a involucrarse. Lo que unos celebraban como un avance de la libertad de expresión, otros criticaban como un retroceso que facilitaría la impugnación. Y a pesar de que hasta la Suprema Corte le pidió al presidente prudencia, él decidió no ejercerla. A lo largo del 2006 Vicente Fox promovió una causa que inevitablemente produjo el cuestionamiento a la imparcialidad; la duda respecto a la institucionalidad; el riesgo de una elección definida no con votos sino con golpes. Al hablar de "la patria en peligro" Fox contribuyó a volverla así. La histeria presidencial fomentó la endeblez institucional.

Porque si Vicente Fox hubiera defendido en realidad el Estado de Derecho, ni Roberto Madrazo, ni Santiago Creel hubieran podido ser candidatos; uno por violar leyes electorales durante su campaña en Tabasco y otro por hacer lo mismo en el Distrito Federal. Porque si el presidente hubiera estado tan comprometido con la ley, la hubiera aplicado en Atenco. Porque si Vicente Fox hubiera combatido a fondo el uso de recursos públicos en defensa de causas privadas, tendría que haberlo hecho en el caso de su esposa. Porque si el PAN hubiera apoyado la defensa estricta de la legalidad, no hubiera evitado el desafuero de los líderes del Pemexgate. Pero estas contradicciones válidas fueron ignoradas; estos contra argumentos legítimos fueron desechados.

EL CO-GOBIERNO CON MARTA SAHAGÚN

El tercer gran error de Vicente Fox fue que, como su esposa, Marta Sahagún interviniera en áreas cruciales del gobierno para las cuales no tenía la preparación o la experiencia suficientes. Ella fue y hoy sigue siendo la vulnerabilidad histórica de Vicente Fox, similar a la que muchos presidentes han tenido y muchos líderes han padecido. Una debilidad por alguien. Una mirada ciega ante algo. Un sentimiento que los obnubila y termina por sabotearlos. José López Portillo cerró los ojos frente al orgullo de su nepotismo; Miguel de la Madrid cerró los ojos frente a Emilio Gamboa; Carlos Salinas de Gortari le guiñó a su hermano Raúl. Vicente Fox emuló a sus predecesores y cayó en la misma trampa que ellos tendieron para sí. Marta Sahagún se convirtió en la debilidad de su esposo y razón irrefutable de su fracaso. Marta Sahagún fue consorte y calvario, mano derecha y talón de Aquiles, fuente de popularidad y motivo de ingobernabilidad.

La prensa internacional lo declaraba sin reparos, sin cortapisas, sin concesiones. La clase política lo señalaba a diario. Alfonso Durazo lo expuso también en su carta de renuncia al puesto que ocupaba en Los Pinos. Marta Sahagún dañaba la presidencia porque la debilitaba; dañaba a las instituciones porque las manipulaba; dañaba a la consolidación democrática porque intentó conducirla a su manera. Marta Sahagún le hizo mal al país que tanto decía amar, porque quiso gobernarlo sin que se le hubiera dado autorización para hacerlo. Marta Sahagún golpeó al gobierno de su esposo porque mandó señales cotidianas de su injerencia en él. Y por ello México pasó seis años preguntando qué hacer con la primera dama. Seis años distraídos. Seis años ensimismados. Seis años perdidos.

Seis años de vivir con su *Guía de padres* distribuida a lo largo del país, de pechugas presidenciales preparadas en la televisión, de diálogos delirantes con Eugenio Derbez, de *tours* por los pasillos de Los Pinos, de entrevistas tenebrosas con Brozo, de "hablar con la verdad y decir que sí, sí" tenía ambiciones presidenciales, de enfatizar la continuidad del proyecto de Vicente Fox y cómo ella lo iba a enarbolar, de dar entrevistas con todos los medios en todos los momentos posibles, de "ya veremos" y "un día de estos". Seis años de portadas y fotografías y especulaciones y ambigüedades y de perseguirle los pasos a una primera dama que convertía en promoción política todo lo que tocaba. Seis años que el país no merecía.

La historia juzgará con severidad a la señora Sahagún y tendrá razón en hacerlo. Su locomotora imparable arrolló a miembros del gabinete y a quienes intentaron abrirse espacios en él. Su protagonismo irrenunciable opacó a Vicente Fox y reforzó la percepción colectiva sobre su debilidad. Su fundación "Vamos México" minó nuevas promesas de transparencia al operar con viejas técnicas de opacidad. Su candidatura presidencial traicionó la idea del cambio al buscar una forma ilegítima de permanencia. Marta Sahagún ayudó a instalar el gobierno de Vicente Fox y también contribuyó a sabotearlo. Quería ser parte de las grandes decisiones sin saber que no le correspondían.

El problema principal que Marta Sahagún generó para México es que actuaba como si fuera la "señora presidenta" cuando sólo era la señora Sahagún. El recelo que despertó no provino necesariamente de sus posturas públicas, sino porque actuaba como si tuviera derecho a asumirlas. "El hombre es nada más que un apetito" dijo alguna vez Jesse Jackson sobre Bill Clinton, y lo mismo podría decirse de Marta Sahagún. Tenía apetito de ser y hacer, ver y ser vista, trascender y dejar huella, usar el poder y gozarlo. No importaba que lo hiciera en nombre del país, de los pobres o del presidente. El caso es que lo hizo y ello acarreó costos para el presidente. La relación entre Marta Sahagún y Vicente Fox se convirtió en un juego suma cero; lo que ella ganaba, él perdía, lo que ella avanzaba, él retrocedía.

Conforme aumentó su visibilidad, aumentó la controversia que generaba. Conforme creció su tamaño, creció el diámetro del blanco al cual le tiraban sus adversarios. Al co gobernar en pareja, Marta Sahagún generó la impresión de que tenía a Vicente Fox cogido de una oreja. Parecía que ella mandaba y él obedecía, ella le susurraba al oído por las noches y él seguía su consejo durante el día, ella tomaba decisiones y él las llevaba a cabo. Al compartir de manera deliberada el poder de su esposo, ella contribuyó a su gradual debilitamiento.

Marta Sahagún quiso ser una primera dama como ninguna de las que le habían precedido. Quiso ser más influyente y más querida y más admirada y más visible. Quiso tener una plataforma propia y no sólo pararse encima de la que le proveía el político con el cual se casó. Quiso ser pareja y pareja presidencial, la mujer parada detrás del trono y la mujer sentada en él. Quiso ser la Madre Teresa: sentada bajo los árboles platicando con mujeres golpeadas, descendiendo de los helicópteros para dar discursos, bajando del avión presidencial para regalar bicicletas. Por ello se vestía de jeans y entregaba cobijas y cepillos de dientes y juguetes de peluche y utensilios de cocina. En su caso, como el de todos los políticos ambiciosos que la precedieron, quería crear un vínculo entre caridad y popularidad.

Para cada crítica, la primera dama tenía una respuesta prefabricada, auto-exculpatoria. Los hombres la criticaban por machos. Las mujeres la cuestionaban por odio o por envidia o por falta de solidaridad femenina. Los intelectuales la criticaban por falta de clase o falta de grados. Los miembros del círculo rojo la cuestionaban porque no entendían al círculo verde. Los panistas la cuestionan porque no comprendían que con ella sí podían ganar la presidencia. Desde su perspectiva, de un lado estaban los que querían a Marta, y del otro estaban los misóginos. De un lado estaban los que aplaudían a la primera dama, y del otro estaban los envidiosos. De un lado estaban los que querían ayudar a los pobres, y del otro estaban los caníbales que quieren comérselos vivos. En la mente de Marta Sahagún —repleta de maniqueísmos— no cabían los argumentos de inequidad o los reclamos de institucionalidad.

Ella se percibía como la víctima asediada de una sociedad atávica. Pensaba que quienes la cuestionanaban lo hacían por odio personal. Pensaba que quienes la atajaban lo hacían por machismo visceral. Pensaba que quienes la acotaban no podían evitar la misoginia tradicional. Lo que Marta Sahagún nunca entendió es que no se le criticaba por mujer sino por abusiva. Lo que siempre estuvo en tela de juicio no era su protagonismo como figura femenina sino su protagonismo como figura política. Marta Sahagún no fue controversial por ser mujer sino por ser la "señora presidenta". El público en México —y en muchos otros países— no estaba preparado para una presidencia compartida. Y no por simple sexismo. La controversia en su caso tenía que ver con el papel razonable y mesurado, aceptable y correcto de cualquier cónyuge presidencial. La controversia en su caso partía de la percepción del grado inusual de influencia que ella aspiraba a tener.

Nunca entendió que no se le criticaba por misoginia sino por democracia. No se le criticaba por su activismo social en la República sino por su ambición política en Los Pinos. No se le criticaba por recolectar fondos para ayudar a los más necesitados, sino por hacerlo para ayudarse a sí misma. Quienes la cuestionamos tanto queríamos garantizar un terreno nivelado de juego entre los contendientes. Queríamos asegurar una equidad electoral que tanto tiempo llevó construir. Queríamos promover una sucesión en la cual no hubiera dedazos ni besotes. Exigíamos que el poder presidencial se transfiriera en las urnas y no entre las sábanas.

Pero la locura de Marta Sahagún se contagió. Sólo así se explica que Vicente Fox haya alimentado las pretensiones presidenciales de su esposa en vez de cortarlas de raíz. Ella le susurraba en el oído que había una conspiración contra ambos y él le creía. Ella le decía que el *Financial Times* sólo contenía calumnias contra la fundación "Vamos México" y él le creía. Ella le decía que sólo la satanizaban por ser exitosa y él le creía. Vicente Fox estuvo dispuesto a jugar el papel de Sansón frente a su Dalila.

Y el PAN lo permitió: en lugar de frenar las ambiciones absurdas de la ex primera dama, las alimentó. En vez de marcar reglas claras desde el principio, lo hace tardía y torpemente. Los panistas que hoy se ríen de Marta Sahagún, durante un buen tiempo fomentaron su candidatura presidencial. Querían preservar el poder a través de la popularidad de la primera dama. Querían prolongar su estancia en Los Pinos lanzando a la mujer que ya vivía y ejercía el mando allí. Estaban dispuestos a traicionar lo que históricamente habían sido.

Al debilitar a su esposo, Marta Sahagún permitió el fortalecimiento de sus enemigos. Al promover su proyecto personal desdibujó el proyecto del gobierno. Al aspirar a la presidencia distrajo la atención de quien la ocupaba. Al construir clientelas con su fundación "Vamos México" resucitó el pasado en vez de exorcizarlo. Al convertirse en pararrayos provocó cortocircuitos en Los Pinos. Vicente Fox pasó tanto tiempo escuchando a Marta Sahagún que le faltó tiempo para escuchar a los mexicanos. Vicente Fox pasó tanto tiempo defendiendo a su esposa, que le faltó tiempo para promover su agenda. Marta abrió flancos. Marta distrajo. Marta chupó el aire que el cambio necesitaba para prosperar.

"¿Y YO POR QUÉ?"

"¿Yo por qué?" fue la respuesta que dio Vicente Fox cuando se le exigió una resolución al enfrentamiento entre Televisión Azteca y el Canal 40, que desembocó en la toma del cerro del Chiquihuite. "¿Yo por qué?" fue la respuesta permanente del presidente cuando se le exigió que colocara cercos de contención *vis à vis* de los llamados "poderes fácticos". El pasmo gubernamental frente al problema de las televisoras evidenció mucho sobre su presidencia. Reveló a un Vicente Fox maniatado por su dependencia de la televisión; reveló a un líder que prometió erradicar las complicidades pero se beneficiaba de ellas; reveló a un presidente arrinconado por los poderosos y dispuesto a doblar las manos para complacerlos.

Lo ocurrido entre Televisión Azteca y el Canal 40 original, en el sexenio de Vicente Fox, fue más que una simple guerra de medios, más que un pleito personal entre un empresario con pocos escrúpulos y otro con poco talento. La disputa puso sobre la mesa asuntos que el país debió discutir y Vicente Fox nunca quiso enfrentar. Lo que se estaba dirimiendo tenía que ver con el Estado de Derecho, con la penuria del Poder Judicial, con la asignación de concesiones y su uso, con las alianzas que los presidentes mexicanos forjan para gobernar, para después terminar arrinconados por ellas. Y ése fue el caso de la alianza política entre Vicente Fox y Ricardo Salinas Pliego.

Emilio Azcárraga, Vicente Fox y Marta Sahagún en "Celebremos México".

A lo largo de su presidencia, Vicente Fox no quiso alienar a Ricardo Salinas Pliego y no es difícil saber por qué. Televisión Azteca le ayudó a llegar a Los Pinos y después le ayudó a vivir allí. Televisión Azteca le abrió las puertas a "Amigos de Fox" durante la campaña presidencial del año 2000 y después Fox no pudo cerrarlas. Durante la elección, Salinas Pliego le apostó a Fox públicamente cuando pocos empresarios estaban dispuestos a hacerlo, y el ex presidente le debía el favor.

La falta de acción presidencial frente a la toma del Chiquihuite fue un episodio vergonzoso para Vicente Fox por lo que Ricardo Salinas Pliego representa. Con el dinero que le proveyó el hermano incómodo —Raúl Salinas de Gortari— para comprar la televisora del Ajusco, Salinas Pliego pasó de vendedor de licuadoras a promotor de presidentes. Creció y floreció bajo la sombra de un sistema que lo cuidó y le permitió convertirse en el multimillonario que es hoy. El hombre y sus empresas personifican el capitalismo de cuates que el PRI logró construir y que el presidente, cuando era candidato, prometió destruir. Vicente Fox fue electo precisamente para cambiar las reglas de ese juego perverso, para acabar con la complicidad que convertía a funcionarios gubernamentales en empleados empresariales. Vicente Fox fue electo para marcar su distancia de los intereses especiales, no para rehacer el mundo a su medida.

Pero el ex presidente y la ex primera dama se convirtieron en esclavos de la televisión y de quienes la controlan. Vicente Fox necesitaba a la televisión para gobernar y Marta Sahagún necesitaba a la televisión para recaudar fondos destinados a la fundación "Vamos México". El presidente se valía de las pantallas para mandarle mensajes al círculo verde y su esposa las utilizaba para ordeñar al círculo rojo. A él le permitía promocionarse, y a ella le permitía lucirse. Para él, la televisión se volvió una herramienta para mantener su popularidad; para ella fue un instrumento con el cual buscó salir del sexenio como una mujer rica. Ambos vendían y se vendían en la televisión porque sabían —como todo político del siglo XXI— que como a uno le va en la pantalla le va en la vida.

Vicente Fox y Marta Sahagún con Ricardo Salinas Pliego.

© Eduardo Miranda / Proceso

Por ello poco le importó a Vicente Fox que el dueño de una estación de televisión amagara a otra, valiéndose de la fuerza en vez de la ley. Poco le importó al presidente que Ricardo Salinas Pliego —su aliado en el mundo de los medios— tuviera una trayectoria turbulenta, plagada de pleitos con General Electric/NBC, Goldman Sachs, Northern Telecom y el grupo Pappas. Ricardo Salinas era miembro del Consejo Directivo de la fundación "Vamos México" y eso lo hacía intocable.

Lo más importante del trance de las televisoras fue aquello que puso en evidencia: un presidente débil y dependiente, maleable y manipulable. En vez de proclamarse rápidamente en favor del Estado de Derecho, dejó pasar el tiempo y lo puso en entredicho. En vez de intervenir en un asunto público trató de presentarlo como un problema privado. Evadió responsabilidades y resaltó complicidades. Al hacerlo, reveló uno de los problemas principales de su gobierno: el presidente no podía decir "No" a su esposa, a sus amigos, a quienes le prestaban la pantalla, a los que marchaban con machetes, a quienes le ayudaron a llegar al poder y luego le exigían ejercerlo en su favor.

Como dificilmente pudo negarle algo a alguien, Vicente Fox fue perdiendo el control de su presidencia. Concesión tras concesión, decisión tras decisión, el presidente permitió que los intereses particulares —o la voz de quienes gritaban más fuerte— secuestraran a su gobierno. Lo que unió a Atenco y al aeropuerto y al Chiquihuite fue el camino de la claudicación. Un día Vicente Fox dobló las manos frente a quienes tomaban caminos y al siguiente lo hizo frente a quienes tomaron estaciones de televisión. Un día anunció un "decretazo" devolviendo los tiempos oficiales a las televisoras y al siguiente acabó arrinconado por ellas. Antes la voluntad de las televisoras reflejaba la del presidente; a partir del gobierno de Vicente Fox esa relación se invirtió. Antes existía una alianza simbiótica; después de sexenio de Vicente Fox surgió una nueva jerarquía en la que el presidente perdía. Un presidente cada vez más obligado a pagar los favores que le hacía la televisión.

Un presidente débil al frente de una presidencia débil al frente de un Estado débil. Un Estado pasivo que tan sólo contempló el fortalecimiento de un poder que contribuyó a crear. Un Estado que no actuó como y cuando debería hacerlo. Allí está el caso de la cobertura de TV Azteca sobre la muerte de Paco Stanley. Una televisora promoviendo la visión particular de su dueño, erigiéndose en juez, imponiendo su agenda, evidenciando sus fobias, atacando al gobierno de Cuauhtémoc Cárdenas como si la televisora tuviera más autoridad y más poder que un gobierno electo. Ése fue un ejemplo y hay muchos más desde entonces. La tragicomedia montada por Televisa, a través de Brozo, en el caso de René Bejarano. El ataque frontal iniciado por TV Azteca al secretario de Hacienda —Francisco Gil Díaz— cuando intentaba sancionar a Ricardo Salinas Pliego por transacciones financieras irregulares. El uso de la pantalla para el linchamiento personal, para el golpismo político, para juzgar "a modo".

Lamentablemente el gobierno de Vicente Fox no pudo o no quiso inaugurar una nueva relación con los medios. En lugar de dar pasos hacia adelante, dio saltos hacia atrás. El 10 de octubre del 2002, expidió un decreto que puso fin al impuesto del 12.5 por ciento (impuesto de tiempo aire gubernamental). Y allí mismo, perdió la oportunidad de crear contrapesos. De renegociar en nombre del interés público. De aprovechar una oportunidad histórica para hacerlo. Marta Sahagún extendió su mano y Bernardo Gómez —vicepresidente de Televisa— la besó. Así el gobierno claudicó. Con consecuencias perniciosas que trascendieron su sexenio. Frente a corporaciones económicas cada vez más poderosas hay un Estado cada vez más débil.

Pero este problema no surgió en la oficinas de Chapultepec o del Ajusco —donde Televisa y Televisión Azteca persiguen sus intereses como los persigue cualquier otro duopolio en cualquier otro país. El problema de raíz nació en las oficinas del Ejecutivo. En las oficinas del Congreso. En las oficinas de la Secretaría de Comunicaciones y Transportes. En las oficinas de cada priísta, de cada panista, de cada perredista. En las oficinas de quienes deberían haber regulado intereses particulares pero no lo hicieron. De quienes deberían haber tomado decisiones en función del interés público pero no lo hicieron. De quienes deberían haber opuesto resistencia a la actuación de las televisoras pero no lo hicieron. De quienes —como Vicente Fox— cayeron en el círculo vicioso de aliarse con las televisoras para llegar al poder y por eso arribaron con las manos atadas.

LA PRESIDENCIA PERDIDA

Por eso así estuvo México durante el sexenio de Vicente Fox. Atorado. Paralizado. Sin duda Vicente Fox enfrentó serios obstáculos que limitaron su capacidad de gestión: la dinámica del gobierno dividido, la recalcitrancia del PRI, el sabotaje por parte de su propio partido, el activismo incontrolable de su amante-vocera-esposa, la guerra en Iraq y cómo afectó la relación con el "mejor amigo" George W. Bush.

Pero las equivocaciones que Vicente Fox cometió fueron muchas y muy serias. A Vicente Fox lo encajonaron y se encajonó. Lo sabotearon y se saboteó. Lo manipularon y se dejó manipular. Lo traicionaron y él se traicionó. Le metieron el pie pero no miraba el camino. Llegó al poder con ciertas predisposiciones y allí afloraron. Sus acciones y omisiones revelan por qué el gobierno del cambio acabó siendo el gobierno de la poca diferencia, de la parálisis, de la polarización, de la micro talacha casera, de las costumbres que prevalecieron, del aparato del Estado que permaneció intacto en lo esencial, de los poderes fácticos robustecidos, del presidente que prefirió mantener contenta a su esposa antes que apostarle al país que prometió.

El Fox que echó a volar las expectativas en el año 2000 no fue el Fox que las achicó seis años después. Entre uno y otro hay agallas perdidas, entusiasmo evaporado, valentía guardada en un cajón. Entre el que fue y el que acabó siendo hay un corazón de distancia. Porque sólo a quien le hace falta ese músculo terco podría decir —en entrevista con *The New York Times* al final de su sexenio— que "nada, absolutamente nada" de su gobierno lo ha desilusionado. Sólo alguien que carga con una cavidad en el pecho podría declararse satisfecho. Porque millones de mexicanos creyeron en él. Depositaron un voto de confianza o un voto útil. Escucharon las promesas de cambio y pensaron que era posible. Encumbraron a un candidato que ofrecía derribar el viejo edificio y edificar el nuevo país. Apoyaron al que desterraría a los dinosaurios, al que mataría a los dragones, al que le cogería la cola a los tigres. Pero en lugar de enfrentar a los que habían asolado a México, acabó acurrucándose con ellos.

El candidato que pateó el ataúd del PRI después dijo que nunca fue su intención dañarlo. Que nunca quiso hacerlo a un lado. Que nunca quiso que perdiera. Que siempre pensó en co gobernar con el viejo régimen, no en enterrarlo. El candidato que llegó a la presidencia atacando a los priístas, y después aclaró que sólo estaba bromeando.

Al llegar a Los Pinos, Vicente Fox se reprogramó para ser el presidente de la perpetuación en vez del presidente del cambio. Para vender el producto de la paz social en vez de la transformación fundamental. Para bajar la barra en vez de brincar con ahínco por encima de ella. Para convertir al gobierno dividido en pretexto de lo que fue, en realidad, una mala lectura política. Vicente Fox malentendió su mandato y por eso terminó traicionándolo.

Vicente Fox abrió un nuevo capítulo en la historia de la silla presidencial: la historia del presidente que para no rebasar sus atribuciones, decidió no ejercerlas. Fox confundió, una y otra vez, el ejercicio del legítimo poder presidencial con la presidencia imperial. Como no quiso una presidencia "priísta" terminó al frente de una presidencia intrascendente. Porque el regreso potencial del PRI —decía— no era su responsabilidad. Porque el fracaso de la "transición conjunta" —decía— no era su responsabilidad.

Al final del sexenio de Vicente Fox la vida política en México era más abierta, más plural y más intensa que nunca. Y también era más confrontacional, más peligrosa y más polarizada que nunca. Allí estuvo la confrotación en Oaxaca para probarlo. Allí estuvieron las marchas multitudinarias en torno al desafuero para constatarlo. Allí estuvo la valla metálica alrededor del Congreso el día de su último informe para evidenciarlo. Allí estuvieron los diputados dándole la espalda para subrayarlo. Fox será recordado como el culpable de un momento histórico despilfarrado; el presidente de un gobierno de transición desaprovechado; el artífice de un entrometimiento mediático en la campaña electoral que llevó a demasiados mexicanos a cuestionarla. Será sopesado como alguien que se regodeaba, se congratulaba, se alababa a sí mismo cuando había contribuido a un incendio político que fue muy difícil apagar.

Tantos errores cometidos, tantas oportunidades perdidas, tantas llamaradas alimentadas. Las ambiciones de Marta Sahagún y el tiempo que México perdió especulando en torno a ellas. La preocupación presidencial con la popularidad y la presencia mediática. La aventura desafortunada del desafuero y la desconfianza entre la izquierda que tanto nutrió. La frivolidad, los excesos, la complacencia, la vida política del país conducida por alguien sentado en un balcón, abanicándose desde allí. Y que cuando finalmente actuó, lo hizo de la peor manera. Con parcialidad. Con impericia. Entrometiéndose en una elección cuya defensa dificultó.

Para los casi dieciséis millones de mexicanos que votaron por él, no basta con escuchar que Vicente Fox gobernó "como se pudo". El hecho es que pudo haberlo hecho de otra manera. Porque Vicente Fox no fue electo para que acabara negociando con el PRI en vez de sacarlo de Los Pinos como prometió. No fue electo para que "compartiera responsabilidades" sino para que las asumiera. No fue electo para que en nombre de la separación de poderes, no ejerciera los que le correspondían. No fue electo para que promoviera un acto tan claramente anti democrático como lo fue el desafuero. No fue electo para que acabara obsesionado con AMLO y polarizara al país con tal de frenarlo, cuando pudo gobernarlo mejor. No fue electo para que fomentara la candidatura presidencial de Marta Sahagún y permitera su asociación con los poderes fácticos que hoy asolan a México. Frente al PRI, Vicente Fox se rajó. Con Andrés Manuel López Obrador, se obsesionó. Con Marta se casó. Ante los poderes fácticos claudicó. Lamentablemente para México, eso fue lo que ocurrió.

IV. LO QUE NOS MANTIENE MANIATADOS

La competencia es un pecado.

JOHN D. ROCKEFELLER

El gobierno se ha convertido en el hijo adoptivo de los intereses atrincherados.

THEODORE ROOSEVELT

EL CAPITALISMO DE CUATES

Quisera pedirle —lector o lectora— que me acompañara en un ejercicio intelectual, recordando el libro de madame Calderón de la Barca, escrito en el siglo XIX, llamado *La Vida en México*. Aquella famosa obra buscaba describir las principales características del país cuando la viajera peripatética y curiosa lo visitó. Pues si madame Calderón de la Barca escribiera su famoso libro hoy, tendría que cambiarle el título a *Oligopolilandia*. Porque desde el primer momento en el que pisara México se enfrentaría a los síntomas de una estructura oligopolizada, concentrada, mal regulada, piramidal.

Al llegar al Distrito Federal aterrizaría en uno de los aeropuertos más caros del mundo, se vería asediada por maleteros —un monopolio— que controlan el servicio, tomaría un taxi de compañías coludidas entre sí para decretar aumentos en las tarifas ante el pasmo de las autoridades, y si tuviera que cargar gasolina sólo podría hacerlo en Pemex. En el hotel habría el 75 por ciento de probabilidades de que consumiera una tortilla vendida por un sólo distribuidor y si se enfermara del estómago y necesitara ir a una farmacia, descubriría que las medicinas allí cuestan más que en otros lugares que ha visitado. Si le hablara de larga distancia a su esposo para quejarse de esta situación, pagaría una de las tarifas más elevadas de la OCDE. Y si prendiera la televisión para distraerse ante el mal rato, descubriría que sólo existen dos cadenas abiertas.

Si decidiera hablar a Teléfonos de México para reclamar los cargos adicionales e inexplicables que le han hecho a su servicio recién adquirido, la mantendrían en la línea un par de horas. Después de transferirla con dos secretarias y la prima del supervisor, le dirían que debe presentarse personalmente en las oficinas de la compañía para aclarar su caso. Si en esa compañía se parara en la cola durante horas e iniciara un proceso de revisión, de cualquier manera le cortarían el servicio aunque es ilegal hacerlo. Si madame Calderón de la Barca —persistente, ella— contratara a un abogado y peleara para recuperar su dinero, el representante de Telmex le diría que como está cancelado el servicio, ella "no es cliente de la empresa" y por lo tanto el reclamo no procede. Entonces la pobre madame descubriría que está atrapada en un país donde como ciudadana y como consumidora no existe. No tiene derechos. No hay quién luche por ellos.

Indignada ante el abuso y la impunidad, haría uso de la Ley Federal de Acceso a la Información y presentaría una solicitud a la Comisión Federal de Telecomunicaciones pidiendo la documentación del seguimiento efectuado para asegurar el cumplimiento de las obligaciones del título de concesión de Telmex. En pocas palabras, madame querría saber si la compañía ha cumplido con las obligaciones que el gobierno le impuso después de su privatización en 1991. Querría también saber si el órgano regulador ha cumplido con la misión para la cual fue creado. Querría evaluar si hay alguien encargado de vigilar el interés público en nombre de los ciudadanos. Y cúal sería su horror al recibir la respuesta a su petición: la dependencia le informa que "la autoridad aún no ha elaborado un documento que contenga propuestas de sanciones a Telmex derivado de posibles incumplimientos de las condiciones del título de concesión, dado que la revisión de los mismos aún no ha concluido" (número de expediente 104507). Madame Calderón quedaría estupefacta, dado que la Cofetel comenzó la investigación en 1998 y años después no la ha podido concluir, aun cuando Telmex ha incurrido en violaciones flagrantes.

Para entender la situación inusual en la que se encuentra tendría que recordar lo que dijera Guillermo Ortiz, ex gobernador de El Banco de México en el foro "¿Qué hacer para crecer?" organizado por el Senado de la República: no hemos creado las condiciones para que los grandes recursos del país se usen de manera eficiente. O tendría que leer el libro *Good Capitalism/Bad Capitalism, and the Economics of Growth and Prosperity*, que explica por qué algunos países prosperan y otros se estancan; por qué algunos países promueven la equidad y otros no logran asegurarla. La respuesta se encuentra en la mezcla correcta de Estado y mercado, de regulación e innovación. La clave del éxito se halla en el modelo económico, en la decisión de promover el capitalismo democrático por encima de otras variantes menos benéficas para el crecimiento, como lo son el capitalismo de Estado o el capitalismo oligárquico o el capitalismo de las grandes empresas.

Hoy México es un ejemplo emblemático de *crony capitalism*: el capitalismo de cuates, el capitalismo de cómplices, el capitalismo que no se basa en la competencia sino en su obstaculización. El capitalismo que no se basa en la innovación sino en la colusión. El capitalismo que no se basa en las reglas claras y en la transparencia sino en los favores y la protección regulatoria. Un sistema económico construido sobre privilegios, concesiones y decisiones discrecionales que han producido monopolios, duopolios y oligopolios en sectores cruciales para el desarrollo de cualquier país como lo son las telecomunicaciones, los servicios financieros, el transporte, la energía, la educación. En México esos sectores están repletos de cuellos de botella que aprisionan a la economía y la vuelven ineficiente. Están llenos de nudos que inhiben el crecimiento del país en un mundo cada vez más competitivo y son una razón clave detrás de la persistente desigualdad social, como lo sugiere el reporte del Banco Mundial sobre México titulado "Más allá de la polarización social y la captura del Estado".

La economía mexicana se caracteriza por la presencia arraigada de monopolios, producto de una mezcla de capitalismo de Estado y capitalismo oligárquico. Monopolios que distorsionan la operación de los mercados y debilitan la confianza en ellos. Empresas privilegiadas que operan sin la regulación necesaria y muchas veces inexistente. "Jugadores dominantes" que erigen altas barreras de entrada a nuevos jugadores, creando así cuellos de botella que inhiben la innovación y, por ende, el aumento de la productividad. Prácticas de protección y favoritismo que dañan a los empresarios pequeños sin relaciones personales pero con ganas de producir. Que dañan a los innovadores mantenidos al margen por las barreras de entrada a la pantalla, a la telefonía, al cemento, a las aerolíneas. Que lastiman a los consumidores que deberían pagar menos pero la autoridad no asegura que sea así.

El "capitalismo de cuates" está basado en la relación incestuosa entre el gobierno y la clase empresarial y se da en países como Indonesia, Rusia, o México. Está basado en las relaciones y los negocios, en la complicidad entre presidentes y magnates, en la colusión entre secretarios de Hacienda y secretarios de Comunicaciones y Transportes, en la colaboración entre organismos reguladores y los intereses que deberían contener. Es un sistema descrito a la perfección por Raúl Salinas en una entrevista con el *Financial Times* hace algunos años donde hablaba del "fondo de inversión" que —supuestamente— creó con prominentes empresarios mexicanos y que justificó la fortuna encontrada en sus cuentas bancarias en Suiza: "Yo era hermano del presidente, pero también tenía mi propia historia, y raíces profundas de amistad con algunos de los empresarios más ricos del país." Es un modelo económico que quedó evidenciado en la lista de beneficiarios de las guarderías subrogadas en el estado de Sonora, que incluía a los amigos y familiares del gobernador. Es un sistema cuyo funcionamiento se hace presente en cada licitación, en cada privatización, en cada transacción discrecional llevada a cabo en la economía mexicana.

Hoy México, cargando a cuestas con el capitalismo de cuates, está aún lejos de acceder al capitalismo dinámico donde el Estado no hace lo que sí hace en México. Y, ¿qué sí hace el Estado en México? Protege privilegios, defiende cotos, elige ganadores y permite la perpetuación de un pequeño grupo de oligarcas con el poder para vetar reformas que los perjudican. Y, ¿qué no hace el Estado en México? No crea condiciones para los mercados abiertos, competitivos, innovadores, capaces de proveer mejores productos a precios más baratos para los consumidores. Para los ciudadanos.

Hoy México carga con los resultados de esfuerzos fallidos por modernizar su economía durante los últimos veinte años. Las reformas de los ochenta y noventa entrañaron la privatización, la liberalización, el Tratado de Libre Comercio. Pero esas reformas no produjeron una economía de mercado dinámica debido a la ausencia de una regulación gubernamental eficaz que creara mercados funcionales y competitivos. En vez de transparencia y reglas claras, prevaleció la discrecionalidad entre los empresarios que se beneficiaron de las privatizaciones y los funcionarios del gobierno encargados de regularlos.

Actualmente las reformas estructurales tienen mala fama y mala reputación. La población las mira con escepticismo y tiene razón. Fueron llevadas a cabo en aras de modernizar pero sólo lo hicieron a medias. Fueron privatizaciones mal concebidas que convirtieron monopolios públicos en monopolios privados. Privatizaciones mal reguladas que produjeron banqueros ricos y bancos desfalcados. Privatizaciones mal diseñadas que pusieron televisoras en manos de pillos y quienes los ayudaron a comprarlas. Privatizaciones rapaces que generaron dinero para el erario pero no crearon beneficios. Privatizaciones en las cuales el gobierno —en realidad— nunca quiso cambiar a fondo las reglas del juego. Las declaraciones —en los últimos tiempos— de diversos funcionarios gubernamentales en torno a la necesidad de combatir los monopolios en telecomunicaciones son bienvenidas, pero lamentablemente se dan veinte años tarde; veinte años después de la privatización de Teléfonos de México. Y entonces la pregunta obligada es: ¿dónde ha estado el gobierno durante todo ese tiempo?

Allí están los resultados de reformas quizá bien intencionadas pero mal instrumentadas: una economía que no crece lo suficiente, una élite empresarial que no compite lo suficiente; un "rentismo" extendido; un modelo económico que concentra la riqueza y distribuye mal la que hay.

CANSADOS DE PAGAR RENTAS

Cansada de besar sapos, es el título de una película mexicana que estuvo de moda hace algunos años. *Cansados de pagar rentas*, debería ser el título de una película de horror, de abuso, de extracción, de colusión. La pesadilla cotidiana que padecen millones de ciudadanos, millones de consumidores, millones de mexicanos sometidos a aquello que la literatura económica llama el "rentismo"; las múltiples maneras en las que individuos o grupos privilegiados en la economía obtienen reglas del juego que los benefician. Permisos que los enriquecen. Amparos que los exoneran. Regulación que los protege. Protección que les permite acumular grandes ganancias a expensas de los ciudadanos.

El rentismo depredador basado en contratos otorgados a familiares de funcionarios públicos. La protección a monopolios y la claudicación regulatoria. El control de concesiones públicas por parte de rentistas disfrazados de "campeones nacionales". El pago asegurado a trabajadores del sector público al margen de su productividad. El uso del poder de chantaje por parte de intereses monopólicos para capturar al Congreso y frenar las reformas; subvertir a la democracia y obstaculizar el desarrollo de los mercados; perpetuar el poder de las élites y seguir exprimiendo a los consumidores.

Consumidores obligados a pagar precios abusivos por bienes y servicios como la tortilla, la telefonía, las carreteras, los servicios financieros, los servicios notariales, las Afores, la gasolina. Víctimas comunes del proceso mediante el cual uno o varios empresarios —con el permiso o la anuencia del gobierno— capturan rentas a través de la manipulacion del entorno económico. Acaparando o especulando o monopolizando o creando un cartel. Manipulando al mercado para controlarlo. Presionando al gobierno para coludirse con él. Eso es lo que caracteriza a México actualmente en múltiples ámbitos: reglas del juego donde la explotación al consumidor es práctica común y permitida.

México está atrapado por una red intrincada de privilegios y vetos empresariales, y "posiciones dominantes" en el mercado que inhiben un terreno nivelado de juego. Una red descrita en el famoso artículo de la economista Anne Krueger, "The Political Economy of the Rent-Seeking Society". Una red que opera con base en favores y concesiones, y protección regulatoria que el gobierno ofrece y miembros de la cúpula empresarial exigen como condición para invertir. Una red que beneficia a alguien como el dueño de una distribuidora de maíz o el concesionario de una carretera privada o el comprador de un banco rescatado con el Fobaproa o el principal accionista de Telmex o el operador de una Afore.

Estos actores capturan rentas a través de la explotación o manipulación del entorno económico en lugar de generar ganancias legítimas a través de la innovación o la creación de riqueza.

Y los consumidores de México pagan la renta que hace posible el rentismo. Hacen posible la transferencia de riqueza para que otros la acumulen excesivamente cada vez que pagan la cuenta telefónica, la conexión a internet, la cuota en la carretera, la comisión de las Afores, la comisión por la tarjeta de crédito. Ejemplo tras ejemplo de rentas extraídas a través de la manipulación del mercado, con resultados cada vez más costosos y cada vez más obvios. El rentismo acentúa la desigualdad, produce costos sociales, dilata el desarrollo, disminuye la productividad, y aumenta los costos de transacción en una economía que para competir, necesita disminuirlos. El rentismo no beneficia al consumidor sino a quien lo expolia. Beneficia a los especuladores y a los acaparadores y a los monopolistas y a los concesionarios que tienen a su cargo un bien público, y se dedican a extraer ganancias exorbitantes gracias a él. El rentismo se sirve tajadas cada vez más grandes del pastel económico mientras impide que se vuelva más grande.

Allí está el ejemplo de la tortilla. Un mercado que en realidad no lo es, porque de libre tiene muy poco. Un mercado distorsionado por distribuidores que se coluden entre sí para elevar precios y después celebran cuando el gobierno los fija. Un mercado poco competitivo, controlado por actores dominantes y manipulado por especuladores que acaparan el grano. Un mercado concentrado que opera en torno a dos o tres grandes jugadores, inhibiendo la participación de los demás. Un mercado ineficaz que beneficia a algunos distribuidores mientras perjudica a muchos consumidores.

Allí está el ejemplo de los bancos. Las preguntas sin respuesta; el misterio sin solución. ¿Por qué los márgenes de ganancia de los bancos extranjeros en México son mucho más grandes que en otras partes del mundo? ¿Por qué las utilidades voluminosas provienen del cobro de comisiones al consumo, sobre todo en tarjetas de crédito? ¿Por qué las comisiones bancarias en sí representan el 35 por ciento de los ingresos de los intermediarios? ¿Por qué los créditos hipotecarios son tan caros cuando no tendrían que serlo? La explicación oficial es el riesgo, dadas las crisis bancarias del pasado.

Pero quizá hay otras razones por las cuales un mercado que dice ser competitivo no ofrece mejores condiciones a quienes tienen acceso a él; razones enraizadas en mala regulación gubernamental. Y mientras tanto, persiste el servicio malo y caro que padecen los usuarios.

Allí está el ejemplo de las carreteras. Con tarifas de primer mundo y calidad de tercer mundo. Con baches y tramos inconclusos y faltas de señalización y deslaves y casetas de cobro deshabitadas y un sistema de cobro ineficiente. Con el aumento constante en las tarifas para asegurar una modernización que nunca llega. Luego de un proceso de privatización que prometía beneficios pero sólo existieron para los concesionarios o los contratistas. Uno de ellos, Cosme Mares, amigo cercano de Vicente Fox, bajo investigación por la Produraduría General de la República por irregularidades detectadas en contratos carreteros otorgados por la Secretaría de Comunicaciones y Transportes. Protegido por diez funcionarios de la SCT que nunca le exigieron cumplir y a quien rescataron cuando se le acabó el dinero. Apoyado por personas que usaron a las instituciones para sus propios propósitos, produciendo así —con base en ese ejemplo— síntomas del rentismo en cada carretera cara y mal mantenida. En cada extracción en cada casilla de cobro.

Allí está el ejemplo de las telecomunicaciones. Mes tras mes, el traspaso gigantesco de dinero del bolsillo de los consumidores a las arcas de Teléfonos de México. A las arcas de Telcel. Más de veinte años después de su privatización, la empresa de Carlos Slim apenas comienza a ser reconocida como "dominante" y los precios siguen siendo altos. Más de veinte años en los cuales el gobierno pudo haber establecido las condiciones de la competencia pero no lo hizo. Más de veinte años en los cuales pudo haber desmantelado las barreras de entrada a nuevos jugadores en el mercado pero no lo logró. Más de veinte años en los que pudo haber actuado para apoyar a los consumidores pero optó por no hacerlo.

El proceso falló, dicen ex funcionarios de la Cofetel. La competencia verdadera no se dio, reconocen. El consumidor no se benefició, lamentan. Por la falta de regulación adecuada, por la persistencia de prácticas anticompetitivas, por la inexistencia de esquemas tarifarios, por los amparos que —después de años de litigio— jueces federales siguen otorgando. Porque dentro del gobierno y del poder judicial mismo hubo quien claudicó. Quien cedió. Quien dejó de diseñar reglas para contener el rentismo. Quien dejó de hablar en nombre del consumidor.

Ese consumidor sin voz, sin alternativa, sin protección. Ese hombre invisible. Esa mujer sin rostro. Esa persona que paga —mes tras mes— tarifas telefónicas más altas que en casi cualquier parte del mundo. Ese estudiante que paga —mes tras mes— una cuenta de internet superior a la de sus contrapartes en Estados Unidos. Esa compañía que paga —mes con mes— servicios de telecomunicaciones que elevan sus gastos de operación y reducen sus ganacias. Esa ama de casa que contempla —con estupefacción— los anuncios de Telmex celebrando que no ha subido las tarifas en los últimos cinco años, cuando han caído en todas partes menos aquí.

El gobierno de México hizo muy poco para impedirlo, después de la privatización de la empresa y ahora. Los reguladores mexicanos doblaron las manos y cerraron los ojos. Nadie alzó la voz en favor del consumidor. Nadie habló en nombre del interés público. Porque de un lado quedaron millones de habitantes y del otro quedó la compañía de telecomunicaciones más lucrativa del planeta.

Hay quienes argumentan que ese arreglo era necesario, que ese acuerdo era indispensable, que esa concesión era requerida. Antes de su privatización, Telmex necesitaba inversion y Carlos Slim estaba dispuesto a proveerla. Telmex necesitaba infraestructura y Carlos Slim estaba dispuesto a crearla. Telmex necesitaba otorgar mejor servicio y Carlos Slim se comprometía a ofrecerlo. Y ha cumplido, pero a un precio muy alto. Con un servicio adecuado pero excesivamente caro. Con unas prácticas empresariales que han obstaculizado la competencia y ordeñado al consumidor. Con una infraestructura de telecomunicaciones que reduce la competitividad del país y eleva el costo de producir en él. Carlos Slim tiene el mejor arreglo del mundo pero el consumidor mexicano lo tiene entre los peores.

No tenía que haber sido así. Todos los países enfrentan los mismos dilemas pero muchos lo resolvieron mejor. Todos los gobiernos negocian con las compañías de telecomunicaciones y llegan a acuerdos aceptables sobre los márgenes de ganancia y las tarifas ofrecidas. Todas las economías exitosas y competitivas cuentan con una buena regulación. Tienen a alguien que pelea en favor de los precios bajos y las tarifas reducidas y la competencia y la buena calidad y los intereses del público. Tienen telecomunicaciones que fomentan la competitividad como en India, donde una llamada a Estados Unidos es increíblemente barata. Pero México no es así. México no puede ser así. México jamás va a ser así mientras el gobierno se siente en la mesa de Carlos Slim en vez de regularlo. Mientras la población siga pagando la cuenta porque cree que no tiene otra opción. Y eso sólo dejará de ocurrir cuando el poder de Carlos Slim deje de ser un poder intocable y se convierta en un poder regulado. Cuando importe más el consumidor que el multimillonario que ha contribuido a crear.

CARLOS SLIM: LA BALLENA Y LA CHINAMPA

Es difícil pasar un día en México sin transferir dinero al bolsillo de Carlos Slim, como escribió David Luhnow en *The Wall Street Journal*. El ingeniero controla más de 200 compañías de telecomunicaciones, cigarros, construcción, minería, bicicletas, refrescos, aerolíneas, hoteles, ferrocarriles, banca. Sus empresas representan más de una tercera parte del valor de la Bolsa Mexicana de Valores y su fortuna equivale a ocho por ciento del PIB producido anualmente por el país. En sus momentos de mayor gloria, la fortuna del monopolista más exitoso de los Estados Unidos —John D. Rockefeller— sólo llegó a representar 2.5 por ciento del PIB.

Ya llegó. Ya está allí, en la cima. Al lado de Bill Gates y de Warren Buffet. Uno de los hombres más ricos del mundo y orgullosamente "hecho en México". Carlos Slim, un síntoma más del capitalismo disfuncional que estrangula a la economía mexicana e inhibe su evolución. Carlos Slim, el monopolista más exitoso por ser el menos acotado. Carlos Slim, creación de los gobiernos omisos y los consumidores pasivos y las instituciones capturadas y las reglas que quienes tienen poder han logrado poner a su servicio.

Octavio Gómez / Proceso

Carlos Slim y Vicente Fox.

Hoy nadie sabe qué hacer ni cómo lidiar con un hombre que tiene más peso que el presidente de la República. El dilema que presenta la figura de Carlos Slim es estructural, no personal. Resulta poco fructífero discutir la moralidad o la amoralidad de su comportamiento, o si es una buena o mala persona, o si su filantropía debe ser aplaudida o cuestionada. Es poco productivo culparlo de mucho o exculparlo de todo porque ello constituiría una digresión ante lo verdaderamente importante: la imperiosa necesidad de reformar el capitalismo mexicano. Lo cierto es que Carlos Slim se ha comportado de manera absolutamente racional, de acuerdo con las reglas existentes del juego económico. Su apuesta ha sido ganar la mayor cantidad de dinero posible y ha usado todos los instrumentos a su disposición dentro del sistema. Un sistema caracterizado por la corrupción endémica y el dominio de una élite económica y política conectada por el patronazgo mutuo.

Durante décadas México vivió con lo que Mario Vargas Llosa llamó "la dictadura perfecta". Hoy vive con el monopolio perfecto —de facto— del señor Slim. Tal como el PRI nunca admitió el monopolio del poder que estableció, Slim también lo niega, argumentando que tiene competidores en el mercado aunque su participación sea relativamente pequeña. Tal como el PRI siempre atribuyó la falta de democracia a la ineptitud de la oposición, Slim también lo hace. Los priístas de ayer y el monopolista de hoy se parecen. Uno monopolizaba el mercado electoral; otro monopoliza el mercado de las telecomunicaciones. El PRI pudo hacerlo durante 71 años gracias a la legislación electoral; Slim puede hacerlo gracias a la debilidad regulatoria. El PRI pudo hacerlo porque dictaba las reglas del juego que los demás aceptaban; Slim ahora busca emularlo. Y los efectos para los habitantes del país son los mismos: pocas opciones por las que se paga un precio demasiado alto. Poca competencia que produce grandes beneficios para los jugadores, y grandes perjuicios para los consumidores. La dictadura consensual ha sido remplazada por el monopolio que recibe aval social.

"Quizá sea un monopolista pero es nuestro monopolista." Ésa es la frase recurrente con la cual muchos mexicanos suelen defender a Carlos Slim. Ése es el argumento reiterativo con el cual demasiados justifican su predominio. Ésa es la postura repetitiva con la que aún los consumidores más exprimidos avalan su actuación. Mejor que nos exprima él que un extranjero, dicen. Más vale el monopolio de un empresario mexicano que un empresario gringo o español, sugieren. Más vale un "campeón nacional" que someter al país a la competencia internacional, postulan. Y cada vez que lo hacen contribuyen a explicar por qué el señor Slim se ha vuelto el hombre más rico del mundo, a costa del lugar que lo produjo. El gobierno de México lo ha propulsado y los mexicanos lo han aceptado. Carlos Slim es el síntoma más obvio de un sistema económico que en aras del nacionalismo mal entendido, ha generado mercados distorsionados.

Porque como lo subraya un artículo en *The Wall Street Journal*, "en la era moderna cuando las empresas necesitan servicios de telecomuniciones de alta calidad y bajo precio para competir en el mercado global, México ha pagado el precio del privilegio del señor Slim". El privilegio de controlar 86 por ciento de la telefonía fija; el privilegio de controlar 74 por ciento de las líneas móviles; el privilegio de ofrecer servicios de telecomunicaciones entre los más caros de los países de la OCDE; el privilegio de dejar a la competencia fuera de los servicios de banda ancha; el privilegio de contar con agencias reguladoras capturadas; el privilegio de litigar contra los competidores y mantenerlos maniatados; el privilegio de usar el predominio nacional para financiar la expansión internacional; el privilegio de lograr que Pedro Cerisola, ex secretario de Comunicaciones y Transportes hubiera declarado: "No hay un operador dominante en telecomunicaciones." El privilegio de monopolizar a modo.

Con costos innegables para el país. Costos que produce cualquier "empresa dominante" —con más del 70 por ciento del mercado— en cualquier sector en cualquier lugar y México no es la excepción. Costos que Joseph Stiglitz, Premio Nobel de Economía ha señalado. Costos que Guillermo Ortiz ha subrayado. Costos que el presidente de la Comisión Federal de Competencia ha expuesto. Costos que la prensa internacional y los inversionistas extranjeros señalan cada vez con más frecuencia. La caída en la competitividad. El freno a la innovación. El estancamiento estabilizador. El nudo estrangulador. La máquina exclusiva para hacer dinero que Carlos Slim compró y que el gobierno de México le ha permitido mantener, a expensas de los consumidores. La sujeción que sugiere no cuestionarlo. A Slim se le aplaude demasiado y no se le escruta lo suficiente. A Slim se le vitorea mucho y se le regula muy poco. Porque es rico. Porque es poderoso. Porque controla el 40 por ciento del mercado de la publicidad privada. Porque en México esa combinación tiende a producir la genuflexión.

Ahora bien, no sorprende su comportamiento. Carlos Slim siempre ha sabido proteger su territorio y ahora tan sólo intenta ampliar su extensión. Siempre ha querido actuar sin lo que llama la regulación "neo-estatista" y la protección a los consumidores que busca asegurar. Pero sí sorprende el comportamiento de quienes lo dejan. Quienes lo avalan. Quienes apoyan su posición dominante como lo hicieron antes con la que tenía el PRI. Quienes prefieren que un empresario no electo diga cómo hay que administrar el país, y le permiten servirse una buena tajada de él. Los gobernadores y los intelectuales y los diputados y los senadores y los líderes sindicales y prominentes miembros de la izquierda.

En México hay quienes no pierden el sueño por lo que el señor Slim representa y las implicaciones del imperio expansivo que ha logrado construir. Piensan que es el Gates mexicano y hay que evaluarlo así: un monopolista más que sobresale gracias a su talento y a su extraordinario espíritu empresarial. Pero la comparación es engañosa porque ignora la forma distinta en la cual se han construido ambas fortunas y el impacto contrastante que tienen en la economía que operan. En Estados Unidos, Bill Gates —el fundador de Microsoft— es una barracuda dentro del río Mississippi, en el cual nadan otros peces igualmente grandes, agresivos y competitivos. Allí el gobierno es un yate enorme que los vigila y asegura que naden en igualdad de condiciones. Pero en México, Carlos Slim es una ballena en el lago de Chapultepec y el gobierno es una chinampa.

Sí, una chinampa flotante llena de flores y frutas. Impotente e impasible ante el poder de la ballena a la que ha alimentado durante más de veinte años, desde la privatización de Telmex. Veinte años en los cuales el gobierno pudo haber establecido las condiciones de la competencia pero no lo hizo. Veinte años en los cuales pudo haber desmantelado las barreras de entrada a nuevos jugadores en el mercado pero no lo logró. Veinte años en los que pudo haber actuado para apoyar a los consumidores pero optó por beneficiar a quien se aprovecha de ellos. Y ésa es una de las razones principales detrás de la acumulación de riqueza que el país presencia con azoro. Como argumenta un artículo en el *Financial Times*, para ser tan rico como Carlos Slim hay que invertir en mercados ineficientes, en sectores protegidos, en compañías con diques altos construidos alrededor. Hay que controlar quién nada en el lago de Chapultepec y Carlos Slim lo ha logrado en alianza con el operador de la chinampa.

Incursionando en sectores protegidos, concentrados, no competitivos, con regulación débil o capturada. Haciendo todo lo posible para que se mantengan así, como lo sugiere el estudio "Competencia y equidad en telecomunicaciones" elaborado por Rafael del Villar —ex comisionado de la Cofetel— cuando era investigador del Banco de México. Porque si bien el título de concesión de Telmex prohíbe prácticas monopólicas, una y otra vez ha incurrido en ellas, aunque los funcionarios de Telmex insistan en que no es así. Aunque prohíbe la discriminación a terceros, se ha dado. Aunque obliga a la empresa a proveer interconexión y acceso no discriminatorio, aún no la ofrece como debería. Aunque la Secretaría de Comunicaciones y Transportes y la Comisión Federal de Telecomunicaciones debieron haber establecido condiciones para la competencia eficaz, no lo hicieron.

Así, gracias a acciones obstaculizadoras de Telmex y omisiones regulatorias del gobierno, la compañía de Carlos Slim se ha vuelto extraordinariamente lucrativa. Telmex obtiene utilidades netas entre dos y 2.5 millones de dólares por año a partir de su privatización. Hoy América Móvil tiene una capitalización de mercado por encima de Petrobras y márgenes de utilidad mucho mayores que otras empresas del sector. Todos los días, ganancias por encima de las que el gobierno debería permitir. A todas horas, una transferencia masiva de riqueza a los bolsillos de quien ofrece abrirlos para bien del país, cuando ha declarado que en realidad no cree en la filantropía.

La construcción cotidiana de una fortuna gracias —en gran medida— a aquello que los consumidores mexicanos viven, padecen, toleran. Gracias —en gran medida— a lo que autoridades regulatorias dobladas o cómplices permiten. El redondeo y el sobrecobro mediante el cual Telcel obtiene miles de millones de pesos. El pago excesivo por una serie de servicios que en otros países con competencia verdadera cuestan menos. Cargos de *roaming* aunque las llamadas se hagan dentro de la red Telcel. Prohibiciones para que los usuarios de Prodigy no pudieran usar telefonía por internet como Skype o Vonage. El mayor número de quejas ante la Profeco por el mal servicio de Telcel y la negativa a ofrecer una bonificación cuando ese servicio "se cae". Abusos y perjuicios que llevan al *Economist Intelligence Unit* a afirmar que "en cualquier otro país, Telmex hubiera sido fragmentada hace años".

Ante la evidencia acumulada de prácticas anti competitivas y rapaces, quizá lo más insultante —desde la perspectiva del comsumidor— es cómo los funcionarios de Telmex insisten lo contrario. "Telmex no incurre en ninguna práctica monopólica" afirma el vocero de Telmex, Arturo Elías, cuando la Comisión Federal de Competencia ha documentado múltiples casos. "Las tarifas son baratas" insiste, cuando estudios que lo sugieren —elaborados a instancias de Telmex— tienen sesgos y errores importantes. "No hay por dónde regularnos mejor" repite, cuando el reporte de Del Villar sugiere que el precio tope de las tarifas debería haberse ajustado a la baja hace mucho tiempo. "Ya todos los litigios se han resuelto" afirma Elías, cuando esa afirmación esconde que la Comisión Federal de Competencia no ha podido hacer valer sus resoluciones ante los tribunales, y Telmex se ha amparado. "No somos un monopolio" argumenta, sólo porque los reguladores no logran encontrar jueces con el valor de declarar a Telmex "empresa dominante" en el mercado. "No hay nada qué hacer" enfatiza, cuando debería exigírsele a Telmex al menos, un pago para incursionar en la televisión.

Telmex puede decir lo que dice y actuar como lo hace porque el gobierno, con demasiada frecuencia, ha claudicado ante un poder que debía acotar. Allí está el caso del ex titular de la SCT, Pedro Cerisola, incumpliendo sus obligaciones legales al demorar la aprobación de licencias para posibles competidores y según *The Economist*, filtrándole a Telmex los planes de su competencia. Allí está Eduardo Ruiz Vega —ex comisionado de la Cofetel— comparando tramposamente la caída del servicio de Telcel en 2007 con los ataques del 11 de septiembre, con lo que justificó que no se debería sancionar a la empresa. Allí está la Cofetel misma, ocultando las violaciones al título de concesión de Telmex e ignorando las sanciones que deberían aplicarse. Allí están las autoridades regulatorias, una y otra vez, actuando para favorecer a la empresa por encima de sus usuarios.

El ascenso vertiginoso de Carlos Slim en la escena nacional y global no puede atribuirse tan sólo a las cualidades que indudablemente posee. Su avance no es nada más un reflejo de sus instintos. La construcción de lo que el politólogo George Grayson llama "Slimlandia" ha sido posible gracias al modelo económico del país y los problemas que presenta. Gracias a la falta de leyes que existen para el control y la alimentación de las ballenas. La debilidad institucional, la captura regulatoria, la concentración de la riqueza en la élite empresarial y las políticas públicas contrarias al interés público que todo esto produce.

Felipe Calderón y Carlos Slim.

En México, los intereses particulares han logrado poner a ciertas ramas del gobierno bajo su control, y quizá no hay ejemplo más claro de esto que en las telecomunicaciones. Sexenio tras sexenio, la Cofetel ha incurrido en omisiones o ha promovido acciones que benefician al señor Slim a costa de los consumidores. Ha convertido a los ciudadanos en plancton con el cual se alimenta un mamífero cada vez más grande, cada vez más presente, cada vez más facultado para dictar los términos del juego económico del país y establecerlos en su favor.

Carlos Slim no ha tenido que romper reglas porque las que existen lo benefician. No ha tenido que adelgazar porque quienes están montados sobre la chinampa, viven muy bien recostados bajo su sombra. Una sombra que crece con cada nueva entrega de la lista Forbes y con cada alza de la Bolsa. Una sombra que oscurece el hecho ineludible que incluso los defensores del señor Slim deberían reconocer: la economía mexicana está cayendo en los principales indicadores de competitividad, en importante medida debido a lo que ocurre en las telecomunicaciones. Conforme la ballena se expande, el país pierde terreno.

Y por ello, el papel de Carlos Slim en México es un papel ambiguo, ambivalente. Intenta presentarse como un promotor del desarrollo, pero muchas de sus prácticas empresariales lo inhiben. Busca presentarse como un filántropo notable que regresa algo al país que lo produjo, mientras sigue extrayendo rentas de allí. Slim encarna las contradicciones del capitalismo de baja calidad, en un país donde los "campeones nacionales" son aplaudidos aunque sus prácticas anti competitivas coarten el crecimiento. Pero esas contradicciones no serán resueltas hasta que los consumidores mexicanos pesen más que el monopolista que han contribuido a crear. Hasta que los capitanes de la chinampa obliguen a la ballena a bajar de peso, en lugar de celebrar cuánto la han ayudado a engordar. Hasta que el empuje pro competencia de tiempos recientes —ejemplificado por la multa que la Cofeco le impone a Telcel— sea una práctica consistente y sostenida.

TELEVISA: EL PRIMER PODER

A veces parece que en México no gobiernan los representantes de la población sino los dueños de la televisión. Frente a una clase política cada vez más adicta a la popularidad hay medios cada vez más dispuestos a venderla. Frente a un poder mediático cohesionado hay poderes políticos fragmentados. Y adictos. Día tras día, decisión tas decisión, los políticos de México demuestran que prefieren salir en la pantalla antes que proteger el interés público. Que prefieren escuchar las demandas de los cabilderos televisivos antes que atender las necesidades de la población. Antes que hacer prefieren aparecer. Están sometidos, doblegados, empantallados.

Las lazos entre la televisión y la política son densos, estrechos, umbilicales. En una era de presidencias públicas y campañas mediáticas, la televisión se vuelve indispensable para ganar puestos y conservarlos, para apelar directamente a los votantes y asegurar su anuencia. En una era en la cual 90 por ciento de la población obtiene información política a través de la televisión, los políticos se ven obligados a posicionarse en la pantalla. En una era en la que nada es real hasta que aparece en la televisión, quien aspira al poder tiene que domesticarla.

En el nuevo *dictum* de la política posmoderna, el poder ya no surge de la punta de una pistola o del esfuerzo movilizador de los partidos. El poder proviene del ángulo de la cámara. Antes, los dirigentes partidistas elegían temas y candidatos; ahora la televisión lo hace. Los productores y los locutores definen la agenda para el público y deciden quién hablará en favor de ella. Los comentaristas nos dicen lo que la gente razonable debería pensar y después llevan a cabo una encuesta para determinar qué pensamos sobre lo que nos acaban de decir. Y después los políticos ansiosos auscultan los resultados y hacen públicas sus posiciones al respecto. Recortan su conciencia para adecuarla al tamaño de la pantalla.

En la última década, el gobierno mexicano ha ido perdiendo terreno frente al poder creciente de las televisoras, a las que no logra —o no quiere— controlar, regular o sancionar. A diferencia de hace diez años, como lo afirma José Carreño Carlón, los políticos necesitan más a los medios que los medios a los políticos. Esa cesión de espacio entraña riesgos para una democracia que enfrenta un proceso de consolidación cuesta arriba. Y esa genuflexión afecta la calidad de la democracia. La debilita, la merma, la condiciona, la limita.

La televisión con frecuencia actúa como un poder en sí mismo, a su libre albedrío, con su propia agenda, persiguiendo sus propios intereses. Se erige en Poder Judicial. Se convierte en juez. Inicia juicios mediáticos y los lleva a cabo sin rendir cuentas por ello. Peor aún, la televisión tiene la capacidad de remodelar la agenda legislativa según convenga a sus intereses: promoviendo algunas iniciativas y congelando otras. Como cualquier otro poder sin restricciones, el poder de los medios se ha vuelto abusivo.

Basta con recordar la llamada ley Televisa aprobada en el 2006. Una ley que corría en contra del interés público. Una ley que dañaba al consumidor. Un dictamen votado en siete minutos, sin un voto en contra, sin una abstención. Una iniciativa que olía mal. Una iniciativa que aparentaba ser lo que no era y debería ser: una reforma integral y democrática capaz de fomentar la competencia real, la desconcentración verdadera, la regulación auténtica, la ciudadanización necesaria, la rendición de cuentas completa. Una reforma que colocaría el interés público por encima de los intereses privados. Una reforma que le devolvería a los ciudadanos parte del poder que han adquirido los concesionarios. Pero el dictamen que los diputados aprobaron con tanta celeridad estuvo lejos de ser eso.

Más bien olía a intereses coludidos. Olía a diputados rendidos. Olía a disciplina partidista impuesta por intereses mediáticos. Porque la iniciativa fue impulsada por un diputado del Partido Verde protegido y promovido por Televisa. Porque el periódico *Reforma* reportó reuniones de ejecutivos de la empresa con coordinadores de los grupos parlamentarios. Porque la propuesta tuvo como objetivo brillar como oro cuando era poco más que latón.

De eso se trataba la ley Televisa: de cambiar un poco para preservar mucho. De darle una maquillada a la ley para evitar una cirugía plástica mayor. Porque artículo tras artículo la iniciativa demostró qué intereses defendía y de qué lado estaba parada. Eliminaba la posibilidad de radios comunitarias. Evadía la construcción de contrapesos. Eludía el tema de sanciones a concesionarios cuando venden apariciones en los noticieros o llevan a cabo *vendettas* contra sus enemigos. Evitaba hablar de un órgano regulador ciudadano, como los que existen y funcionan en otros países. No incluía el derecho de réplica por parte de quienes han sido mancillados por los medios. Y al aprobarla después como lo hicieron, 327 diputados colocaron un manojo de intereses por encima de millones de mexicanos.

Quizá pocos momentos tan ilustrativos del estudio de nuevos balances de poder entre los políticos y la televisión que cuando Felipe Calderón —como candidato presidencial del PAN— decidió apoyar la ley Televisa. Cuando dio instrucciones a la bancada del PAN en el Senado en ese sentido. Pocas cosas tan dolorosas en este episodio como contemplar la cara desencajada de varios senadores del PAN cuando salieron de la reunion con su coordinador parlamentario, donde se les dijo que Felipe necesitaba remontar los diez puntos de distancia que lo separaban de AMLO. Y que para ello era necesario que se le tratara bien en programas como *La parodia* y en *El Privilegio de Mandar*. Y que para ello era necesario que Calderón claudicara antes de ganar. Pocas cosas tan lamentables como enterarse de la participación de su coordinadora de campaña, Josefina Vázquez Mota, en esa operación. Pensando, ellos, que todo se valía para arribar a la presidencia. Ignorando que con esta decisión ya habían limitado el margen de acción que tendrían allí.

© Octavio Gómez / Proceso

Felipe Calderón con Emilio Azcárraga.

Algún día, como dice la experta en medios Fátima Fernández Christlieb, se contará la verdadera historia detrás del comportamiento de la Cámara de la Industria de la Radio y la Televisión en ese episodio lamentable. De la oposición inicial de algunos al apoyo generalizado de todos, incluso de aquellos —los jugadores pequeños en el sector— a los cuales les perjudicaba la ley. Algún día se sabrá cómo los presionaron y cómo los chantajearon. Algún día se sabrá por qué comenzó la ofensiva privada en un espacio público. Hora tras hora, día tras día, los *spots* diseminados en la radio y la televisión, en favor de la ley. *Spots* tramposos que hablaban del fin de la discrecionalidad presidencial. *Spots* deshonestos que presentaban a los opositores de la ley como defensores del autoritarismo. *Spots* mañosos que vendían la ley como un avance pero escondían para quién lo era en realidad. Pero peor aún fue el uso que hicieron los conductores de noticias de un espacio público concesionado para defender un interés empresarial. Con ello expusieron la magnitud del conflicto de interés. La dimensión del problema. El peso del monstruo que el país ha contribuido a crear.

Y cómo el Senado acabó aprobando —doblegado por las televisoras— una ley que inhibía la competencia. Una ley que fomentaba la concentración. Una ley que le regalaba a los concesionarios el espectro radioeléctrico liberado por la digitalización, cuando otros gobiernos han recaudado millones al licitarlo. Una ley que prometía el fortalecimiento y la autonomía del órgano regulador pero no aseguraba ambas condiciones. Una ley engañosa que aparentó ser lo que no era; que resultó ser aire en vez de hilos de oro y seda. Una ley tramposa que establecía criterios de lucro por encima de criterios de calidad. Una ley dudosa que ofrecía ventajas al mejor postor y no necesariamente al mejor concesionario. Una ley parcial que decía atacar el problema de la discrecionalidad a través de subastas, pero no tocaba el problema de la concentración reforzado por ellas. Una ley "a modo", diseñada por los concesionarios para regularse a sí mismos sin la intromisión del "gobierno chinche", como lo ha llamado Ricardo Salinas Pliego. Una mala ley en un sector crucial; una mala ley que dañaba al consumidor; una mala ley que inhibía la competencia. Una ley fársica con resultados que también lo eran. Una ley que merecía ser llevada a la Suprema Corte.

Como en *El traje nuevo del emperador*, Televisa y TV Azteca prometieron hilar un atuendo magnífico y excepcional para la República. Vendieron la idea de una ley fantástica con colores y patrones nunca vistos. Con ella vendría la modernización buscada, la innovación necesaria, la competencia anhelada, dijeron. Pero al igual que en el cuento para niños, los estafadores armaron un telar vacío. Fingieron trabajar en nombre de una mejor regulación nacional, cuando en realidad buscaban proteger un coto particular.

Y se excedieron al hacerlo. Con privilegios desmedidos y ventajas indebidas. Con refrendos automáticos y a perpetuidad. Con concesiones de veinte años cuando en muchos otros países duran sólo la mitad. Con la posibilidad de hacer nuevos negocios de internet, telefonía y video sin pagar al Estado una contraprestación por ello. Con la conformación de un órgano regulador —la Cofetel— diseñado a la medida de sus intereses. Fue tal su voracidad que generaron una reacción frontal ante ella.

El Tribunal Supremo desnudó al Congreso, a todos los diputados que aprobaron la ley Televisa y a todos los senadores que votaron por ella sin chistar. "Se pierde el control sobre el mejor aprovechamiento del espectro, un bien de dominio público", argumentó el ministro Valls Hernández. "Se viola el Artículo 28 constitucional al favorecer la formación de monopolios", recalcó el ministro Góngora Pimentel. "No garantiza la soberanía y rectoría del Estado", señaló el ministro Franco Salas. "Se da privilegios a unos y no a otros" sugirió el ministro Aguirre Anguiano. "Se priva al Estado el derecho irrefutable de recibir una contraprestación", dijo el ministro Silva Meza. "Es inconstitucional" repitieron en una sesión después de otra.

La Suprema Corte expuso la irresponsabilidad del Congreso y cuán reprobable fue su actuación. La rectoría estatal que estuvo dispuesta a sacrificar. La competencia que quiso obstaculizar. La discrecionalidad que no tuvo problema en perpetuar. Los privilegios que estaba en la mejor disposición de consagrar. La regulación en nombre del interés público en la que no pensó. Las barreras de entrada ante nuevos concesionarios que erigió. La libertad de expresión que puso en peligro. Las múltiples violaciones a la Constitución en las que incurrió al aprobar la ley Televisa como lo hizo.

Ese Congreso poblado por políticos que estaban entre la espada y la pared. Entre la contienda presidencial y la pantalla televisiva con la cual ganarla. Entre el chantaje de los concesionarios y la competencia de los partidos. Políticos atrapados. Políticos presionados. Políticos que se volvieron irresponsables y la Suprema Corte les recordó cómo y por qué. La discusión artículo por artículo de la ley Televisa aireó todo lo maloliente que contenía y todo lo que el Congreso aceptó.

Ahora bien, muchos pensábamos que después de lo ocurrido, la reforma electoral del 2007 encararía la presión creciente de la televisión y contribuiría a erigir un muro de contención ante su poder desmedido. Eliminaría la seguridad de que las televisoras recibieran millones de pesos durante cada temporada electoral, a través de la venta —a precios discrecionales, por cierto— de *spots* a los partidos y a sus candidatos. Eliminaría el gran instrumento de chantaje que tenían sobre la clase política, como el que usaron contra todos los candidatos presidenciales en la elección del 2006. Dificultaría la posibilidad de que las televisoras pudieran sacar leyes "a modo". Representaría la posibilidad de un reordenamiento urgente cuyo objetivo debe ser el desmantelamiento del duopolio a traves de la competencia. La contención de poderes fácticos y la revisión de incentivos económicos. Una nueva Ley de Radio y Televisión que fortaleciera la capacidad regulatoria del Estado y estableciera las condiciones para una verdadera economía de mercado. Una nueva forma de entender la relación entre los políticos y los medios que beneficiara a los ciudadanos.

Pero lamentablemente esa transformación no se dio y las televisoras han vuelto a la carga, con más poder que nunca. La relación entre el gobierno y las televisoras refleja un problema más profundo: la persistencia del capitalismo de cuates resistente a la transparencia, resistente a la competencia, resistente a la regulación, con todos los costos que ello entraña para el sistema político. Con todos los cercos que ello construye en torno a los ciudadanos. Con todas las formas que merma los procesos democráticos.

RICARDO SALINAS PLIEGO: CHANTAJEAR PARA GANAR

Como dice el dicho: es posible engañar a algunas personas todo el tiempo y a todas las personas parte del tiempo, pero no es posible engañar a todas las personas todo el tiempo. Y sin embargo Ricardo Salinas —dueño de Televisión Azteca y presidente del Grupo Salinas— lo logra. Sabe que puede negociar y convencer y presionar y tergiversar y escabullirse tal y como lo ha hecho siempre. Asume que su relación personal con la clase política lo salvará de cualquier investigación, lo protegerá de cualquier sanción. Y tiene razón: después de años de conductas cuestionables y comportamientos controversiales, el gobierno no ha podido o no ha querido ponerle un alto. Señalarlo con el dedo índice. Acusarlo de ocultar la verdad. Soplar el silbato.

Y el silbato debería haber sonado desde hace años en torno a la falta de honestidad. Según la acusación que formuló la *Securities and Exchange Commission* durante el sexenio de Vicente Fox, Salinas Pliego entregó reportes periódicos a las autoridades regulatorias estadounidenses en los que no reveló las transacciones de compañías que controlaba. Salinas Pliego entregó reportes falsos en los que escondió su involucramiento en esas transacciones. Salinas Pliego ignoró a los abogados estadounidenses que le aconsejaron hacer públicas esas operaciones, dado que involucraban a accionistas estadounidenses de Televisión Azteca. Salinas Pliego rechazó hacer públicas las operaciones que debieron ser reportadas de acuerdo con las leyes de Estados Unidos. Salinas Pliego rehuyó entregar información crucial para quienes invierten en sus compañías. Salinas Pliego traicionó la confianza de quienes creyeron en él y compraron sus acciones. Salinas Pliego violó la ley del país en donde vivía una parte de sus inversionistas. Y se enriqueció a sus expensas.

Pero más grave aún —según la SEC— el director de TV Azteca mintió, y quizá ésa fue la parte más crítica de los cargos lanzados en su contra. Cuando fue cuestionado públicamente por un periodista sobre su conexión con la empresa Codisco, Salinas negó tenerla. Cuando el abogado estadounidense descubrió el artículo noticioso que contenía esa mentira y exigió su aclaración, Salinas rehusó hacerlo. Cuando dos directores independientes de TV Azteca cuestionaron las transacciones ocurridas y las ganancias personales obtenidas, Salinas no explicó con claridad lo ocurrido. El agravio entonces fue doble: Salinas no reveló lo que por ley tendría que haber revelado, y después mintió al respecto.

En ese caso emblemático, Salinas Pliego pareció no entender lo que entrañaba obedecer la ley. Así lo evidenció la nota de *The New York Times* del 21 de noviembre del 2004, titulada "Si obtienes la respuesta incorrecta, busca otro abogado". El artículo describió cómo los abogados de Ricardo Salinas le dijeron que estaba obligado —por la ley— a revelar las transacciones cuestionables y su papel en ellas. Una y otra vez, Salinas los ignoró. En vez de cambiar de actitud, Salinas prefirió cambiar de despacho. Fue en busca de alguien que le dijera que fue correcto ocultar información importante de la junta directiva de TV Azteca, que fue correcto hacer declaraciones falsas a la prensa y no corregirlas. Fue en busca de abogados que avalaran su posición, pero no los encontró. Por eso acabó reconociendo lo que hizo, pero ya era demasiado tarde. Como lo subraya el correo electrónico de uno de los ejecutivos acusados: "El daño está hecho y la situación que no queríamos explicar abiertamente ahora está en manos del público."

En ese caso paradigmático Ricardo Salinas Pliego pagó el precio de un patrón de conducta conflictiva, de conducta abusiva, de conducta irregular. Nadie duda que Salinas es un empresario creativo, lleno de buenas ideas y rodeado de buenos colaboradores. Pocos cuestionan que los accionistas de TV Azteca se han beneficiado con su estilo personal de hacer negocios. Pero Salinas incrementa el valor de las acciones —y el suyo— prometiendo una cosa y haciendo otra; ofreciendo una cosa y entregando otra; comprometiéndose de una manera y actuando al revés. Dice que jamás destinará recursos de TV Azteca para financiar a Unefon, pero lo hace. Dice que inaugurará una nueva era de comportamiento corporativo, pero no atraviesa su umbral. Dice que respeta la ley, pero la viola en el Chiquihuite. En México su nombre es sinónimo de la agresividad empresarial combinada con la ambiguedad ética. Pocos dicen que es un criminal, pero muchos afirman que es un mentiroso.

Entre los inversionistas extranjeros existe el término "*the* Salinas Pliego *discount*" (el descuento del valor de las acciones derivado de su comportamiento). Quienes hacen negocios con él temen que los traicionará; quienes compran sus acciones saben que no siempre los representará; quienes se asocian con él viven a la defensiva. Salinas Pliego se ha peleado con Goldman Sachs y con General Electric/NBC y con el Canal 40 y con sus inversionistas minoritarios. Después lo hizo con los reguladores estadounidenses.

Pero más allá de lo que pasó en Estados Unidos, el *affair* Salinas puso sobre la mesa algo de peso en México. El gobierno estadounidense reveló el lado oscuro del señor Salinas y el gobierno mexicano debió haberlo hecho también pero no fue así. El gobierno estadounidense decidió proteger a sus inversionistas y la Comisión Nacional Bancaria debió actuar de la misma manera. El gobierno estadounidense enjuició a un empresario por ocultar y mentir, y las autoridades mexicanas debieron asumir la misma actitud. Porque lo que estaba en juego era la transparencia de las transacciones económicas, la integridad de los mercados financieros, los derechos de quienes ni siquiera saben que los tienen. Pero el gobierno mexicano no actuó.

El capitalismo disfuncional también explica porqué Javier Lozano —como funcionario de la Cofetel en 1998— decidió otorgarle una prórroga a Unefon cuando no podía pagar la concesión que se le otorgó. Un ejemplo de tantos del Estado mexicano interviniendo para salvar y apoyar a un miembro de la cúpula empresarial privilegiada. Un ejemplo más de la discrecionalidad gubernamental orientada a crear "ganadores" económicos que dependan de su buena voluntad. Un ejemplo ilustrativo de lo que ocurre todos los días en múltiples sectores: líderes políticos que utilizan su poder para construir cierto tipo de relación con el sector empresarial o para extraer riqueza de él. Y el objetivo no es el crecimiento económico sino el patronazgo. La meta no es la modernización del sector empresarial sino llegar a un acuerdo mutuamente benéfico: a Unefon se le dio más tiempo para pagar y a cambio se le cobraron intereses que el Estado necesitaba para financiar a sus clientelas. Todos contentos con las reglas dobladas.

Así hay que entender la devolución gubernamental de 550 millones de pesos a Ricardo Salinas Pliego, por intereses supuestamente mal cobrados, un día antes del fin del sexenio de Vicente Fox. Un gesto de agradecimiento del presidente saliente a quien le había prestado la pantalla; a él y a su esposa. Una señal de doblegamiento ante el poder que Los Pinos y la Cofetel y la Secretaría de Comunicaciones y Transportes habían edificado. Una señal de debilidad del Estado mexicano ante el Frankenstein que a lo largo de los últimos tres sexenios engendró.

Enrique Peña Nieto, Felipe Calderón y Ricardo Salinas Pliego.

Porque en México quien controla la pantalla de televisión puede controlar los vaivenes del proceso político y legislativo. Y Televisión Azteca también la usa para acribillar a sus adversarios, intimidar a sus críticos, someter senadores, cancelar carreras políticas. Por ejemplo, durante el debate legislativo en torno a los "corresponsales bancarios" en el noticiero *Hechos* de Javier Alatorre el blanco fue Jorge Estefan Chidiac, entonces presidente de la Comisión de Hacienda de la Cámara de Diputados. Aquí le presento frases selectas de lo que se dijo en el noticiero: "Se cae la propuesta de reformas en defensa de los usuarios de servicios bancarios." "Para los usuarios de la banca esta Navidad será muy amarga, tal vez la peor y es que cuando por fin los diputados y los senadores habían aprobado reformas que lo protegían a usted en contra de los abusos de algunos bancos, hoy todo, absolutamente todo se vino abajo." "Y todo gracias a este legislador (…) del PRI (…) que impidió que sus compañeros de partido (…) cumplieran con el trámite y desahogaran el paquete de reformas." "José Esteban Chidiac lo condenó a usted, a su familia y a su bolsillo a seguir siendo víctima de los abusos de muchos bancos."

La manipulación de TV Azteca fue novedosa, pero no por ello deja de ser espeluznante. Linchó a un legislador, y tergiversó la información para que el público creyera que Chidiac frenó la iniciativa más fantástica sobre la faz del planeta. Pero la realidad era muy distinta: Chidiac y los diputados intervinieron cuando se dieron cuenta de lo que el Senado de la República quería hacer; de lo que Salinas Pliego fue capaz de obtener; aquello que los senadores estaban a punto de sacrificar con tal de congraciarse con él. Porque entre muchas cosas, la iniciativa que Jorge Estefan Chidiac logró congelar contenía un elemento muy nocivo para los ciudadanos. El proyecto de ley que TV Azteca tanto aplaudía colocaba una serie de candados sobre los llamados "corresponsales bancarios" para limitar su expansión. La propuesta que TV Azteca quería empujar hacía más difícil que empresas como Wal-Mart, Banca Coppel, Famsa y Compartamos pudieran ofrecer servicios bancarios en lugares donde los bancos establecidos no tienen sucursales. La reforma que TV Azteca tanto presumía frenaba la competencia para instituciones como Banco Azteca y otros bancos dominantes. De haberse aprobado como Ricardo Salinas Pliego quería, los consumidores se hubieran visto obligados a conformarse con la estructura bancaria existente hasta el momento: oligopolizada, concentrada, abusiva, precisamente porque le falta competencia.

Un detalle curioso es que muchos comentaristas financieros adoptaron una posición similar a la de TV Azteca y Ricardo Salinas Pliego. Yo le pediría —a usted lector o lectora— que hiciera un ejercicio espeluznante por lo que demostró: que comparara las columnas escritas sobre este tema por los diez columnistas financieros más influyentes del país. Allí se encontrará usted con un fenómeno preocupante: párrafos enteros que se repetían, casi palabra por palabra. Párrafos idénticos donde se criticaba la propuesta de los "corresponsales bancarios", donde se denostaba a Agustín Carstens, donde se cuestionaba a la Comisión Nacional Bancaria y de Valores, donde se embestía a la Comisión Federal de Competencia, donde se decía que actuaban para "promover a Wal-Mart". Párrafos que evidenciaban a columnistas copiando y diseminando los mismos argumentos que machacaba TV Azteca, en sus noticieros. Párrafos que ponen en tela de juicio la integridad editorial, la independencia periodística, el profesionalismo que usted tiene derecho a exigir.

Y también le pediría que recordara la forma en la cual fue aprobada la llamada ley Televisa en el 2006. El poder de chantaje que ese proceso evidenció. La capacidad de sometimiento legislativo a los intereses de las televisoras que ese episodio reveló. Pues aquel caso reveló algo similar en la negociación de la ley que regulaba el comportamiento de los bancos. El mismo poder de veto, la misma capacidad de presión, la misma postura de los oligopolios que buscan preservar el modelo existente. Y por ello habrá una larga cola de políticos emulando a Enrique Peña Nieto que, en busca de la candidatura presidencial, ha pagado sumas multimillonarias para aparecer en la pantalla. Habrá un séquito emulando a Marcelo Ebrard que, para posicionarse electoralmente, hornea galletas y canaliza 90 por ciento de los recursos de comunicación del gobierno del DF a la televisión. Nadie quiere ser el siguiente Santiago Creel, el próximo Jorge Estefan Chidiac, el nuevo blanco de una metralleta.

¿QUIÉN GOBIERNA EN MÉXICO?

La concentración de la riqueza y del poder económico en los "jugadores dominantes" de la economía mexicana aquí descritos con frecuencia se traduce en ventajas injustas, captura regulatoria, protección frente a la competencia y políticas públicas que favorecen intereses particulares. Más cuestionable aún, convierte a representantes del interés público —a los diputados y a los senadores— en empleados de los intereses atrincherados. Convierte al gobierno en mayordomo de las personas más poderosas del país. Lleva a la aprobación constante de leyes que protegen privilegios, blindan oligarcas, exprimen ciudadanos y corren en contra del crecimiento económico.

Sólo así se entiende el "reembolso" gubernamental de 550 millones de pesos a Ricardo Salinas Pliego, por intereses supuestamente mal cobrados al final del foxismo. Sólo así se entiende el comunicado lamentable de la Secretaría de Comunicaciones y Transportes hace unos años, celebrando la alianza entre Telemundo y Televisa, cuando en realidad eso constituía una claudicación gubernamental ante la posibilidad de una tercera cadena de televisión. Sólo así se comprende que nadie levantara un dedo para sancionar a TV Azteca, cuando violó la ley al rehusarse a transmitir los *spots* del IFE o se apropió del cerro del Chiquihuite. Sólo así se entiende la aprobación de la llamada ley Televisa por la Cámara de Diputados y de Senadores en el 2006, y la posposición de una nueva ley de medios para regular el sector. Sólo así se comprende que la tan cacareada reforma energética haya dejado sin tocar la ineficiencia del sindicato. Sólo así se entiende la posibilidad de darle entrada a Carlos Slim a la televisión sin antes obligarlo a cumplir con las condiciones de su concesión original. Sólo así se comprende que los diputados sigan protegiendo a las compañías tabacaleras cuando en el resto del mundo se han colocado impuestos y restricciones cada vez más severas a la venta de cigarros, por cuestiones de salud pública. Síntomas de un gobierno ineficaz. Señales de un gobierno doblegado. Muestras de un gobierno coludido. Muestras de un gobierno que no entiende su misión en cualquier sistema que aspira a ser democrático.

Porque el gobierno no es para eso. No es para proteger intereses creados con concesiones de veinte años. No es para blindar a grupos empresariales y políticos coludidos entre sí. No es para instalar comisionados "a modo" al frente de organismos autónomos que en realidad no lo serán. No es para cerrar casos de corrupción sin investigarlos a fondo. No es para exonerar a Arturo Montiel o a los hijos de la señora Sahagún o a Manlio Fabio Beltrones o a Mario Marín o a Ulises Ruiz o a Juan Camilo Mouriño. No es para aprobar leyes al vapor con dedicatoria. No es para actuar a espaldas de la ciudadanía que lo eligió. No, el gobierno no fue creado para eso. En todas partes existe para lidiar con —o por lo menos esconder— la injusticia, no para hacerla tan obvia.

Pero como en mucho más, México insiste en ser excepción y para mal. Aquí el avance de los intereses particulares es cada vez más evidente y por ello, cada vez más contraproducente. Ante la debilidad presidencial, prevalece la ley del más fuerte. Ante la ausencia del Ejecutivo, aumenta el agandalle del Legislativo y quienes cabildean dentro de él. Y donde el Estado es débil, los intereses privados se imponen día tras día, decisión tras decisión. Allí están, reflejados en la postura de los diputados frente a las compañías tabacaleras. En la posición de los legisladores frente a las televisoras. En la posición del Congreso ante los impuestos a los grandes consorcios. La lista es larga y los intereses coludidos también.

Esa colusión evidenciada, por ejemplo, con la designación del panista Héctor Osuna como presidente de la Comisión Federal de Telecomunicaciones durante los primeros años del gobierno de Felipe Calderón, cuando fue el principal cabildero de la ley Televisa. Con la designación de Jorge Mendoza, ex ejecutivo de TV Azteca, como representante del "sector popular" en el Senado. Con el otorgamiento de una concesión televisiva de manera discrecional a Olegario Vázquez Raña. Con la designación de Emilio Gamboa —que tantas concesiones otorgó— como presidente de la Junta de Coordinación política en el Congreso cuando fue diputado. Todas ellas, señales inequívocas de continuidad con formas de hacer política y de entender la economía que se han agotado. Todas ellas, señales inequívocas que mandan quienes no quieren mantener los ojos bien cerrados.

En México el gobierno ya ni siquiera finge ser un medio para obtener beneficios sociales; demuestra que es el protector de intereses particulares. En México, el gobierno ya ni siquiera intenta esconder la dominación; de hecho, la vuelve cada vez más obvia. Permite la perpetuación de privilegios anti democráticos en un país paralizado por ellos. Permite la captura de órganos reguladores por quienes deberían estar bajo su jurisdicción. Permite el diseño de leyes cuya intención no es beneficiar al país sino a quienes buscan gobernarlo como siempre. La cúpula corporativa/empresarial/sindical/partidista propone y el Estado dispone. Al hacerlo ambos se desvisten y ambos pagan el precio. Al empujar iniciativas que abiertamente van en contra de las mayorías, subrayan los enclaves protegidos de las minorías.

En México las élites atrincheradas se hacen cada vez más presentes. Se hacen cada vez más obvias. Porque insisten en presionar lo más posible para preservar sus cotos y no enfrentan resistencia gubernamental. Porque insisten en diseñar leyes a la medida de sus ganancias y los legisladores las avalan. Porque resquebrajan ese cascarón funcional para el capitalismo que es la democracia. Rompen ese contrato social que hace posible la convivencia entre quienes son dueños del capital y quienes sólo trabajan para él. Hacen obvias las desigualdades que los sistemas democraticos —a través de las instituciones representativas— intentan esconder.

Y ello lleva a las siguientes preguntas: ¿Quién gobierna en México? ¿El Senado o Ricardo Salinas Pliego cuando logra imponer su voluntad al proceso legislativo? ¿La Secretaría de Comunicaciones y Transportes o Unefon? ¿La Comisión Nacional Bancaria o los bancos que se rehúsan a cumplir con las obligaciones de transparencia que la ley les exige? ¿La Secretaría de Educación Pública o Elba Esther Gordillo? ¿La Comisión Federal de Competencia o Carlos Slim? ¿Pemex o Carlos Romero Deschamps? ¿El gobierno o una serie de intereses que no logran contener? Porque ante los vacíos de autoridad y la captura regulatoria y las decisiones de política pública que favorecen a una minoría la respuesta parece obvia. México hoy padece lo que algunos llaman "estados dentro del Estado", o lo que otros denominan "una economía sin un gobierno capaz de regularla de manera eficaz".

Allí está la CNBV y el caso —nunca resuelto— de sanciones a Salinas Pliego. Allí está el SAT guardando silencio sobre Arturo Montiel y la fortuna inexplicable que acumuló. Allí están los ejemplos de organismos que en lugar de fomentar la transparencia la inhiben. Que en vez de resistir la discrecionalidad la permiten. Que en vez de poner límites a la rapacidad privada, renuncian a hacerlo. Evidenciando así la protección promovida por rentistas en muchos sectores, que no encuentran otra manera de proteger sus intereses más que poniendo el gobierno a trabajar en su nombre. Eso —y no la caída en la producción petrolera— es lo que condena a México al sub desempeño crónico.

Una y otra vez, el debate sobre cómo promover el crecimiento y cómo fomentar la inversión y cómo generar el empleo se encuentra fuera de foco. El gobierno cree que para lograr estos objetivos basta con tenderle la mano al sector privado para que invierta bajo cualquier condición, y el sector privado por su parte piensa que la panacea es que se le permita participar en el sector petrolero, por dar un ejemplo. Pero ésa es sólo una solución parcial a un problema más profundo. El meollo detrás de la mediocridad de

México se encuentra en su estructura económica y las reglas del juego que la apuntalan. Una estructura demasiado *top heavy* o pesada en la punta de la pirámide; una estructura oligopolizada donde unos cuantos se dedican a la extracción de rentas con la anuencia de la clase política; una estructura de complicidades y colusiones que el gobierno permite y de la cual también se beneficia.

Claro, muchos de los miembros del gobierno siempre hablan del crecimiento económico como una prioridad central. Pero más bien lo perciben como una variable residual. Más bien parecería que buscan —y duele como ciudadana reconocerlo— asegurar un grado mínimo de avance para mantener la paz social, pero sin alterar la correlación de fuerzas existente. Sin cambiar la estructura económica de una manera fundamental. Y el problema surge cuando ese modelo comienza a generar monstruos; cuando ese apoyo gubernamental a ciertas personas produce monoplios y duopolios y oligopolios y sindicatos que ya no pueden ser controlados; cuando las "criaturas del Estado" —como las llama Moisés Naim, el ex editor de la revista *Foreign Policy*— amenzan con acorralarlo.

O pelearse entre sí. Feudo *vs* feudo. Emilio Azcárraga Jean *vs* Carlos Slim. Diciendo que están a favor de la competencia cuando sólo la quieren en sectores donde no dominan. Argumentando que están a favor de los consumidores cuando en realidad sólo están buscando maneras de exprimirlos mejor. Exigiendo regulación gubernamental pero aplicada exclusivamente a los demás. Peléandose en aras de la convergencia tecnológica y la modernización cuando en realidad sólo buscan asegurar su pedazo del pastel. Mantener su porción desmedida del mercado y todos los beneficios económicos que conlleva. Apuntalar su posición hegemónica y todas las prácticas anti competitivas que entraña. Dos monstruos engendrados por el propio Estado mexicano, que ahora nadie quiere o puede controlar.

Dos monstruos creados por la forma en la cual el gobierno mexicano le regaló el espectro a Televisa y protegió de la competencia a Telmex, desde su privatización. Dos anormalidades producto de prácticas abusivas que tanto jueces como reguladores han estado dispuestos a tolerar. Dos engendros ante los cuales la clase política —de manera rutinaria— se ha rendido. Ambos, dañinos para el país que asolan, para los consumidores que expolian, para la competencia que coartan, para el crecimiento económico acelerado que inhiben.

Telcel cobrando una tarifa de interconexión de 90 centavos de peso, muy arriba de lo propuesto por la Cofetel y 43.5 por ciento arriba del promedio de países miembros de la OCDE. Telmex pagando publicidad en los periódicos donde argumenta que "continuará reduciendo el precio de sus servicios", cuando sus usuarios saben que siguen siendo increíblemente caros. Televisa sacando leyes "a modo" y gananado licitaciones de manera cuestionable gracias a las facilidades que el gobierno le provee. Televisa montando operativos judiciales a conveniencia, violando la legislación electoral, vendiendo entrevistas en sus noticieros al político que las pague mejor. Veinticuatro cableras cercanas a la televisora acusando a Telmex de bloquear la competencia sana y efectiva, cuando su aliado —Televisa— lo hace también. Ricardo Salinas Pliego declarando que "está harto del monopolio de Telcel", mientras ignora las prácticas irregulares y anticompetitivas que han caracterizado su propia trayectoria empresarial. Depredadores antes coludidos, ahora destazándose entre sí.

Y una batalla que debería estar enfocada en la innovación, en la mejor manera de competir, en la reducción de costos para pasárselos a los consumidores, se ha centrado en qué oligarca va a recibir una tajada más grande —y en condiciones más favorables— del mercado televisivo y de las telecomunicaciones, valuado en 35 mil millones de dólares. En qué conglomerado anti competitivo va a seguir usando estrategias depredadoras con mayor éxito. En quién —Carlos Slim o Emilio Azcárraga o Ricardo Salinas Pliego— recibirá el mayor número de favores, el mayor número de concesiones de bienes públicos, la mayor anuencia de la autoridad. La batalla se ha centrado en la lucha por las tarifas de interconexión o sobre si el señor Slim debe ingresar al mercado de la televisión por cable, pero esto obscurece temas estructurales y fundamentales sobre las reglas que rigen el funcionamiento de la economía mexicana. Reglas que favorecen al depredador por encima del consumidor; reglas que fortalecen monstruos en vez de contenerlos; reglas que permiten la concentración indebida en lugar de fomentar la competencia indispensable.

Competencia que el gobierno ha evitado impulsar a fondo a pesar de su retórica favorable al respecto. Competencia que debe incluir medidas que a ninguno de los dos monstruos les gustan, como la licitación de nuevas cadenas de televisión, como reformas que obliguen el pago de sanciones multimillonarias por prácticas monopólicas, como tarifas de interconexión que reduzcan los altos costos que los ciudadanos de México no tienen más opción que pagar, como sanciones a quienes violen los términos de su concesión, incluyendo la posibilidad de revocarla. Cambios que autoridades titubeantes no han querido promover; modificaciones que un Poder Legislativo capturado ha rehusado apoyar; alternativas que jueces y tribunales se han dedicado a obstaculizar.

¿Cuáles son las consecuencias del "capitalismo de cuates" del que Carlos Slim, Emilio Azcárraga y Ricardo Salinas Pliego se benefician? Donde las élites tradicionales son fuertes, la gobernabilidad democrática es poco eficaz, los partidos políticos tienden a estar capturados, las reformas tienden a ser minimalistas. En México, el incremento de la política pública puede ser atribuido a élites tradicionales —como los oligarcas económicos— que usan su poder para bloquear reformas que afectan sus intereses, o asegurar iniciativas que protejan su situación privilegiada. Con efectos cada vez más onerosos y cada vez más obvios que las crisis recurrentes ponen en evidencia, porque no logramos reformarnos a tiempo. Mucha riqueza, pocos beneficiarios. Crecimiento estancado, país aletargado. Intereses atrincherados, reformas diluidas. Poca competencia, baja competitividad. Poder concentrado, democracia puesta en jaque. Un gobierno que en lugar de domesticar a las criaturas que ha concebido, ahora vive aterrorizado por ellas.

¿QUÉ HACER PARA CRECER?

La pregunta para México es cómo cambiar las reglas del juego, para que haya crecimiento en vez de estancamiento. Para que haya competencia y competitividad en lugar de protección y complicidad. Para que haya muchos multimillonarios innovadores y no sólo algunos que distan de serlo. Para que no pululen "campeones nacionales" admirados que en realidad son monopolios dañinos pero disfrazados. Para que haya muchos consumidores satisfechos y no millones que están lejos de sentirse así.

El primer paso tendría que ser, como lo señala Robert Reich en su último libro, *Supercapitalism: The Transformation of Business, Democracy and Everyday Life*, desarrollar un entendimiento claro y compartido sobre la frontera apropiada entre el capitalismo y la democracia. Ello entrañaría un gobierno capaz de diseñar nuevas reglas, y una sociedad capaz de defenderlas. El papel de empresarios como Carlos Slim y Emilio Azcárraga y Ricardo Salinas Pliego y Lorenzo Zambrano —entre tantos más— es ser lo más agresivos posible. El papel del gobierno y de los ciudadanos es impedir que al hacerlo, abusen de su posición privilegiada.

Por eso será imprescindible que México mire lo que otros países han hecho con los oligarcas que estrangulaban su economía y aprenda a regularlos mejor. Basta con recordar cuando los Rockefeller y los Vanderbilt y los Carnegie dominaban los mercados estadounidenses y obstaculizaban la competencia en ellos. Podían —como lo hace Carlos Slim hoy— cobrar lo que querían y comportarse como quisieran. Eran poderosos e impunes. Y poco a poco, el público comenzó a alzar la voz en su contra. El poder incontenible de los grandes consorcios motivó un movimiento progresista, liderado por Theodore Roosevelt. "Los amos del gobierno de Estados Unidos son los capitalistas", vociferaba. Entonces su gobierno se dedicó no a destruir los monopolios sino a regularlos en nombre del interés público. Buscó convertir a los "jugadores dominantes" en unidades más pequeñas y menos anti competetivas.

El reto —fundamental, definitorio— para México es reproducir esa experiencia liberadora. Es lograr que el presidente en turno deje de ser un estatista y se convierta en un estadista: alguien que desate el espíritu emprendedor al alejar al país del modelo mercantilista que lo ha maniatado. Alguien capaz de equilibrar las ganancias empresariales con los derechos ciudadanos. Alguien capaz de usar la fuerza regulatoria del Estado para construir un sistema económico dinámico, competitivo, que nutra a la clase media y asegure su expansión. Alguien que reconozca las barreras de entrada que Carlos Slim —y otros— han erigido en torno a sus imperios, y se dedique a desmantelarlas. Y alguien que asuma la responsabilidad del Poder Ejecutivo para iniciar un proceso de reforma encaminado no nada más a fortalecer al Estado, sino a promover una verdadera economía de mercado. Algo que en México aún no existe en esos ámbitos controlados por "campeones nacionales" colocados en un pedestal, desde donde obstaculizan, bloquean, retrasan.

El gobierno necesita entender el costo que ese tipo de comportamiento empresarial tiene para México, y por qué ha llegado la hora de frenarlo. La política de promoción de "campeones nacionales" ha significado un cuantioso subsidio ciudadano a favor de quienes los exprimen. Ha implicado la eliminación de la competencia para favorecer a los monopolios empresariales. Y quizá algunos insistan que la estrategia de protección regulatoria ha sido necesaria para crear conglomerados con la capacidad de competir a nivel global con sus contrapartes. Pero los supuestos beneficios de esta estrategia palidecen junto a sus perjuicios obvios: consumidores expoliados y mercados manipulados.

Para que México sea un país ganador para muchos y no sólo para unos cuantos, el gobierno deberá comenzar a erigir un muro de contención frente a los intereses que obstaculizan la creación de un capitalismo de cancha ancha de juego. Deberá actuar en nombre del interés público; en pocas palabras, en nombre de los habitantes de este país y sus derechos. Deberá mostrarse menos interesado en retener las oportunidades insólitas que tienen y más interesado en crearlas para otros. Deberá hablar de las reglas del modelo económico que cambiará, del terreno nivelado de juego que construirá.

Para que México crezca de manera acelerada, el gobierno tendrá que crear la capacidad de regular y reformar en nombre del interés público. Tendrá que encarar a esas "criaturas del Estado" que bloquean el crecimiento económico y la consolidación democrática: los monopolistas abusivos y los sindicatos rapaces y las televisoras chantajistas y los empresarios privilegiados y sus aliados en el gobierno. Tendrá que tomar decisiones que desaten el dinamismo económico; que fortalezcan la capacidad regulatoria del Estado y contribuyan a construir mercados; que promuevan la competencia y gracias a ello, aumenten la competitividad. Será necesario usar la capacidad del Estado para contener a aquellos con más poder que el gobierno, con más peso que el electorado, con más intereses que el interés público.

Será necesario leer y diseminar textos tan influyentes como *The Growth Report* y *The Power of Productivity* donde los autores señalan lo que todo país interesado en crecer y competir debe hacer para lograrlo. Ello requiere una economía capaz de producir bienes y servicios de tal manera que los trabajadores puedan ganar más y más. Ello se basa en la expansión rápida del conocimiento y la innovación; en nuevas formas de hacer las cosas y mejorarlas; en técnicas que aumentan la productividad de manera constante. Las economías dinámicas suelen ser aquellas capaces de promover la competencia y reducir las barreras de entrada a nuevos jugadores en el mercado. Y es tarea del gobierno —a través de la regulación adecuada— crear un entorno donde las empresas se vean presionadas por sus competidores para innovar y reducir precios y pasar esos beneficios a los consumidores. Si eso no ocurre, nadie tiene incentivos para innovar. En lugar de ser motores del crecimiento, las empresas protegidas y/o monopólicas terminan estrangulándolo.

En pocas palabras, la competitividad —factor indispensable para atraer la inversion— está vinculada a la competencia. El crecimiento económico está ligado a la competencia. La innovación y por ende el dinamismo y la creación de empleos se desprenden de la competencia. La inversión que se canaliza hacia nuevos mercados y nuevas oportunidades es producto de la competencia. No es una condicion suficiente pero sí es una condición necesaria. No bastará por sí misma para desatar el crecimiento, pero sin ella jamás ocurrirá.

Por ello, las prácticas que permiten el "capitalismo de cuates" deben cambiar. La modernización del sector televisivo, de telecomunicaciones, de transporte, de infraestructura, de energía, debe ocurrir. El régimen de concesiones se debe transparentar. Los suprapoderes se deben acotar. La competencia se debe fomentar con una tercera cadena de televisión; con el uso de la banda ancha a través de la red de la Comisión Federal de Electricidad; con medidas como las que se tomaron con la Compañia de Luz y Fuerza del Centro pero que vayan más allá de fusionar un monopolio estatal con otro; con el fortalecimiento de los órganos regulatorios; con la sanción a quienes violen los términos de su concesión; con la creación de mercados funcionales como ya se logró con las aerolíneas de bajo costo; con medidas que empiecen a desmantelar cuellos de botella y a domesticar a esas "criaturas del Estado".

De lo que se trata es de apoyar y celebrar la multa por prácticas monopólicas que la Comisión Federal de Competencia le acaba de imponer a Telcel, y a su accionista más importante, Carlos Slim. Porque las 540 cuartillas elaboradas por la Cofeco describen una historia que cualquier consumidor conoce, cualquier ciudadano padece, cualquier mexicano ha sido obligado a tolerar. Telcel imponiendo precios anticompetitivos; Telcel aumentando los costos de sus competidores; Telcel entorpeciendo la competencia; Telcel incurriendo en prácticas monopólicas reiteradas; Telcel obteniendo tasas de ganancia inusitadas por ello. Y las víctimas de todo ello: los 91 millones de usuarios de telefonía celular en el país obligados a cargar con costos excesivos. Obligados a pagarle al señor Slim seis mil millones de dólares de más cada año.

De lo que se trata es de entender el buen precedente que se sienta, el principio de autoridad regulatoria que se ejerce, el efecto de la demostración que la multa podría tener sobre tantas empresas propensas a expoliar a los consumidores. Quienes han apilado críticas a la decisión de la Comisión Federal de Competencia por la multa a Carlos Slim no parecen comprender que —por fin— alguien en el gobierno se ha atrevido a actuar en nombre de los mexicanos exprimidos que día tras día, mes tras mes, año tras año han convertido a Telcel en una compañía con ganancias estratosféricas. La empresa del señor Slim ha abusado de su posición en el mercado y las autoridades regulatorias —conforme a las mejores prácticas mundiales— le han impuesto un castigo.

De lo que se trata ahora es de exigir que el rasero regulatorio sea parejo y que la Cofeco evalúe a Televisa —y a otras empresas dominantes— con la misma vara de medición que ha usado con el señor Slim. Por ello, el esfuerzo en favor de la competencia que hemos presenciado en los últimos tiempos no va a ser creíble si al titán de las telecomunicaciones se le manda un macanazo, mientras al titán televisivo se le otorga todo lo que quiere. Por ello hay que saltar de gusto ante la multa que se le quiere cobrar, pero mirar mucho más allá de ella. Porque el señor Slim hará lo que siempre ha hecho, sexenio tras sexenio. Intentará matar al mensajero. Buscará frenar el fallo. Recurrirá al amparo como forma de comprar tiempo. Esperará a que llegue el próximo presidente de la República o de la Comisión Federal de Competencia con la esperanza de presionarlo. Y Televisa —ahora en alianza con TV Azteca— también hará lo que siempre ha hecho, sexenio tras sexenio. Demandar la competencia en otros sectores pero no en aquellos que controla. Impedir la existencia de una tercera cadena de televisión abierta. Someter a los legisladores para que no promuevan una nueva Ley de Radio y Televisión que regule un bien público en nombre del interés público.

Pero de lo que se trata ante esta resistencia es precisamente de quitar trabas, de remover obstáculos, de instaurar una regulación eficaz, de construir mercados competitivos y productivos. Crear las condiciones para una economía más diversa, más plural, más pujante, más dinámica. Crear órganos reguladores verdaderamente autónomos, como los que existen en otros países. Frenar abusos —como la toma del Chiquihuite y las tarifas de Telmex y la ley Televisa— que el poder acumulado de unos cuantos ha producido. Cambiar leyes que han permitido la creación de monopolios de facto, para remplazarla por otras que acoten esa posibilidad. De lo que se trata es de modernizar, actualizar, transparentar.

Ante este panorama, a los ciudadanos y a los consumidores del país les espera una ardua lucha. Una batalla incesante en favor de mejores tarifas y más competencia, mejores productos y más jugadores, mejores reguladores y más valentía de su parte. Cambiar esta realidad no puede ser labor sólo del gobierno; también requerirá modificar el mapa mental de aquellos que ven a empresarios rentistas como modelo a seguir en lugar de síntoma a combatir. Será imperativo discernir que la admiración legítima a personas, a los íconos empresariales del país, no debe sustituir la remodelación del capitalismo disfuncional que los ha creado. En el futuro, México debe abocarse a crear verdaderos campeones empresariales, producto de mercados competitivos y no de gobiernos coludidos. Héroes reales que triunfen gracias a la innovación que logran fomentar y no gracias a los consumidores que pueden postrar.

Cambiar esta realidad también requerirá la participación de los ciudadanos y el empoderamiento de los consumidores. Y si esa pelea empieza con algunas victorias —como la multa histórica a Telcel— habrá que entenderlas y celebrarlas así. Brincando de felicidad, aunque en este momento sea con un solo pie. Cuando el gobierno se aboque a confrontar a Televisa como lo hizo con Telcel, entonces podremos brincar con los dos.

Y mientras tanto habrá que seguir luchando para que los ciudadanos cuenten con instrumentos para hacer valer sus derechos como consumidores. En México actualmente no se les permite participar como sujetos con derechos plenos; no tienen cómo defenderse de manera eficaz ante empresas que proveen malos servicios o abusan de sus clientes. Mientras que muchos otros países —Colombia, Brasil, Uruguay, Argentina, Chile, Ecuador, Costa Rica, España, Canada, toda Europa y Estados Unidos— reconocen el derecho de sus ciudadanos a organizarse colectivamente a través de los llamados *class action*, en México se ha limitado esa posibilidad debido a la aprobación de una legislación mal diseñada. Una legislación defectuosa, resultado de la presión del Consejo Coordinador Empresarial.

Lo que se ha buscado es diluir, minimizar, controlar, obstaculizar el empoderamiento de los ciudadanos *vis à vis* empresas —públicas y privadas— que prefieren mantener las cosas tal y como están. La reforma aprobada preserva una situación que funciona muy bien para el gobierno y para la cúpula empresarial, pero funciona muy mal para los consumidores. Es cierto que las *class action* tienen mala reputación por los excesos que han producido en Estados Unidos. Es cierto que una sociedad litigiosa ha llevado a resultados contraproducentes que elevan los gastos de operación de las empresas y benefician a abogados rapaces. Pero el mal uso de un instrumento no debe ser motivo para descalificar al instrumento en sí. Sería equivalente a argumentar que los partidos políticos deben ser eliminados porque en países como Italia y México actúan de mala manera.

Bien diseñadas, bien reguladas y bien instrumentadas, las "acciones colectivas" pueden producir círculos virtuosos de empresas preocupadas por innovar, competir, producir mejores productos a precios más baratos. No son algo que los empresarios deberían temer sino algo que deberían promover. Porque generarían condiciones para una mejor cultura de negocios y satisfacción al cliente. Porque contribuirían a la construcción del capitalismo competitivo y democrático que tanto urge. Porque serían el mejor disuasivo ante los abusos de monopolios públicos y privados que estrangulan el crecimiento. México necesita ser más competitivo, más productivo, más rápido, más inteligente que sus competidores. Y las acciones colectivas son una forma de generar incentivos para que eso ocurra.

La respuesta entonces en el fondo es política, no económica. Tiene que ver con la inauguración de un nuevo tipo de relación entre el Estado, el mercado y la sociedad. Porque si el gobierno de México no logra construir los cimientos del capitalismo democrático, condenará a México al sub desempeño crónico. Lo condenará a seguir siendo un terreno fértil para los movimientos populares contra las instituciones; un país que cojea permanentemente debido a las instituciones políticas que no logra remodelar, los monopolios públicos y privados que no logra desmantelar, las estructuras corporativas que no logra democratizar.

Un lugar donde muchas de las grandes fortunas empresariales se construyen a partir de la protección política y no de la innovación empresarial. Un lugar donde el crecimiento en los últimos años ha sido menor —y el impacto de la crisis del 2010 ha sido peor— que en el resto de América Latina, debido a los cuellos de botella que los oligopolios han diseñado, y sus aliados en los órganos regulatorios y en los tribunales les ayudan a defender. Un lugar donde las penurias que madame Calderón de la Barca enfrentó con los aeropuertos y los maleteros y los taxis y las gasolineras y la telefonía y la televisión, son las mismas que padecen millones de mexicanos más.

Miles de personas con comisiones por servicios financieros que que no logran entender, con cobros inusitados que nadie puede explicar, parados en la cola de los bancos. Allí varados. Allí desprotegidos. Allí sin opciones. Allí afuera.

Víctimas de un sistema económico disfuncional, institucionalizado por una clase política que aplaude la aprobación de reformas que no atacan el corazón del problema. Presidentes y secretarios de Estado y diputados y senadores y empresarios que celebran el consenso para no cambiar. Propensos a proponer reformas aisladas, a anunciar medidas cortoplacistas, a eludir las distorsiones del sistema económico, a instrumentar políticas públicas a pedacitos, para llegar a acuerdos que tan sólo perpetúan el *statu quo*.

Mientras tanto, la realidad acecha con golpes de cinco millones de pobres más tan sólo en el ultimo año, con crecimiento intermitente, de ser el lugar 60 de 134 en el Índice Global de Competitividad y de una nación que dice reformarse mientras evita hacerlo. México no crece por la forma antidemocrática en la cual se usa y se ejerce y se comparte el poder, ni más ni menos. Por las reglas discrecionales y politizadas que rigen a la República mafiosa, a la economía "de cuates". Por la supervivencia de las estructuras oligopólicas que el gobierno creó y sigue financiando. Por la persistencia de monopolios que inhiben la innovación, la productividad y el crecimiento económico. Creando así un país poblado por personas obligadas a diluir la esperanza, a encoger las expectativas, a cruzar la frontera al paso de 400 mil personas al año en busca de la movilidad social que no encuentran aquí, a vivir con la palma extendida esperando la próxima dádiva del siguiente candidato, a marchar en las calles porque piensan que nadie en el gobierno los escucha, a desconfiar de las instituciones, a presenciar la muerte común de los sueños, porque México no avanza a la velocidad que podría y debería.

V. NUESTRA DEMOCRACIA DISFUNCIONAL

Aparentemente la democracia es un lugar donde se llevan a cabo numerosas elecciones, a un alto costo, sin temas y con candidatos intercambiables.

GORE VIDAL

El sabor de la democracia se vuelve un sabor amargo cuando la plenitud de la democracia es negada.

MAX LERNER

DEMOCRACIA DE PERRO VERDE

¿Sabe usted quién es su diputado? ¿Sabe usted cómo vota y a favor de qué lo hace? ¿Sabe usted cuántas veces ha visitado su distrito y hablado con sus habitantes? ¿Sabe usted cómo comunicarse con él (o ella) para presentarle demandas y exigirle que las cumpla? ¿Sabe usted con qué presupuesto cuenta y de qué manera lo gasta? ¿Sabe usted cuánto viaja y a dónde? ¿Sabe usted si compra un boleto en primera clase o en turista? ¿Sabe usted dónde come de manera cotidiana y quién paga la cuenta? ¿Sabe usted qué propuestas defiende y qué propuestas critica? ¿Sabe qué iniciativas legislativas ha presentado? ¿Sabe cómo ha gastado el dinero público que usted le entregó a través de los impuestos?

Es probable que usted no sepa todo eso y quisiera sugerir por qué: el sistema político/electoral que tenemos desde hace más de una década no fue construido para representar a personas como usted o como yo. Fue erigido para asegurar la rotación de élites, pero no para asegurar la representación de ciudadanos. Fue creado para fomentar la competencia entre los partidos, pero no para obligarlos a rendir cuentas. Fue instituido para fomentar la repartición del poder, pero no para garantizar su representatividad.

Quizá por eso, como lo reveló una encuesta realizada por la Secretaría de Gobernación, sólo cuatro por ciento de la población confía en los partidos y sólo diez por ciento piensa que los legisladores legislan en favor de sus representados. La población mira a los partidos y ve allí una historia de *priización*, de complicidades, de organizaciones que dijeron enarbolar algo distinto para después actuar igual. Ve a partidos con algunas diferencias en cuanto a lo que ofrecen, pero con demasiadas similitudes en cuanto a cómo se comportan. Ve pluralismo en la oferta política pero mimetismo en el desempeño gubernamental. Ve a partidos corruptos, partidos que se niegan a rendir cuentas, partidos que se rehúsan a reducir gastos, partidos que hacen promesas para después ignorarlas, partidos que en lugar de combatir la impunidad, perpetúan sus peores prácticas.

Allí está el PRI montado sobre el corporativismo corrupto y vanagloriándose por ello. O el PAN que prometió ser el partido de los ciudadanos pero acabó cortejando a Valdemar Gutiérrez, líder atávico del sindicato del IMSS. O el Partido Verde, única opción "ecologista" del planeta que apoya la pena de muerte mientras se vende al mejor postor y financia la farándula del "niño verde". O el PRD, enlodado por el constante "cochinero" de sus elecciones internas y que no logra remontar las divisiones al interior del partido, producto de su relación de amor-odio con Andrés Manuel López Obrador. O el PT o Convergencia, saltando de alianza en alianza para ver cómo aterrizan mejor.

Allí está la farsa montada cada vez que los partidos seleccionan a sus candidatos para cualquier contienda. "Se les hará una prueba de ética" clama Beatriz Paredes, mientras le levanta el brazo a un controvertido postulante en Colima, e ignora a su hermano encarcelado por vínculos con el narcotráfico. "No tengo cola que me pisen" anuncia Beatriz Paredes, mientras invita a su partido a tantos que sí la tienen, y muy larga. "No le apostamos al corporativismo" proclama Beatriz Paredes, mientras premia con plurinominales a quienes son emblemáticos de sus peores prácticas. Beatriz canta y canta, de la mano de Víctor Flores, el longevo líder de los ferrocarrileros, codo a codo con los caciques de la CROC.

Allí está la forma en que Manlio Fabio Beltrones logra armar su propia bancada con incondicionales, discípulos y familiares. La manera en que Enrique Peña Nieto construye su coalición mexiquense en el Congreso. En ambos casos la selección no se hace con base en el profesionalismo, sino en la lealtad. No preocupa la representatividad sino la rebatinga. No impera la calidad sino una obsesión con la lealtad. Y por ello el Congreso acaba con bancadas repletas de incondicionales y yernos y clientes y amigos y subordinados. Un Congreso que premia cuates en lugar de representar ciudadanos. Un Congreso disciplinado frente a los líderes partidistas pero indiferente frente a la población. Un Congreso que funciona como agencia de colocación suya y no como correa de transmisión nuestra.

Allí está el hecho de que tantas plurinominales "quedan en la familia". El hecho de que tantos hijos sean postulados en distritos "seguros" en vez de distritos reñidos. Bebesaurios y camaleosaurios y númenes del nepotismo, constatando con sus candidaturas esa realidad seudo democrática en la que no hay reelección pero sí hay trampolín. En donde participan más jugadores en el terreno electoral, pero el juego sigue siendo el mismo de siempre. En donde las reglas de la competencia —aplaudidas pero incompletas— sólo perpetúan la rotación de cuadros inaugurada por el PRI y aprovechada por otros partidos. Montando así una democracia fársica que preserva los privilegios de una élite política que salta de puesto en puesto, sin jamás haber rendido cuentas por lo que hizo allí. Una democracia competitiva pero impune.

Una democracia guiada por "Los diez mandamientos del político mexicano":

1° Amarás al Hueso sobre todas las cosas. Te aferrarás a él sexenio tras sexenio, no importa quién llegue a la presidencia ni a qué partido pertenezca. Te cambiarás de partido si es necesario, con tal de vivir del presupuesto y asegurar la forma de vida que te provee y los privilegios que te asegura: las casas, los autos, los celulares, los contratos, los guaruras, las cuentas bancarias, el séquito que te sigue adondequiera que vas. A lo largo de tu vida política serás priísta y panista y perredista y aliancista y verde y naranja y lo que convenga según el monto de las prerrogativas. No importa la afiliación ideológica que suscribas sino cuánto te paga y cuánto te da. Brincarás de puesto en puesto por todas las ramas del gobierno, por todos los niveles del tabulador. Si haces las cosas bien, podrás ser alcalde y secretario particular y diputado local y

diputado federal y secretario de desarrollo y senador y gobernador. Podrás acumular propiedades en París, casas en
Careyes y ranchos en tu estado natal. Podrás ser "totalmente
desvergonzado" y no pagar el precio por ello ya que todos
los procuradores asignados a tu caso te exonerarán.

2° Tomarás el nombre de la democracia en vano. Hablarás de
ella con frecuencia pero rara vez te regirás por sus preceptos. Te referirás a ella en todos tus discursos sin entender en
realidad de qué se trata y lo que tendrías que hacer para volverla realidad. Insistirás que México ya es democrático y que
la parálisis legislativa es tan sólo uno de sus síntomas. Hablarás todo el tiempo de la transparencia aunque no quieras
decir cuánto ganas ni cuantos "asesores" tienes. Celebrarás
la muerte de la presidencia imperial, aunque en privado te
burles de la presidencia irrelevante. Insistirás en la necesidad
de llevar a cabo "la reforma del Estado" cuando el que existe
y te paga tanto no te parece tan mal.

3° Santificarás las fiestas patrias y tomarás un puente vacacio-
nal cada vez que puedas para aprovecharlas. Darás "el grito"
de Independencia, preferiblemente en alguna ciudad de Estados Unidos, donde usarás la ocasión para ir de compras
con tu familia. Hablarás de la gloriosa Revolución y cuánto
hizo por los pobres aunque en realidad te importen un rá-
bano. Celebrarás el 5 de mayo cenando en el Champs Ely-
seés y le cobrarás la cuenta al erario. Te presentarás en la
marcha del Día del Trabajo y darás gracias por el asueto
obligado, mientras le aplaudes a la clase obrera que gana
una fracción de tu sueldo. Aprovecharás las fiestas navideñas
para regalarle relojes Cartier a tus compañeros de bancada
y así asegurar que no le informen a la prensa cuántas veces
has faltado a la Cámara.

4° Honrarás a tu padre y a tu madre —los líderes de tu partido—, ya que ellos te dieron vida. Si eres priísta dirás que
Manlio Fabio Beltrones es el político más honesto de todos

los tiempos. Si eres panista dirás que Felipe Calderón es el candidato más carismático de la historia de México. Si eres perredista dirás que López Obrador fue el jefe de gobierno más transparente desde los aztecas. Si eres miembro del Partido Verde dirás que Jorge Emilio González es el muchacho más inteligente que has conocido. Si eres del partido naranja dirás que la triangulación de recursos es parte de un complot en el cual seguramente está involucrado Carlos Salinas. Si eres foxista dirás que Vicente Fox por lo menos no provocó devaluaciones, no asesinó estudiantes, y no produjo levantamientos indígenas, por lo cual merece ser reconocido como un buen presidente tan sólo por comparación.

5° No matarás a la gallina de los huevos de oro que es el presupuesto público. Por ello, nunca apoyarás iniciativas para recortarlo o que obliguen a rendir cuentas reales y detalladas sobre cómo se gasta. Resistirás cualquier esfuerzo por fomentar la transparencia en los gastos del Congreso y negarás la existencia del "turismo legislativo". Si eres gobernador, rechazarás —al estilo de Enrique Peña Nieto— cualquier indagatoria sobre la corrupción de tu predecesor, gracias a quien estás donde estás. Disolverás comisiones legislativas que investigan a los parientes de la esposa del presidente en turno. Dirás —como Enrique Peña Nieto— que "la ley le exige tener en resguardo como confidencial" la información patrimonial del que ocupó tu puesto antes de que lo obtuvieras. Obstaculizarás cualquier intento por esclarecer o aclarar cualquier asunto relacionado con el uso inapropiado del erario. Dirás que lo haces por el bien de México. Dirás que es necesario ser "consistente" y lo demostrarás rehuyendo la rendición de cuentas como muchos que ocupan puestos públicos en el país.

6° No cometerás actos impuros como denunciar la compra de votos en el Congreso por parte de grupos de interés. Jamás hablarás de los viajes ofrecidos, de los sobornos pactados, de las iniciativas negociadas. Guardarás silencio sobre las actividades de los cabilderos y lo que hacen, excepto cuando se trata de atacar a miembros de otro partido. No alzarás la voz cuando el líder de tu fracción parlamentaria te pida votar por una iniciativa sin haberla leído siquiera. No sentirás ningún remordimiento al aprobar leyes con dedicatoria que benefician a tu monopolista favorito. No denunciarás a representantes populares que actúan también como abogados privados, creando con ello evidentes conflictos de interés. Los defenderás diciendo que la ley lo permite y él no es el peor caso. Si eres tecnoburócrata en el área financiera del gobierno, no actuarás en contra de prominentes empresarios que han violado la ley, porque quieres seguir viviendo en México.

7° No robarás tanto como para generar sospechas e investigaciones que desemboquen en la revelación periodística de tus bienes. Comprarás propiedades a través de compañías *off shore* y pagarás por ellas en efectivo para no dejar un rastro de papel. Conseguirás prestanombres confiables y no abrirás cuentas a nombre de tus hijos porque ya aprendiste la lección de Arturo Montiel. Dirás que cualquier día de estos harás pública tu declaración patrimonial, pero no dirás exactamente cuándo. Negociarás con otros partidos para cerrar casos que te conciernen a ti a cambio de cerrar casos que les conciernen a ellos.

8° Darás falso testimonio y mentirás siempre a los medios. A ellos les ocultarás la verdad cada vez que seas cuestionado, sobre todo cuando se trate de asuntos de corrupción. Dirás que todas las acusaciones sobre malversación de fondos se tratan de "una guerra mediática sucia y cobarde". Dirás que es "inadmisible que se trate de vulnerar el proyecto que muchos mexicanos han ayudado a construir" y usarás las mejores palabras aspiracionales que se te ocurran, emulando el estilo de Marta Sahagún. No olvidarás decir cuánto quieres a "este maravilloso país". Le apostarás a la debilidad del Instituto Federal Electoral y a la probabilidad de que estalle otro escándalo que desvíe la atención de éste.

9º No consentirás pensamientos ni deseos impuros como aspirar a crear un país mejor. No se te ocurrirá siquiera la noción de "interés público" o "servicio público". No creerás ni por un minuto que el poder se usa para servir cuando siempre has sabido que en Mexico se usa para servirse. No pensarás jamás en que fuiste electo para representar a la población en vez de engañarla cada vez que puedes. No reflexionarás sobre el hecho de que cada peso que gastas proviene del erario, que a su vez proviene de los impuestos de millones de ciudadanos. No te quitará el sueño saber que te has enriquecido a costa de quienes votaron por ti y te entregaron un voto de confianza. Pensarás que eso es perfectamente válido y absolutamente normal. Si todos lo hacen, ¿por qué tú no? Señalarás que en todos los países y en todos los partidos existe la corrupción y que además, toda la culpa la tienen los medios. Rezarás todas las noches para que no exista un video sobre tus actividades y que el portero de tu departamento en Houston o Miami o San Diego no recuerde tu nombre si es que alguna vez le preguntan.

10º Codiciarás los bienes de la República y te los embolsarás cada vez que tengas una oportunidad. Creerás que los recursos de la nación están allí para ser puestos a tu disposición en todo momento. Desviarás recursos del sindicato de Pemex o del Fondo Nacional para Desastres Naturales o de las prerrogativas para los partidos o del presupuesto para Los Pinos o del erario del Estado de México. Comprarás Lamborghinis y toallas de trescientos dólares y fraccionamientos en Acapulco y terrenos en Punta Diamante y casas en Careyes y carreteras para tu novia y especies exóticas para tu colección y bahías en El Tamarindillo y vestidos de diseñadores franceses y condominios en Estados Unidos. Vivirás tranquilo, sabiendo que si eres descubierto, insistirás en que tus bienes son compatibles con tu salario, demostrando con ello tu contabilidad creativa o la calidad de la protección política que el gobierno te ofrece. Brincarás al siguiente puesto sin preocupación, consciente de que en México la clase política se rige con un onceavo mandamiento, el más importante de todos: "Tapaos los unos a los otros." Amén.

Quizá por la persistencia de este decálogo tantos se cuestionan si México logró transitar de un régimen autoritario, vigente durante más de siete décadas, a una verdadera democracia. Si el régimen político que hoy impera representa cabalmente el sentir de las mayorías y se ejerce el poder desde la perspectiva del interés general. Si la transición mexicana culminó. Si estamos aún en ella o, a la luz de lo que hoy vivimos y la perspectiva que se vislumbra, tendríamos que decir abiertamente, que la transición fracasó. Éstas son preguntas necesarias que formula Carmen Aristegui en su libro *Transición*. Estas son preguntas imprescindibles que debería hacerse todo ciudadano preocupado por el destino de su país.

Porque las palabras frecuentemente usadas para describir al sistema político mexicano son métrica del desencanto y termómetro de la desilusión. Palabras como democracia incompleta. Transición truncada. Representación fallida. Impunidad institucionalizada. Simulación. Regresión. En vez de responder a los intereses públicos, la política promueve los intereses particulares. En lugar de resolver problemas, el andamiaje institucional los patea para delante. En vez de generar incentivos para la representación, las reglas actuales impiden que ocurra. En lugar de empoderar ciudadanos, la transición termina encumbrando oligarcas.

Como sugiere Juan Pardinas del Instituto Mexicano para la Competitividad, la democracia mexicana es un "perro verde". Es demasiado exótica. Es la única en el mundo —aparte de Costa Rica— en la cual no existe la reelección de legisladores o presidentes municipales. Es de las pocas en donde no se permiten las candidaturas ciudadanas. Es excepcional en cuanto a la ausencia del referéndum. Es inusual por la prohibición de la "iniciativa ciudadana". Es extraordinaria por la falta de mecanismos para permitir la construcción de mayorías legislativas estables. Es mexicanísima por la forma en la que protege a los partidos pero ignora a los ciudadanos. El perro mexicano se empeña en ser excepcional y para mal. Por eso su pelambre tiene un color tan distinto al de otros caninos. Por eso cojea en vez de correr. Por eso produce pleitos callejeros con tanta frecuencia. Por eso es una especie tan disfuncional.

Toma de la tribuna en San Lázaro.

Sobre su lomo están montados los sindicatos abusivos y las televisoras chantajistas y los partidos irresponsables y los gobernadores impunes y los oligarcas privilegiados. Todos ellos, progenitores del perro verde y beneficiarios de su excepcionalidad. Sin reelección no hay rendición de cuentas, ni representación política completa, ni profesionalización de la clase política, ni manera de ir debilitando a los cacicazgos locales. Sin candidaturas ciudadanas no hay forma de romper el monopolio de los partidos y de los líderes sindicales sobre la vida política. Sin referéndum no hay manera de involucrar directamente a la población en la definición de los grandes temas nacionales. Sin la iniciativa ciudadana no hay forma de promover políticas públicas que la clase política no quiere tocar, incluyendo el combate a los monopolios. Sin iniciativas preferentes no es posible obligar al Congreso a legislar sobre temas que rehúye, incluyendo la promoción de la competencia. Sin medidas como las que ahora se someten a debate nacional, los ciudadanos seguirán siendo poco más que pulgas de un perro rabioso. Y muy caro de mantener, alimentar y cuidar.

PARTIDOCRACIA = CLEPTOCRACIA

¿Sabía usted que en un contexto de crisis económica, los partidos recibieron 3 012 millones de pesos en el 2010? ¿Sabía usted que con esa suma se podrían incorporar 500 mil familias más al programa Oportunidades? ¿Sabía usted que esa cantidad es casi el doble de los recursos destinados para la reconstrucción de la red de carreteras federales? ¿Sabía usted que es poco menos del presupuesto total para todas las actividades culturales? ¿Sabía usted que es casi el doble de los recursos destinados a sistemas, exámenes y proyectos para la prevención del delito de la Secretaría de Seguridad Pública? ¿Sabía usted que es 1.5 veces el presupuesto total para 230 millones de libros de texto para 25 millones de estudiantes?

La numeralia de lo que cuestan y gastan los partidos revela un sistema político que en aras de promover la equidad, ha producido una democracia de alto costo y bajo rendimiento. Una democracia que gasta 224 pesos por voto cuando un país como Brasil sólo gasta cuatro. Una democracia con partidos blindados ante los costos de la crisis, blindados ante los despidos de personal, blindados ante los planes de austeridad y los recortes presupuestales.

Partidos a los cuales se les ha garantizado una bolsa enorme de dinero público que sólo crece con el paso del tiempo, porque su financiamiento está vinculado al padrón y no al desempeño. Partidos cerca del botín que se reparten, y lejos de la ciudadanía; cerca de los privilegios que quieren preservar y lejos de los incentivos para sacrificarlos. Otorgándose salarios altos, fiestas fastuosas, aguinaldos inmensos, exenciones amplias, cónclaves en las mejores playas. Actores privilegiados de una democracia de alto costo y bajo rendimiento. Hoy en México la democracia no significa igualdad de oportunidades para contender, sino igualdad de oportunidades para abusar.

Los partidos en México reciben una cantidad exorbitante de recursos. De hecho, los partidos mexicanos se encuentran entre los más apapachados y mejor financiados del planeta. Reciben recursos del IFE nacional, reciben recursos del IFE estatal, reciben recursos del presupuesto mismo. Cada diputado y cada fracción parlamentaria decide cómo usarlos. Pero cada peso que gasta un diputado o un senador proviene de nuestro bolsillo, de nuestros impuestos, de una asignación que recauda la Federación. Los diputados son fiduciarios del dinero público. Por ello, irrita no saber cuánto se gasta y en qué. Irrita darse cuenta de las lagunas y la laxitud.

Con frecuencia, los legisladores hacen viajes de comisión para hacer intercambios de información. Dicen que quieren examinar la reforma eléctrica en otras latitudes y viajan a Londres o a París para entenderla. Regresan y agendan nuevas aventuras en Buenos Aires y Río de Janeiro. ¿Alguien sabe exactamente qué hicieron allí? ¿Alguien sabe en dónde se hospedaron y a qué costo? ¿Alguien sabe si elaboraron algún documento sobre sus hallazgos y de qué manera se relacionan con el caso mexicano? ¿Alguien sabe por qué el destino preferido de tantos legisladores parece ser París?

Tanto los diputados como los senadores tienen derecho a un viaje semanal a sus estados. El objetivo es fomentar la comunicación con la población y facilitar la fluidez de los lazos entre representantes y representados. Pero en muchos casos los legisladores cambian un destino por otro; en vez de volar a Villahermosa lo hacen a Puerto Vallarta; en vez de utilizar el presupuesto público para fines políticos, lo canalizan para fines privados. O le regalan el boleto a su esposa o a sus hijos. O hacen llamadas de larga distancia desde sus oficinas a sus amigos. O utilizan su celular para platicar en vez de cabildear. O entregan sus cuentas de comida para que sean reembolsadas por el IFE. O utilizan su acceso a descuentos en hoteles para subsidiar las vacaciones familiares. Ejemplo tras ejemplo, la conducta de los congresistas es y debe ser motivo de alarma.

Todos gastan y nadie vigila. Muchos cometen excesos y pocos son sancionados por ello. Si los parlamentarios utilizan su seguro de gastos médicos mayores para acudir a los hospitales privados más caros del país —en vez del IMSS—, nadie puede castigarlos políticamente. Si el presupuesto para el *staff* legislativo es de 60 mil pesos y un diputado contrata a un asesor por veinte mil y se embolsa lo demás, nadie tiene la forma de enfrentarlo. Como nadie tiene que pelear por reelegirse, nadie tiene que tener las manos limpias. Como nadie exige que los representantes se comporten a la altura, muchos pueden seguir tirando la transparencia a la basura.

De allí las preguntas sin respuesta. ¿Dónde están las cuentas detalladas del Senado en internet? ¿Dónde están las adquisiciones del Congreso en las cuentas públicas? ¿Por qué hay tantos senadores priístas rodeados de guaruras agazapados montados en carros blindados? ¿Por qué el presupuesto público debe ser utilizado para mitigar su paranoia? ¿Por qué hay oficinas dentro del Senado que parecen pequeños palacios? ¿Por qué nuestro bolsillo se dedica a recompensar a quienes no tienen la menor idea de lo que significa legislar?

A todas horas, en todo momento, contemplamos la extracción de recursos de nuestro bolsillo que se destinan al suyo. De nuestros impuestos a sus campañas políticas. De nuestras contribuciones a sus pensiones. Del erario al subsidio de la extravagancia. Una succión sexenal de lo que el país produce, depositada en manos de partidos, malgastada por los clase política. Así funciona la democracia en México hoy. Permite la extracción pero no asegura la representación. Permite el turismo legislativo pero no la rendición de cuentas que debe acompañarlo. Permite el paseo de los panistas y los perredistas y los priístas por las playas, pero no conduce a que gobiernen mejor.

Cada día sale a la luz otro exceso de un sistema político que cuesta mucho y rinde poco. Allí está el despilfarro institucionalizado. El derroche legalizado. El asalto desarmado. El nuevo, caro y lujoso edificio del Senado. Los parlamentarios del PAN hospedados en hoteles de cinco estrellas. Las fiestas de diez mil invitados que organiza el gobernador de Quintana Roo. Los gastos suntuarios del Partido Verde y del "niño" que lo dirige. Ejemplo tras ejemplo del privilegio de mandar. Evidencia tras evidencia del privilegio más delicioso que es gastar el dinero ajeno.

© Eduardo Miranda / Proceso

El "niño verde".

Ese dinero que pertenece a los habitantes de México y que es entregado con fines fiduciarios a través de los impuestos. Ese dinero que se cede al gobierno para que cumpla con las tareas que le corresponden. Ese dinero que se canaliza a los partidos para que escuchen las demandas ciudadanas y las atiendan. Ese dinero que podría financiar el combate a la pobreza pero paga los espectaculares de los partidos. Ese dinero que paga los viáticos de los congresistas que van "de trabajo" a París. Que no le pertenece al presidente o al grupo parlamentario del PRI o a los pre-candidatos presidenciales o al IFE o a los partidos que financia, sino a los ciudadanos de México.

Pero es dinero usado como si fuera suyo. Como si la clase política tuviera el derecho de gastar recursos públicos donde quisiera, cuando quisiera. Como si los impuestos no fueran un vínculo entre los representantes y los representados. Como si el erario no proviniera directamente de aquello que se le descuenta a la población. Allí están los diputados que viajan más al extranjero de lo que votan en la Cámara y se rehúsan a rendir cuentas por ello. Gobernadores que pagan *spots* publicitarios para promover su imagen pero no quieren decir cómo los financiaron. Pre-candidatos presidenciales que enriquecen a los accionistas de las televisoras y violan las reglas de la legislación electoral.

Ahora bien, es preferible una democracia cara a una democracia inexistente, sugieren sus defensores. Es mejor una democracia de partidos sólidos a una democracia de ciudadanos bien representados, argumentan sus beneficiarios. Garantizar la credibilidad del proceso electoral no tiene precio, dicen quienes han convertido a la democracia mexicana en una de las más caras del mundo. Y los partidos actúan así porque pueden. Porque las reglas han sido creadas para permitir y perpetuar este tipo de comportamiento.

Hoy el país padece las consecuencias de una decisión fundacional que se ha vuelto contraproducente. La apuesta al financiamiento público dispendioso a los partidos como una forma de fortalecer la democracia está empeorando su calidad. Lo que funcionó —como resultado de la reforma electoral de 1996— para fomentar la competencia ahora financia la incontinencia. El subsidio público a los partidos entonces resolvió algunos dilemas, pero ahora ha creado otros y muy graves. Creó, por ejemplo, partidos dependientes, pero no de los electores sino de los medios electrónicos. Cadenas de televisión y estaciones de radio que en la elección del 2006 recibieron 80 por ciento de los recursos otorgados a los partidos para sus campañas, o sea 2 500 millones de pesos. El sistema politico financió el enriquecimiento de Ricardo Salinas Pliego y Emilio Azcárraga durante las temporadas electorales; un problema que se trató de remediar —imperfectamente— con la reforma electoral del 2007.

En cada elección el IFE se enfrenta a todo lo que falta por contabilizar; *spots* cuyo financiamiento falta escudriñar; espacios de tiempo al aire cuya "donación" en especie falta explicar; violaciones a los topes de campaña que podrían quedar evidenciados. Huellas del veneno que corre a lo largo del andamiaje electoral y merma la confiabilidad a la cual —como sus patrocinadores— tenemos derecho. Veneno que el IFE puede detectar pero ante el cual no tiene un antídoto eficaz, por dos motivos: el modelo de fiscalización que impera en México y los incentivos que tienen los partidos para violar sus reglas. Las sanciones no funcionan como un disuasivo, el monitoreo concluye un año después de la elección, las irregularidades detectadas no invalidan el triunfo conseguidos con ellas, la expectativa de más dinero público —en función del voto— obtenido crea razones para exceder los topes en vez de respetarlos. Ante ese envenenamiento, hay un IFE vociferante pero impotente, dependiente de la buena voluntad de los partidos y las televisoras para ofrecer datos con los cuales transparentar una relación cuya opacidad les beneficia. Un IFE capaz de ofrecer el diagnóstico adecuado pero incapaz de diseñar la cura correcta.

Antes la equidad electoral enfrentaba el problema del acceso al financiamiento, y ahora se enfrenta al problema de sus excesos. Antes se pensaba que el financiamiento público prevendría el ingreso indebido del financiamiento privado al proceso electoral, pero tanto Pemexgate como Amigos de Fox como las actividades del Consejo Coordinador Empresarial han demostrado que no es así. Antes el Estado canalizaba recursos para asegurar la equidad entre los partidos y ahora esos flujos ascendentes contribuyen a su "cartelización".

Las diversas reformas de la transición han producido partidos que son cárteles de la política y operan como tales. Deciden quién participa en ella y quién no; deciden cuánto dinero les toca y cómo reportarlo; deciden las reglas del juego y resisten demandas para su reformulación; deciden cómo proteger su feudo y erigen barreras de entrada ante quienes —como los candidatos ciudadanos— intentan democratizarlo. Partidos que canalizan el dinero público para pagar actividades poco relacionadas con el bienestar de la sociedad. Organizaciones multimillonarias que en lugar de transmitir demandas legítimas desde abajo, ofrecen empleo permanente a los de arriba. Organizaciones autónomas que extraen sin representar y usan recursos de la ciudadanía sin explicar puntual y cabalmente su destino. Agencias de colocación para una clase política financiada por los mexicanos, pero impermeable ante sus demandas.

El problema es que la solución al desfiguro del sistema político depende de los propios partidos. Depende de quienes se benefician del *statu quo* y no tienen incentivos para reformarlo. La solución a aquello que aqueja a la República está en manos de quienes contribuyen a expoliarla. Depende de quienes saben que el reto ya no es la equidad electoral, sino el despilfarro de recursos públicos y la ausencia de mecanismos fundamentales de representación y rendición de cuentas.

Hemos creado una partidocracia que más bien parece una cleptocracia; un engranaje que arrebata en nombre de la democracia pero merma su calidad. Un círculo vicioso creado por personas que se incorporan a partidos políticos que viven del financiamiento público, cuyo origen es el dinero de los contribuyentes. Esos partidos políticos postulan diputados y senadores que pasan a conformar el Congreso. Ese Congreso se encarga de elaborar las leyes que rigen la contienda electoral, de aprobar el presupuesto del IFE, de elegir a sus consejeros. Ese IFE no tiene más remedio que desembolsar millones de dólares de dinero público a los partidos. Esos políticos no tienen ningún incentivo para cambiar las reglas de juego, dado que no perciben muchos beneficios y pagan pocos costos. Como no hay reelección, no hay rendición de cuentas. Y el círculo vicioso comienza de nuevo, empoderando a la clase política del país pero ordeñando a sus habitantes.

Es paradójico. Las reformas de 1994, 1996 y 2007 buscaban generar confianza en la contienda electoral y en los partidos que participaban en ella. Ahora, años después allí están los resultados: lo que genera confianza también produce desconfianza. Elecciones competitivas pero demasiado caras. Partidos sólidos y bien financiados pero poco representativos. Contiendas equitativas pero donde todos tienen la misma capacidad para gastar sumas multimillonarias. Reglas políticas que aseguran una democracia electoral pero inhiben una democracia que rinda cuentas. Un sistema para compartir el poder que beneficia más a los medios que a los ciudadanos. Una democracia costosa para el país y onerosa para los contribuyentes que la financian.

Decía Disraeli que utilizar los impuestos para asegurar las ventajas de una clase no es protección sino despojo. Y así se percibe lo que hacen los partidos y los políticos. Como despojo, como arrebato, como abuso. Así se perciben las declaraciones de Antonio García Torres, quien en algún momento fue presidente de la Comisión de Garantía de Acceso y Transparencia a la Información del Senado: "No se qué importancia tenga que la ciudadanía conozca a dónde van los senadores (cuando viajan) ni cuanto cuesta esto." Así se seguirá percibiendo lo que cuesta la democracia hasta que alguien exija recortar el presupuesto para los partidos; hasta que alguien exija recortar el tiempo de las campañas; hasta que alguien exija reducir la propaganda posible en los medios; hasta que alguien diga "ya basta". Hasta que los ciudadanos acoten los privilegios partidistas. Hasta que obtengamos respuesta a la pregunta imprescindible que debe hacérsele a las élites políticas y económicas del país: ¿Qué están haciendo con nuestro dinero?

Dice Jacqueline Peschard —presidenta del Instituto Federal de Acceso a la Información— que la transparencia es un componente fundamental de la consolidación democrática. Es imperativo que exista para obligar a quienes ejercen el poder a actuar con mayor honestidad. Para incentivar la participación de una ciudadanía informada. Para promover el interés público con base en información creíble. Para mejorar el desempeño de las instituciones gubernamentales. Para construir pesos y contrapesos. Para enseñarle a la sociedad sobre "el derecho a tener derechos".

Quizá por ello la transparencia enfrenta hoy tantas resistencias. Porque hay demasiados intereses que proteger, demasiadas decisiones discrecionales que ocultar, demasiados favores personales que archivar, demasiados oligarcas que apuntalar, demasiadas prácticas autoritarias que pocos quieren modificar. En el SAT, en la PGR, en la Cofetel, en los partidos, en la Secretaría de Hacienda, en la Sedena, en las gubernaturas de los estados. Ante esas reticencias habrá que defender al IFAI, así como al mandato que lo anima. Habrá que exigir que los sujetos obligados de la transparencia cumplan con ello y exponer a quienes no lo hacen. Habrá que exigir que los partidos entreguen documentos y transparenten sus acciones y hagan públicas las percepciones de sus dirigentes y detallen los gastos en los que incurren. Y habrá que seguir preguntando, una y otra vez, ¿qué esconden?

SUFRAGIO EFECTIVO, REELECCIÓN INDISPENSABLE

Hay pocos puestos mejores sobre el planeta que el de un político mexicano. Un político mexicano no tiene que trabajar para cobrar su sueldo ni tiene que rendir cuentas para conservarlo. No tiene que explicar el sentido de su voto en el Congreso ni tiene que estar presente para otorgarlo. No tiene que responder a las necesidades del electorado ni establecer una relación con él. Puede ser abogado privado y político, boxeador y político, playboy y político, personaje de *Big Brother* y político, incompetente y político. Puede presentarse en su oficina o no hacerlo. Puede respetar la ley o violarla cuantas veces quiera. Puede presentarse en el pleno del Congreso o no. Puede representar a aquellos que lo eligieron o no. Puede cumplir con el trabajo para el cual supuestamente fue designado o no. Cobrará su cheque mensual de cualquier manera. Cobrará su bono anual de cualquier modo. Saltará a otro puesto al final de su periodo, independientemente de lo que haga o deshaga.

El comportamiento de muchos políticos y de muchos funcionarios en México revela un problema profundo. Pocos saben ser "servidores públicos". Las noticias cotidianas subrayan un hecho insoslayable, irrefutable, inequívoco: México tiene un sistema político disfuncional poblado de políticos disfuncionales. Pocos saben ser "servidores públicos". Pocos saben las responsabilidades que entraña y la rendición de cuentas que debe —automáticamente— generar ese papel. Pero muchos saben servirse con la cuchara grande en un país pobre; saben cómo montarse sobre su puesto y aprovecharlo; saben cómo estirar el erario y exprimirlo. Saben cómo hacerlo y pueden hacerlo.

En otras latitudes, un funcionario público sirve al público. Así de fácil; así de sencillo; así de claro. En las democracias funcionales, los servidores públicos no se otorgan bonos cuantiosos a sí mismos. No pensarían en hacerlo. No podrían hacerlo. No se les permitiría hacerlo. Por un lado, se perciben y se saben fiduciarios del erario, no sus derechohabientes. Por otro, una ciudadanía vigilante alzaría la voz para criticar la malversación de sus impuestos. Unos poseen mecanismos de auto-contención y otros se erigen en vallas que cumplen con esa función. Y de esa manera surgen círculos virtuosos de transparencia. Los ciudadanos escrutan y los políticos se saben escrutados; los funcionarios cumplen su papel y los ciudadanos exigen que lo hagan; los políticos no se embolsan dinero público y los ciudadanos les recuerdan —de manera cotidiana— que es suyo.

Jorge Kahwagi.

Pero la política en México no fue creada para servir a la ciudadanía. Fue creada para preservar las parcelas de poder de las élites.

Fue institucionalizada para permitir la rotación de camarillas. Fue erigida para recompensar la lealtad. Fue concebida para proteger a los dueños y a los productores a costa de los consumidores. Fue construida para empoderar a los de arriba y mantener callados a los de abajo, y de allí su rapacidad. De allí su opacidad. De allí su discrecionalidad. De allí que hoy la clase política se comporte como se comporta. No sabe ni necesita hacerlo de otra manera. No paga un precio por ignorar a la ciudadanía de cuyo bolsillo vive.

La débil democracia mexicana enfrenta múltiples escollos, pero uno de los más importantes —sin duda— es un Poder Legislativo que no funciona como debería hacerlo. El país tiene un reto fundamental, producto de la no reelección de sus representantes. Cada tres años, entran diputados y salen otros; cada seis años, entran senadores y salen otros. Aterrizan en el presupuesto público, viven de las partidas de los partidos, hacen como que legislan y después se van. No existe un mecanismo para recompensarlos si hacen una buena labor o castigarlos si no cumplen.

La no reelección produce diputados cuyo destino depende más de los dirigentes de sus partidos que del voto popular. La no reelección engendra senadores que carecen de incentivos para escuchar a sus supuestos representados. La no reelección crea un contexto en el cual los diputados no se ven obligados a rendirle cuentas a nadie. La consigna del pasado —"Sufragio efectivo, No reelección"— ha producido un panorama perverso en el cual el sufragio lleva a un diputado al Congreso pero no puede después sancionar lo que hace allí.

Sin duda, hay diputados que sí construyen coaliciones entre sus respectivas poblaciones, pero no lo hacen por altruismo, sino por pragmatismo: quieren ser gobernadores o presidentes municipales. Necesitan una estrategia de salida cuando acabe su paso por una curul y la buscan en su propio estado. Sin duda, hay ejemplos de legisladores conectados con sus representados. Pero particularmente entre quienes fueron elegidos por representación proporcional, el grado de autonomía es fenomenal: actúan absolutamente a su libre albedrío.

Es indudable que dentro del Congreso hay hombres y mujeres talentosos, con experiencia, con madurez, con visión. Pero también proliferan aquellos que llegaron sólo porque su partido —vía los recursos del IFE— les pagó el boleto de entrada. Al no haber reelección, no existe la posibilidad de profesionalización. Al no haber reelección, los *amateurs* dominan la discusión. Al no haber reelección, quienes llegan al Congreso no lo hacen para quedarse, para crecer, para aprender. Llegan como bonsáis y se van del mismo tamaño.

¿Cómo explicar este comportamiento? No es que al descifrar el genoma mexicano los científicos se hayan encontrado un gen vinculado con la corrupción política. La respuesta está en las reglas incompletas de la representación y la rendición de cuentas. Tiene que ver con la ausencia de incentivos para generar lo que Robert Dahl llamaba *responsiveness* —responsividad ante el electorado. Es como si ustedes contrataran a un empleado, le pagaran el sueldo durante los próximos tres años, y no pudieran despedirlo o castigarlo si su desempeño es malo, o atenta contra el bienestar de la empresa. Eso es, en efecto, lo que hemos venido haciendo: votando por personas a las cuales nunca volvemos a ver, cuyo comportamiento en el Congreso desconocemos, cuyo incentivo para representarnos es nulo porque al final de su periodo saltarán a otro puesto. Porque no hay reelección pero sí hay trampolín; porque nos han otorgado la capacidad para llevar a alguien al poder, pero no contamos con instrumentos para asegurar que lo ejerza en nuestro nombre.

Ante eso se nos dice que debemos votar por alguno de ellos porque si no, "afectaríamos la legitimidad de la representación política", cuando en realidad esa representación sólo existe de manera trunca y parcial. Y se nos dice que el sistema de partidos funciona "razonablemente bien", cuando en realidad funciona muy bien para los partidos pero muy mal para los ciudadanos. Y se nos dice que el sufragio por alguna de las opciones existentes fomentará el cambio, cuando en realidad sólo preservará el *statu quo*. Y se nos dice que si criticamos con demasiada vehemecia al sistema actual, en vez de reconocer sus avances, estaríamos desacreditando a las instituciones, cuando en realidad han logrado hacerlo y sin nuestra ayuda. Y se nos dice que debemos buscar verdaderos mecanismos de exigencia para demandar que la clase política se comporte de mejor manera, cuando en realidad no existen. Y se nos dice que anular el voto —como muchos propusimos en la elección intermedia del 2009— es una "táctica ineficaz", pero nadie propone una alternativa mejor para presionar a políticos satisfechos con su situación.

Hoy por hoy, la clase política no tiene un solo incentivo para remodelar un sistema que tanto la beneficia. Quizá los candidatos prometerán hacerlo después de que votemos por ellos y lleguen al poder, pero una vez allí pueden ignorarnos sin costo. Saltan de la Cámara de Diputados al Senado y de allí a una presidencia municipal y de allí, de vuelta al Congreso. Una y otra vez, sin haber rendido cuentas jamás. Sin haber regresado a explicar lo que hicieron y por qué. Sin haber sido sometidos al escrutinio de electores con la capacidad de sancionar o premiar. Porque podemos llevar a alguien al poder con nuestro voto, pero no podemos castigarlo si lo ejerce en nuestra contra. Los políticos saben que han logrado erigir un muro infranqueable en torno a su alcázar; tienen una situación inusual y privilegiada que no quieren perder. Los partidos saben que hay demasiados intereses que no pueden ni quieren tocar.

Y el problema es que no quieren dejarse juzgar. Allí están. Ésos son. Los senadores que quieren cobrar su sueldo sin rendir cuentas por lo que hacen con él. Los senadores que quieren preservar el poder de los partidos a costa de los ciudadanos. Los que quieren gobernar al país pero sin servir a la población. Esos que se dicen "representantes" pero sólo lo son de sí mismos. Esos que no quieren explicar, airear, transparentar. Esos que no quieren enfrentarse a quienes los eligieron, regresar semanalmente a sus distritos, explicar cómo votaron, explicar lo que hicieron con su tiempo. No quieren someterse al escrutinio de los electores. Esos que como el escribano Bartleby en la novela de Herman Melville, "preferirían no hacerlo". Porque viven muy bien así. Porque cobran muy bien así. Porque saltan de un puesto a otro muy bien así. Esos que no entienden que: la rendición de cuentas no es una opción, es una obligación. La democracia es el gobierno del pueblo para el pueblo. No es el secuestro del gobierno por los políticos en nombre de los partidos.

Hoy aún predominan los argumentos esgrimidos por quienes —de todos los partidos— se oponen a la iniciativa de reelección legislativa. Predominan los argumentos en contra, los argumentos espurios, los argumentos tramposos de quienes se oponen a la reelección legislativa porque no resuelve el conflicto entre el Legislativo y el Ejecutivo; porque no resuelve la falta de acuerdos; porque no resuelve la parálisis. Pues tampoco cura el acné o previene la caída del cabello. La reelección no es una panacea para todos los males ni busca serlo. Es un instrumento diseñado para acotar el poder de los partidos y aumentar el poder de los ciudadanos. Es un mecanismo que les permite castigar a los legisladores que se aumentan el sueldo por encima de la inflación, a quienes se otorgan bonos fastuosos a fin de año, a quienes aumentan impuestos pero rechazan el mecanismo de vigilancia sobre el gasto, a quienes usan el boleto de avión que les da el Congreso para volar a Cancún en vez de visitar su distrito.

Aún hay quienes dicen que hay que oponerse a la reelección legislativa porque es una "moda". En efecto, es una moda que ha durado más de 200 años; una moda de las democracias parlamentarias que decidieron empoderar a sus ciudadanos y erigir instituciones que los representaran; una moda con razón de ser, tan universal como la ropa interior y los zapatos. Una moda que 187 países —con la excepción de México y Costa Rica— han adoptado. Una "moda" concebida en Francia, basada en la Declaración de los Derechos del Hombre y el Ciudadano en 1789: "La sociedad posee el derecho de exigir a cada servidor público las cuentas de su administración." Un derecho esencial en el cual tantos políticos mexicanos no creen. Un derecho contenido en la Constitución de 1917 que el sistema político priísta después le quitó a los mexicanos y que hoy se niega a devolverles.

Y dicen que es necesario frenar la reelección legislativa porque grupos poderosos a nivel local podrían imponerse sobre los legisladores e influenciar su actuación. Ése no es un argumento suficiente para desacreditar la reelección. Si lo fuera, no existiría en ninguna parte y existe en todas excepto aquí. Con ella habría que instituir mecanismos para controlar el influjo del dinero en las campañas, tal y como lo hacen otros países. Con ella habría que crear reglas para que no vuelva a repetirse lo que México ya padeció: los Amigos de Fox y los amigos de Carlos Salinas. Los poderosos ya han capturado a los políticos; hoy el dinero privado ya compra funcionarios públicos. Y eso ocurre sin la reelección legislativa, lo cual coloca al país en el peor de los mundos: una clase política al servicio de intereses económicos poderosos y sin rendición de cuentas. Una clase política que arropa a las élites pero no protege a la población. A esa población se le da el derecho a votar, pero no se le da el derecho de castigar.

Dicen aún más: no a la reelección porque alimenta la "ilusión" de ser iguales al resto del mundo. Porque según personajes como Beatriz Paredes y Enrique Peña Nieto entre tantos más, México es distinto. Como México no hay dos. Como el PRI sólo ha habido uno. ¿Para qué emular a los demás? ¿Para qué aspirar a ser mejores? ¿Para qué renunciar al orgullo de la extravagancia? ¿Para qué ser como esos países que les dan derechos a sus ciudadanos y les rinden cuentas? ¿Para qué ser como esos gobiernos que generan el crecimiento económico y combaten la corrupción y promueven el interés público? Si México es tan excepcional. Ese modelo de estabilidad paralizante y certidumbre mediocre.

O qué decir de quienes no quieren "imponer" la reelección legislativa porque 80 por ciento de la población se opone a ella. Curioso argumento de quienes dicen estar atentísimos a la voluntad de los ciudadanos, pero se rehúsan a darles un instrumento para expresarla. Curioso argumento de quienes no entienden que a veces es imperativo mostrar un poco de liderazgo. Tomar decisiones impopulares por el bien de la democracia. Hacer lo que han hecho otros líderes en contra de la opinion pública prevaleciente en sus países: abolir la esclavitud, otorgarle el sufragio a las mujeres, reconocer los derechos civiles de los africano-americanos, eliminar el *apartheid*. Gobernar para la historia y no para la siguiente elección.

Quienes se oponen a la reelección legislativa quieren desviar la atención de un dilema central. El poder en México está concentrado en un manojo de partidos corruptos. El poder está en manos de un grupo de políticos que se rehúsan a ser juzgados. Los partidos corruptos y los políticos opacos producen malos gobiernos. Los malos gobiernos no proveen bienes públicos para su población. No producen empleo ni garantizan la seguridad ni respetan los derechos civiles. Y por ello hay más de diez millones de mexicanos viviendo en Estados Unidos y 50 millones de mexicanos viviendo en la pobreza. Y por ello México no cambia aunque sus habitantes quieren que lo haga.

Y no cambiará mientras su clase política siga imponiendo la voluntad de algunos sobre el destino de muchos. Mientras el sistema político funcione para rotar a cuadros partidistas en vez de representar a ciudadanos. Mientras los partidos rechacen la reelección legislativa porque no quieren perder el control ni compartir el poder. Mientras siga prevaleciendo la lógica electoral de los partidos por encima de las aspiraciones legítimas de los ciudadanos. Mientras los legisladores se rehúsen a ser juzgados. Mientras los priístas prefieran quedar bien con sus coordinadores parlamentarios, antes que quedar bien con México.

Por eso el clamor crece; el enojo crece; la reprobación crece; el repudio crece. Al oponerse a la reelección, los senadores demuestran lo que Hamlet llamó "la insolencia del puesto". Esa insolencia que será necesario combatir y criticar de manera cotidiana. La única forma de forjar lazos partidistas con un electorado errático será uniendo los temas con los candidatos y vinculando a los legisladores con su desempeño. Estas tareas, a su vez, sólo podrán llevarse a cabo a través de la reelección legislativa. La reelección ataría a los legisladores a las agendas ciudadanas. La reelección amarraría a los legisladores a las iniciativas presidenciales. La reelección serviría como un mecanismo democrático de supervisión. Sin ella, los legisladores continuarán actuando sin atender a sus representados, sin calibrar las consecuencias de sus actos, sin medir el volumen de sus gastos.

El Congreso —tal y como funciona hoy— no representa los intereses de los mexicanos, sino los intereses de las élites partidistas. No entrega cuentas ni paga un precio por ello. No actúa de manera democrática, aunque se precia de hacerlo. En el mar de la democratización mexicana, los legisladores que no se enfrentan a la reelección son un archipiélago añejo. Para actualizarlo será necesario clamar: "Sufragio efectivo, reelección indispensable."

LA METRALLETA MEDIÁTICA

Al no reconocer los vicios del sistema político actual, al ignorar las imperfecciones del "perro verde" muchos contribuyen a defender un sistema altamente imperfecto. Al no reconocer la opacidad con la cual los partidos se siguen comportando, muchos perpetúan la cleptocracia compartida. Al no reconocer la ausencia de mecanismos democráticos imprescindibles, muchos le dan palmadas en la espalda a una democracia incompleta. Una democracia poco representativa. Una democracia que con demasiada frecuencia termina capturada, precisamente porque no cuenta con el contrapeso de la ciudadanía.

¿Y a qué me refiero con eso? A la manera en la que una y otra vez el Congreso acaba aprobando iniciativas impulsadas por los intereses atrincherados. Como la supervivencia política no depende de la reelección en las urnas sino de la disciplina partidista o la buena relación con los poderes fácticos, demasiadas decisiones de política pública corren en sentido contrario al interés público. Sólo así se entiende la aprobación de la llamada ley Televisa en siete minutos, cero votos en contra, cero abstenciones por la Cámara de Diputados y de Senadores en el 2006.

Pocas cosas tan incómodas en la vida como estar de acuerdo con Manlio Fabio Beltrones, pero tenía razón cuando afirmó en el 2007 que —con la reforma electoral— la clase política se quitó una pistola de la sien. Una pistola peligrosa que los medios usaban para presionar, chantajear, acorralar. Una pistola cargada, con la cual subyugaban a políticos ávidos de aparecer en la televisión y obligados por el modelo de competencia electoral a centrar su campaña allí. Una pistola cada vez más dañina, cuya sola existencia evidenciaba el poder que ejercía el dinero en la política y cómo la había distorsionado.

Supuestamente el fin de la "spotización" pagada por los partidos a las televisoras entrañaría el fin del doblegamiento. Y traería consigo la posibilidad de transformar un sistema electoral que, en aras de promover la equidad, había producido el abuso. Más de 700 mil *spots* de campaña transmitidos en radio y televisión en la elección del 2006. Más de dos millones de horas de ataques y contra-ataques monitoreadas por el Instituto Federal Electoral. Más de dos mil millones de pesos desembolsados por los candidatos para mandar mensajes a través de los medios. Más de 280 mil *spots*, no reportados a la autoridad electoral y que nadie sabe quién pagó. Una crónica de caos, una historia de desorden, una larga lista de irregularidades pagada con el dinero de los contribuyentes. Una era de excesos que se había vuelto necesario trascender, y la nueva legislación —teóricamente— abría la oportunidad para hacerlo. Para limitar recursos, acortar campañas, reducir presupuestos, disminuir gastos y repensar la relación entre la política y los medios.

Marcha contra la "ley Televisa".

Sin duda la reforma electoral de 2007 contiene diversos errores que hubiera sido importante corregir, y varias lagunas que hubiera sido indispensable llenar. Pero el retiro de un arma con la cual México se había acostumbrado a vivir junto a la sien fue un claro avance. Constituyó el primer paso en favor de un sistema menos caro y más representativo; menos sujeto a las presiones de la televisión y más dispuesto a regularla mejor. Había que destruir la pistola con una nueva ley de medios, y aprovechar la oportunidad que la Suprema Corte creó al declarar inconstitucional a la ley Televisa.

Pero como eso no ocurrió, hoy nos encontramos en una coyuntura crítica en la cual la reforma electoral comienza a ser cuestionada por sus propios artífices y se habla —en algunos partidos— de revertirla. ¿Por qué? La reforma electoral del 2007 actualmente está en jaque porque quien controla la pantalla de televisión puede todavía controlar los vericuetos del proceso político. Si antes de la reforma electoral las televisoras se habían vuelto una pistola en la sien de la clase política, ahora se han convertido en metralleta. Porque al no haber una Ley de Radio y Televisión y al no llenarse las lagunas y los huecos en la nueva legislación, los poderes fácticos que no fueron domesticados a tiempo, ahora regresan a la carga y con más fuerza.

Estamos presenciando el mismo poder de veto, la misma capacidad de presión, la misma postura del duopolio que busca preservar el modelo existente. El mismo desafío a la autoridad. El mismo reto al Estado. Reto reiterado con el ataque inmisericorde y tramposo a los artífices de la acción de inconstitucionalidad contra la ley Televisa. El ataque a los miembros de la Suprema Corte en el contexto del debate sobre esa ley. La denostación al senador Gustavo Madero cuando impulsaba la Ley del Mercado de Valores, que incluía elementos de regulación que no le gustaban al señor Salinas Pliego. El ataque tramposo a Isaac Saba por el supuesto monopolio de las medicinas, justo en el momento en el que buscaba asociarse con Telemundo para abrir una tercera cadena de televisión. La denostación al ex secretario de Hacienda Francisco Gil en el momento en el que se preparaba a multar al señor Salinas Pliego por las irregularidades cometidas con la transacción Unefon. La denostación a la reforma electoral y a quienes la han apoyado: les recuerdo la forma en la cual Santiago Creel —un senador de la República— fue borrado de la pantalla.

Noche tras noche, Televisa y TV Azteca se dedican a atacar, tergiversar, distorsionar. Noche tras noche los conductores destazan a sus críticos sin permitirles el derecho de réplica que cualquier persona linchada por los medios se merece. Noche tras noche la televisión evidencia los problemas que la aquejan y que la reforma electoral aprobada no logró encarar: la falta de pluralidad, la ausencia de debate, la editorialización que sustituye a la información, el uso de un bien público para la defensa de intereses privados, el uso de la pantalla para agredir a los enemigos y cohibirlos. El poder que las televisoras han acumulado y ahora desatan contra cualquiera que cuestiona la forma anti democrática como lo usan.

© Revista Proceso

Santiago Creel "borrado" de la pantalla.

Recuerden la famosa cortinilla mostrada durante el Súper Tazón donde Televisa y TV Azteca, quisieron hacer explícita su posición en la correlación de fuerzas políticas y económicas del país. Y qué mensaje mandaron:

Que quede claro: estamos por encima de las instituciones representativas, de las autoridades electorales, del Congreso, del
IFE, de la Secretaría de Gobernación, de la Constitución,
del presidente mismo. Aunque ustedes no votaron por Emilio Azcárraga o Ricardo Salinas Pliego, ellos mandan. Aunque lamentamos interrumpir el Súper Tazón y el partido de
futbol *soccer*, se ha vuelto imperativo hacerlo. Es importante
que el país lo entienda; estamos dispuestos a poner en jaque
a la democracia con el objetivo de proteger nuestros intereses, valiéndonos del púlpito más importante del país que es
la pantalla de televisión.

Todos sabemos que las televisoras llegaron a un acuerdo con el IFE
en el cual quedó establecido que no sería necesario interrumpir
la programación de eventos deportivos y culturales para transmitir los *spots* de los partidos. El IFE no las obliga a transmitirlos de
manera continua, como lo hicieron. Más aún, las televisoras di-
seminaron el argumento de la "saturación" de forma tramposa,
sabiendo que en realidad se trataba de anuncios que se transmiti-
rían a lo largo del país y durante cinco meses. Pero no les importó
el Cofipe. No les importó el consenso al cual llegaron todas las
fuerzas políticas del país en torno a la reforma electoral. Si desde
hace años han estado por encima de la ley o la han doblado a conveniencia y sin sanción. A Televisa y TV Azteca no les importa
respetar las reglas ni cumplir con las obligaciones marcadas por
la Constitución. Exigen el apego estricto a la legalidad cuando de
otros se trata, pero en su caso, defienden el derecho a la excepcionalidad. Vaya, ni que fueran una concesión pública. Cuentan con
el privilegio de mandar.
   El costo de la estrategia anti institucional para Televisa y TV
Azteca es menor: si ya pudieron borrar a un senador y la multa
sólo fue de 2 000 pesos o algo así; si ya pudieron tomar el cerro
del Chiquihuite y devorar al Canal 40 sin problema. Como no se
ha reformado la Ley de Radio y Televisión por el miedo que los
legisladores les tienen, el gobierno actualmente no cuenta con instrumentos para sancionarlas de verdad. Como el Tribunal Federal

Electoral y el IFE optan por no multar su comportamiento, las televisoras no lo cambian. Mientras tanto siguen haciendo lo que se les da la gana, como tantos otros poderes fácticos en este país. Si alguien intenta criticar su conducta, dirán que es una "venganza" de la clase política y quién sabe por qué se ha dado; repetirán que todos los problemas del país provienen de la partidocracia. Y bueno, por lo visto ya están pactando con Enrique Peña Nieto y con Manlio Fabio Beltrones para preservar sus privilegios.

Y qué decir sobre la construcción por parte de las televisoras de una "telebancada" propia dentro de la Cámara de Diputados, con ingredientes hechos en casa. Ahora el señor Azcárraga y el señor Salinas Pliego —o sus apoderados— no tienen que esforzarse para buscar un diputado desconocido que presente como suyas las iniciativas elaboradas en los despachos jurídicos de las televisoras. Ahora cuentan con diputados en el Congreso que trabajan directamente para ellos. Ahora Ricardo Salinas Pliego cuenta incluso con el apoyo de su propia hija para sacar iniciativas al gusto de la casa, como la siguiente receta lo comprueba:

RECETA PARA PREPARAR TELEBANCADAS AL GUSTO

> En la tradición mexicana, y en la historia culinaria de la transición democrática, los partidos políticos y los poderes fácticos muchas veces se sirven un solo plato. La combinación de partidos doblegados y televisoras agresivas ha producido platillos tan memorables como la ley Televisa, puesto sobre la mesa por primera vez en el 2006. Pero este manjar —que dejó un amargo sabor de boca— resultó difícil de preparar y llevó a una controversia constitucional, mediante la cual la Suprema Corte eliminó algunos de sus ingredientes. Ante ese problema, los "chefs" optaron por un nuevo enfoque: la preparación de una "telebancada" propia dentro de la Cámara de Diputados, con ingredientes hechos en casa. El objetivo es eliminar los preparativos complicados del platillo previo y de manera simple y sencilla, producir algo al gusto de los dueños del restaurante República Capturada.
>
> Rinde para varios sexenios.

INGREDIENTES:

- 1 Partido Verde Ecologista Mexicano expulsado por la Unión de Partidos Ecologistas Europeos debido a su posición en favor de la pena de muerte.
- 1 actriz de mediana fama, dispuesta a ser la vocera de las propuestas del PVEM, aunque su familia haya sido acusada de provocar daño al medio ambiente.
- 1 actor elegido por Televisa mediante un *casting*, al cual se selecciona por su capacidad para vender un producto, aunque en realidad el actor en cuestión manifieste su desacuerdo con la pena de muerte y se pronuncie en favor de anular el voto, como lo declaró el actor Raúl Araiza.
- 1 Instituto Federal Electoral que no logra sancionar a tiempo al PVEM por la publicidad política disfrazada en revistas del corazón, ni le retira el registro ante las múltiples irregularidades cometidas a lo largo de su escandalosa historia.
- 1 Tribunal Federal Electoral del Poder Judicial que con un fallo cuestionable, autoriza que el Partido Verde viole la ley electoral y permita a sus diputados presentar *spots* publicitarios encubiertos como "informes" de trabajo.
- 2 cadenas de televisión que buscan emprender una contra reforma electoral —entre otras iniciativas legislativas— mediante la construcción de una bancada "a modo" en el Congreso.
- 1 Partido Revolucionario Institucional que, en alianza con el PVEM, quiere establecer una posición mayoritaria en el Congreso, desde donde planear su regreso a Los Pinos, con el beneplácito de Televisa, TV Azteca, Enrique Peña Nieto y Mamá Gaviota.

PREPARACIÓN:

- En una mezcla políticamente explosiva combinar el Partido Verde Ecologista con la pena de muerte, añadiendo un poco de sal a través de los vales para medicinas y la promesa de computadoras. Dejar fuera del recipiente el hecho de que el Estado mexicano está comprometido a respetar el derecho a la vida, según lo establecido en la Constitución y una serie de tratados internacionales que ha ratificado y que son de cumplimiento obligatorio. Con un mazo, machacar la mezcla día y noche en la televisión. Incorporar, poco a poco, los peores prejuicios de los mexicanos para que se sumen a la idea de que el Estado debe mimetizar conductas criminales e instituir la venganza como punto de partida de la acción gubernamental. Untar la salida falsa de que la pena de muerte puede remediar la ineficacia del sistema de justicia. Finalmente, cortar en pedacitos la idea de que legalizar la pena de muerte no produce efectos disuasorios contra la delincuencia.

- Colocar esta mezcla en el horno de una elección en la cual cada cocinero viola la reglas de comportamiento en la cocina, mientras los administradores del lugar se pelean entre sí o actúan demasiado tarde para frenar el desorden. Mientras tanto, atar en nudos a los consejeros del Instituto Federal Electoral y a los magistrados del Tribunal Electoral del Poder Judicial de la Federación con fallos inconsistentes, y colocar sus alitas detrás de la espalda. Aumentar la temperatura del horno a 24 millones de *spots*. Elaborar algunos *spots* en casa con actores contratados para ser la cara del PVEM aunque en realidad no crean en sus propuestas.

- Mientras se cuece la mezcla, elegir candidatos con la textura y el olor requeridos para la "telebancada", cuidando la consanguineidad, la cercanía laboral, la lealtad, o el desempeño previo en alguna área relacionada con las telecomunicaciones. Incorporar a la receta a personas cercanas a Javier Tejado Dondé —asesor jurídico de Televisa— como Lorena Corona Valdez, que trabajó durante años en el área jurídica de Televisa. O Miguel Orozco, hermano del senador Verde, Javier Orozco, que trabajó en el área jurídica de la CIRT. O Rodrigo Perezalonso, otro personaje cercano a Tejado Dondé. O Roberto García Requena, ex empleado de Cofetel. O Mariana Ivette Ezeta que también trabajó en Televisa. O Juan Gerardo Flores que trabajó en Cofetel. O Ninfa Salinas Pliego, hija del dueño de TV Azteca. Ya con estos ingredientes en mano, proceder a batirlos en la licuadora, con la propuesta de la pena de muerte, para darle mayor consistencia.

PRESENTACIÓN:

Después de cada elección, remover del horno y presentar el platillo ante millones de votantes como el manjar más exquisito. Es fundamental usar el horario triple AAA de la televisión y contar con la debilidad del IFE y del Tribunal para su promoción y degustación. Como paso previo será necesario colocar la "telebancada" en una salsa de democracia disuelta y un sistema de partidos freído a mano. En contraste con otras recetas de la temporada —la del PT, el Panal, el PSD, o Convergencia— esta versión es capaz de conservar su sabor durante los próximos tres años. Gracias a su preparación rápida y sencilla, es uno de los platillos preferidos de los oligarcas. También es popular entre los defensores de la democracia "representativa" y el sistema de partidos en México, aunque algunos reconozcan —en privado, por supuesto— que la "telebancada" les produce dolor de estómago. Por eso es necesario servirla de inmediato. No vaya a ser que algún comensal descubra la podredumbre que la receta contiene.

Temerosos frente al poder de quienes construyen telebancadas, los políticos mexicanos responden con ofrendas para sus dioses. Con tal de aplacar al Chac de la radio y al Tlaloc de la televisión, Manlio Fabio Beltrones ofrece una iniciativa legislativa a los concesionarios para modificar el Artículo 16 de la Ley de Radio y Televisión. Ofrece un regalo para los concesionarios con la esperanza de que premien al PRI por regresarles el poder que habían perdido. Beltrones sabe que después de la aprobación de la reforma electoral que canceló negocios multimillonarios de propaganda a través de los partidos, los dioses del espectro radioeléctrico quedaron furiosos. Quedaron molestos. Quedaron resentidos. Tenían sed de venganza y desataron su ira contra Santiago Creel, uno de los principales artífices de la reforma. Al borrarlo y sin recibir una sanción mayor por ello, demostraron que no habían perdido la capacidad para mutilar a cualquier mortal. La eliminación mediática entraña la muerte política.

Y aunque Beltrones en algún momento apoyó aquella reforma cuyo objetivo era distanciarse de los dioses y quitarles parte de su poder, ahora busca acercarse a ellos. Ahora intenta llegar a acuerdos particulares, a negociaciones tribales, a una situación donde las deidades lo ayuden a conquistar ciudades enemigas y a establecer la hegemonía del PRI allí. Como guerrero profesional que es, Beltrones sabe que en la temporada electoral que se avecina, llegó la hora de hacer sacrificios aunque entierren el pacto establecido —a través de la reforma electoral— entre las fuerzas políticas del país. Llegó el momento de hacer las paces con los más fuertes, para que ayuden a los candidatos del PRI a posicionarse mediante las pantallas, y así, ganar curules y gubernaturas. Por ello propone una iniciativa legislativa para ofrecer una "prórroga" de las concesiones existentes por veinte años. Propone eliminar el prerrequisito de la licitación y suplantarlo con una supuesta "contraprestación". Propone revivir pedazos de una ley fallida que el tribunal supremo declaró inconstitucional.

Lo hace porque puede. Lo hace porque Felipe Calderón no fue capaz de aprovechar el fallo —a favor de la competencia y en contra de los monopolios— que la Suprema Corte le proveyó. Ése era el momento para elaborar una nueva ley de medios y forjar el consenso para su aprobación. Ésa era la coyuntura para establecer los lineamientos de una legislación que limitara el poder de dioses sanguinarios. Pero al presidente le faltó audacia y le sobró cautela. Pensó que era más importante promover una reforma energética que una reforma mediática y por ello prefirió someterse otra vez a los designios de los dioses, en lugar de contener su poder. Con ello contribuyó a crear un vacío que ahora Beltrones —y lo peor del PRI que resucita consigo— logra llenar. Debido a la falta de visión de Felipe Calderón, sus enemigos actualmente son capaces de recrear las condiciones que él mismo padeció como candidato presidencial. Los dioses exigen sangre y todos los que quieren ganar su elección están dispuestos a vertirla. Con leyes "a modo", con sacrificios humanos, con posturas que les ofrecen "certidumbre jurídica" a los concesionarios, pero ponen en peligro el interés público que la Corte intentó defender y ahora nadie enarbola.

El vacío y la indefinición que el Poder Ejecutivo generó, promueve la postración de la clase política entera. Como la reforma electoral no fue acompañada por una reforma mediática indispensable, el contexto se ha vuelto regresivo. Los dioses sobrevivieron el golpe, acallaron la insubordinación, sofocaron la rebelión partidista en su contra y se erigen con más poder que nunca. Desde la pantalla o desde la estación de radio lanzan mensajes fulminantes a cualquiera que ose cuestionarlos. Y en plena lucha electoral nadie quiere hacerlo. Al contrario; todos pelean para aparecer, para ser entrevistados, para ser promovidos. Felipe Calderón convocando a la batalla contra el crimen organizado. Marcelo Ebrard horneando galletas e inaugurando pistas de hielo con las cámaras y los micrófonos detrás. Enrique Peña Nieto paseando con "La Gaviota" y usando a la televisión para darle alas a su ambición presidencial. Todos ellos violando la letra y el espíritu de una reforma electoral que buscaba emancipar a los políticos, pero se quedó trunca y por ello no lo logra.

Como Manlio Fabio Beltrones comenzó con la política de ofrendas, otros políticos no han tenido más remedio que seguir su ejemplo. Todos saben que desde la era precolombina, los sacrificios humanos tenían la intención de ganar el favor de los dioses en el campo de batalla. Todos piensan que si se arrodillan a tiempo podrán —mediante la asistencia mediática— convertirse en guerreros nobles del Calmecac, con la capacidad de subyugar a sus adversarios y esclavizarlos. Todos suponen que al ofrecer iniciativas a la medida de los intereses divinos, las deidades intervendrán de su lado, arma en mano.

Lo que queda claro es que tanto los partidos como las autoridades electorales han contribuido a la construcción de la metralleta mediática. Allí está la ley de medios archivada. Allí está una situación sorprendente donde ya ni los partidos políticos defienden la reforma electoral, a raíz del chantaje renovado que han propiciado. Allí está un IFE que suele doblar las manos, cuya regulación se vuelve una simple exhortación. Allí están los consejeros refiriéndose al escándalo de la cortinilla del Súper Tazón como una simple "conducta atípica"; en ese caso lo único que la autoridad logró hacer fue publicar un desplegado que nadie leyó y rogar que los representantes de las televisoras asistieran a una "audiencia". Allí están los consejeros aún debatiendo qué van a hacer para aplicar las normas abigarradas que los partidos crearon. La legislación es tan compleja y contiene tantas lagunas que ha entrampado a la autoridad electoral aún más.

Ante ello las televisoras al parecer han logrado su cometido: un buen acuerdo personal con cualquier político dispuesto a revertir la reforma electoral. Ahora arranca la carrera presidencial y muchos políticos buscarán protegerse de las ráfagas de un arma letal. Mimetizarán a Manlio Fabio Beltrones que, en aras de quedar bien, promete prorrogar concesiones a perpetuidad. Imitarán a Enrique Peña Nieto que, en busca de la candidatura presidencial, paga sumas multimillonarias para aparecer en la pantalla. Emularán a Marcelo Ebrard que, para posicionarse electoralmente, canaliza 90 por ciento de los recursos de comunicación del gobierno del DF a la televisión. Empezarán a discutir cómo echar abajo la reforma electoral, como ya lo hace Josefina Vázquez Mota con la bancada del PAN en la Cámara de Diputados. Nadie quiere ser el siguiente Santiago Creel, el próximo José Esteban Chidiac, el nuevo blanco de una metralleta que obliga a México a ser un país tan mal gobernado.

El resultado de todo esto es una democracia capturada, unos medios que coluden con el poder en vez de escrutarlo, un presidente acorralado, una clase política asustada y por ello constantemente subyugada por intereses creados. Y un replanteamiento regresivo del papel de las televisoras a partir de la reforma electoral que debería ser motivo de preocupación porque implica retroceder parte del camino andado y que tanto trabajo costó trazar. Todo lo que he descrito y todo lo que ha ocurrido desde el 2007 ha sepultado el deseo explícito —que animó a la reforma electoral— de regular mejor a los medios y reducir su poder de chantaje sobre la clase política. Ha llevado a la posposición indefinida de una nueva Ley de Radio y Televisión a pesar de que la Suprema Corte abrió la puerta para legislar de forma moderna en la materia. Ha implicado la claudicación del gobierno y de los partidos ante los intereses a los cuales se enfrentó en el 2007, y con los cuales hoy parecería que prefieren aliarse.

Ha implicado también el fortalecimiento de los poderes fácticos con los cuales la clase política pacta para gobernar. El espaldarazo a cambio del duopolio. El apoyo sin cuestionamientos a cambio de la continuidad sin competencia. La venta de conciencias periodísticas a cambio del negocio que las paga bien. Un México secuestrado a cambio de un espectro radioeléctrico que el Congreso no logra regular de manera eficaz. Una reforma electoral adulterada que todos tienen incentivos para violar. Y la construcción de una candidatura desde y para la televisión.

LA TELEVISIÓN Y SU MODELO BOMBÓN

El copete acicalado. La sonrisa diamantina. La novia famosa. El gobierno dadivoso. La publicidad omnipresente. La pantalla alquilada. La alianza del guapo y los corruptos. Los componentes centrales del modelo de competencia política que el PRI construye y con el cual logra ganar. Los ingredientes fundamentales de la estrategia que el PRI despliega y con la cual logra regresar. Una ecuación cuidada, perfectamente planeada:

cara bonita + dinero + televisoras + publicidad
+ PRI dinosáurico = triunfo electoral.

Una fórmula concebida en el Estado de México y ahora instrumentada exitosamente a nivel nacional. Una fórmula patentada por los artífices de la "experiencia probada", en busca de algo que puedan vender como "nueva actitud". El modelo bombón. El modelo *golden boy*. El modelo Peña Nieto.

Con resultados a la vista y confirmados en elecciones recientes. Distrito tras distrito, presidencia municipal tras presidencia municipal, diputación tras diputación, estado tras estado. Corredores azules que se vuelven tricolores; bastiones panistas que pasan a manos priístas; territorios del PAN que dejan de serlo. El PRI, beneficiario del voto de castigo por una economía que no provee el empleo suficiente. El PRI, beneficiario de la inseguridad que la guerra calderonista no logra remediar. El PRI, beneficiario de un PRD que se devora a sí mismo y un PAN que se traiciona a sí mismo. Pero más importante aún, el PRI beneficiario de la mejor inversión que ha hecho en tiempos recientes: la campaña publicitaria permanente que lleva a miles de mujeres a exclamar —en mítines de campaña— "Peña Nieto bombón, te quiero en mi colchón".

© Miguel Dimayuga / Proceso

Boda de Enrique Peña Nieto y La Gaviota.

El Astro boy de Atlacomulco, una criatura concebida por la dinastía política más importante del país que ahora busca dominarlo de nuevo. El político Potemkin, producto de un entramado de intereses políticos y empresariales que combina la modernidad mediática para llegar al poder, con los viejos métodos para ejercerlo. El mexiquense metrosexual construido con carretadas de dinero: por lo menos 3 500 millones de pesos en cuatro años de autopromoción mediática descritos por Jenaro Villamil en su libro *Si yo fuera presidente: el* reality show *de Peña Nieto*. El posible candidato presidencial, seleccionado, asesorado y adiestrado por personajes como Arturo Montiel y Alfredo del Mazo y Carlos Salinas de Gortari y ejecutivos de Televisa y muchas manos más que peinan el copete. Venden el producto. Posicionan la marca.

Enrique Peña Nieto, emulando a diario la estrategia salinista basada en la inauguración de grandes obras y el cumplimiento de pequeños compromisos. Promocionando a diario la lista de libramientos construidos, tractores regalados, apoyos económicos entregados. Ejemplo de lo que Octavio Paz llamó el "ogro filantrópico"; ese Estado que no construye ciudadanos sino perpetúa clientelas. Millones de mexicanos educados para vivir parados en la cola, esperando el próximo regalo. Como los nueve mil que se aprestaron a celebrar el cumpleaños de Mario Marín en su ultimo año como gobernador y los 200 que hicieron cola para abrazarlo. Como aquellos para quienes la corrupción se vale cuando es compartida. Como aquellos que volvieron a votar por el PRI en el Estado de México, a pesar de las marrullerías de Arturo Montiel y las maromas llevadas a cabo por su sucesor para encubrirlo.

Enrique Peña Nieto, actor de un espectáculo continuo, perfectamente producido, escenificado y actuado en la pantalla más grande del país. El candidato de "El canal de las estrellas" que hasta novia y esposa le consiguió. El candidato que las televisoras hacen suyo y se encargan de edificar. Con promoción política disfrazada de infomercial; con paquetes publicitarios que incluyen la compra de entrevistas en los principales noticieros; con la cobertura de un romance que recibe más atención que la guerra contra el narcotráfico; con el silencio televisivo que se guarda sobre el caso de Atenco o los feminicidios en el Estado de México o cualquier tema controvertido que podría evidenciar las fauces del joven dinosaurio. Hay un "plan de trabajo" que Televisa ha puesto en marcha y cuyas instrucciones Peña Nieto sigue al pie de la letra: te doy la pantalla desde la cual propulsarte y me das una presidencia a la medida de mis intereses. Un trueque permanente de favores, dinero, gestión política a cambio de impunidad y promoción mediática.

Como advierte Julio Scherer García, la fórmula Peña Nieto es sencilla: comprar el tiempo en la televisión, corromper y corromper, mentir y mentir, aprender que a los aprendices se les puede y debe aprovechar. Todo para apoyar al joven muñeco, atractivo por su presencia física, a costa de la inteligencia y la pulcritud moral. Todo para que el poder regrese a las manos de la mafia. Todo para que el PRI vuelva a Los Pinos.

LA CORREA INDISPENSABLE

Ante esta situación, el presidente y el Poder Legislativo tendrían que crear la capacidad de regular y reformar en nombre del interés público. Tendrían que mandar señales inequívocas de cómo van a desactivar esa metralleta mediática que está saboteando la reforma electoral y por ello la posibilidad de la consolidación democrática. Tendrían que proponer y aprobar una nueva Ley de Radio y Televisión capaz de fortalecer la capacidad regulatoria del Estado, la competencia y la desconcentración de un sector duopólico en el cual Televisa y TV Azteca presionan y llegan a acuerdos tras bambalinas porque pueden.

Tendrían que demostrar que México no es una "democracia sin garantes" y para ello sería necesario también revisar y profundizar la reforma electoral. Con reglas que hagan más explícito y operable el Artículo 134 constitucional que prohíbe la promoción personal de los políticos. Con sanciones mucho más severas a los partidos que violen la legislación, incluyendo la pérdida del registro. Con la reducción de la "spotización" y el tránsito a una estrategia que implique más debate y mejor contenido. Con la elaboración de leyes reglamentarias inconclusas que tan sólo han producido fallos erráticos o inconsistentes por parte de las autoridades electorales. Porque si no lo hacen y continúan pensando que es mejor mantener el *statu quo* o impulsar una contra reforma electoral o llegar a un acuerdo particular con los dueños de la metralleta, tarde o temprano volverán a descubrir cómo se vuelven sus víctimas.

Pero más allá de lo que debería hacer la clase política, la remodelación de la democracia mexicana es una tarea ciudadana urgente, y hay que entenderlo así. Porque cuando José Woldenberg sugiere que en cada eleccción es necesario votar "por el menos malo" me parece un consejo que coloca la vara de medición al ras del suelo, que obliga a México a seguir conformándose con poco y aspirando a menos. Siento que si seguimos votando por cualquier partido —en estas condiciones— contribuiremos a avalar un sistema que debe ser cambiado desde afuera, ya que nadie lo va a hacer desde adentro. Siento que si tachamos la boleta en favor de cualquier persona —en estas condiciones— acabaremos contribuyendo a legitimar un sistema que actúa cotidianamente al margen de la ciudadanía. Siento que si votamos incluso por una persona con amplios atributos —en estas condiciones— acabaremos premiando a partidos que obstaculizan la profundización democrática en lugar de fomentarla.

Por ello tendremos que pensar en acciones que contribuyan a sacudir, a presionar, a protestar, a rechazar, a manifestar la inconformidad, a reconfigurar una democracia altamente disfuncional. Por ello habrá que proponer medidas que combatan la inercia y generen incentivos para mejorar la representación. Porque el voto ya ha demostrado ser insuficiente; la competencia entre partidos ha demostrado ser insuficiente; la alternancia entre una opción ideológica u otra ha demostrado ser insuficiente.

Por ello hoy muchas organizaciones y ciudadanos insistimos —como llevamos años haciéndolo— en la reducción del financiamiento público a los partidos en 50 por ciento y la revisión de la fórmula conforme a la cual los partidos reciben recursos públicos, para que no se calcule en función del padrón electoral sino con base en la participación de los ciudadanos en las elecciones. De esa manera, los partidos obtendrían financiamiento en proporción al tamaño del voto que fueran capaces de obtener. Así, la propuesta contemplada contribuiría a mejorar sus métodos de reclutamiento, a mejorar sus propuestas de campaña, a hacerlos corresponsables de la calidad de la democracia mexicana.

Éstos son cambios necesarios. Éstos son cambios imprescindibles ante un andamiaje institucional que ya no es capaz de asegurar la credibilidad o la equidad o la confianza. Encuesta tras encuesta lo subraya: 50 por ciento de la población no cree en la democracia y sospecha de sus principales actores; más de la mitad de los encuestados afirma que los partidos políticos "no son necesarios" para el bien del país; 77 por ciento piensa que las elecciones "cuestan demasiado" y son "poco o nada útiles para informar a la ciudadanía". Síntomas de la toxicidad producida por un modelo de competencia electoral que debilita al paciente en vez de curarlo: financiamiento público + acceso extra legal a la televisión + regulación ineficaz = partidos cada vez más ricos, que participan en elecciones cada vez más caras, que benefician a televisoras cada vez más poderosas, que usan su poder para presionar a políticos renuentes a rendir cuentas o a cambiar la legislación con el objetivo de remediar la enfermedad que provocaron. Un cáliz de oro financiado por ciudadanos como usted y como yo. Pero un cáliz envenenado.

Los ciudadanos contemplan y padecen elecciones competitivas pero demasiado caras. Partidos bien financiados pero poco representativos. Contiendas equitativas pero donde todos tienen la misma capacidad para gastar sumas multimillonarias. Un sistema para compartir el poder que beneficia más a los partidos que a los ciudadanos. Una democracia costosa para el país y onerosa para los contribuyentes que la financian. Y ése seguirá siendo el caso hasta que los ciudadanos demanden recortar el presupuesto para los partidos; hasta que los ciudadanos insistan que si los partidos quieren tener la credibilidad suficiente para apretar el cinturón de los otros, necesitan comenzar con el suyo; hasta que los ciudadanos clamen "Ya bájenle" y se sumen a la convocatoria en www.yabajenle.org.mx.

El problema no son las personas o los partidos en sí; es un sistema político que no asume la representación como punto de partida, como cimiento fundacional. El problema es la inexistencia de mecanismos democráticos como la reelección, las candidaturas ciudadanas, las "acciones colectivas" bien reguladas, la revocación del mandato, entre tantas más. El problema es que los partidos insisten en que nos representan adecuadamente cuando no es así. No podemos seguir fingiendo; ha llegado el momento de reconocer lo que no funciona y componerlo. Porque como ha escrito José Antonio Crespo, votar por el partido "menos malo" equivale a comprar la fruta menos podrida, en lugar de presionar al vendedor a que —de ahora en adelante— venda fruta fresca. Equivale a decir que México no puede aspirar a más.

México tiene una democracia descompuesta que necesita arreglar. México tiene una democracia atorada que necesita echar a andar. México tiene una democracia elitista que necesita ampliar. Abriendo espacios a la ciudadanía para que su participación cuente; generando incentivos para que los legisladores y los presidentes municipales se vean obligados a rendir cuentas, cosa que no hacen hoy; dando poder a los votantes para que puedan generar contrapesos sociales a los poderes fácticos; creando vínculos de exigencia y representación entre los gobernados y los gobernantes. Reformas con la capacidad de airear, sacudir, relegitimar, disminuir la excepcionalidad de la democracia mexicana y normalizar su funcionamiento.

Para entrenar al perro inusual hará falta pensar en medidas que ayuden a colocar una correa democrática alrededor de su cuello. Para obligar al can a obedecer a los ciudadanos en lugar de morderlos, será imperativo discutir la apertura de los medios y el financiamiento a los partidos y la desaparición del fuero y las acciones colectivas eficaces y el fortalecimiento de los órganos autónomos y la obligatoriedad de la transparencia y la rendición de cuentas y todo aquello que le permita a los mexicanos proteger sus derechos. Todo aquello que obligue a los partidos a ceder parte de su poder. Todo aquello que refresque la representación política. Todo aquello que logre sacar a México de la jauría de las democracias exóticas, para colocarla en la camada de las democracias más normalitas. Todo lo que coloque una correa ciudadana ante el poder de los partidos y los medios. Y así, domesticar al perro verde.

VI. NUESTROS PENDIENTES

El crimen es contagioso. Si el gobierno viola la ley, engendra desprecio por la ley; invita a cada hombre a convertirse en una ley para sí mismo; invita a la anarquía.

LOUIS BRANDEIS

Si el crimen y los delitos crecen, es evidencia de que la miseria va en aumento y de que la sociedad está mal gobernada.

NAPOLEÓN

EL NARCOTRÁFICO:
¿ACORRALADO O INVENCIBLE?

Policías encajuelados. Hombres entambados. Cuerpos decapitados. Militares acribillados. Ciudadanos atemorizados. Automóviles quemados. Miles de ejecutados en los últimos años. Víctimas de una guerra brutal, fútil, inacabable. Víctimas de una lucha que el gobierno dice que podrá ganar pero no logrará hacerlo. Porque la guerra contra las drogas nunca concluirá con un triunfo medible de los buenos sobre los malos, con una victoria contundente que el país pueda celebrar. Porque una de las primeras bajas que produce cualquier guerra es el ocultamiento de la verdad. El ofuscamiento de una realidad en la que —como diría George Orwell— "denunciamos la guerra mientras preservamos el tipo de sociedad que la hace inevitable". México, el país donde la expansión del narcotráfico es un síntoma más de todo lo que no funciona.

Donde las muertes sin sentido se han vuelto insoportablemente repetitivas. Donde se atacan los efectos, pero no las causas. Donde muchos critican la violencia que el narcotráfico produce, pero pocos hablan de la estructura económica, política y social que lo hace posible. Ese andamiaje de políticos que protegen a narcotraficantes y narcotraficantes que financian a políticos; de criminales organizados que lavan dinero e instituciones financieras que se benefician con ello; de sicarios que asesinan a policías y policías que les pagan para hacerlo; de jueces que se vuelven cómplices del crímen organizado y el crímen organizado que los soborna. Por eso cuando funcionarios gubernamentales declaran que: "El Estado mexicano es mucho más poderoso que cualquier capacidad de estos grupos para corromper instituciones, intimidar a la sociedad o destruir vidas humanas" denotan cuán poco entienden el problema.

Muertos por el narcotráfico.

Hoy el Estado mexicano ha sido infiltrado por las fuerzas que dice combatir. Hoy el Estado mexicano declara que va gananado la guerra contra los malos, cuando en realidad los alberga. La historia de la "guerra" contra el narcotráfico en México es una de simetrías y mimetismos y complicidades. La corrupción en las calles es reflejada en cada pasillo del poder, en cada división del Ejército, en cada escuadrón de la policía, en cada Ministerio Público, en cada juzgado, en cada pueblo en el cual las víctimas de la violencia temen hablar o denunciar o confrontar.

Por eso se ha vuelto cada vez más difícil distinguir entre aquellos que combaten al narcotráfico de aquellos que participan en él. Entre los policías encargados de aplicar la ley y los policías dedicados a violarla. Y ante ello no sorprende que, como parte de las operaciones en Ciudad Juárez y Tijuana, las fuerzas policiacas se hayan visto obligadas a entregar sus armas; con demasiada frecuencia son usadas para cometer crímenes en vez de prevenirlos. En esos sitios se ha importado al Ejército para proteger a la población de la policía; de los que fueron contratados para confrontar a los criminales pero acaban aliándose con ellos. ¿Cómo olvidar que cuando "El Güero" Palma fue arrestado en 1995, estaba en casa de un comandante de la policía local? ¿Cómo entender que cuando un policía es despedido, es reubicado a otra zona del país o integrado a una banda criminal? ¿Cómo ignorar que 65 por ciento de la población desconfía de la policía judicial estatal y 70 por ciento de la policía preventiva?

El narcotráfico se nutre de una vasta red, tejida a lo largo de los años para constreñir la rendición de cuentas. Vive de la corrupción compartida, del Estado de Derecho intermitente, de la incapacidad de la clase política para actuar honestamente. Por eso la decisión de sacar a los soldados de los cuarteles debe despertar dudas. Debe generar preguntas. Debe ser vista como una medida temporal y no como una solución permanente. Porque el uso del ejército como un arma ambulante puede resolver problemas cortoplacistas de imagen, pero producir problemas eventuales de gobernabilidad. Porque la conversión del ejército en fuerza de contención del narcotráfico, expone a una de las pocas instituciones creíbles del país a la corrupción que ha dañado a las demás. Allí está el caso del general Gutiérrez Rebollo para evidenciarlo. Allí está la fuga de "El Chapo" Guzmán —ocultado según dicen en guarniciones militares y protegido por generales— para constatarlo.

"Los operativos están dando resultados", dicen. "Vamos ganando aunque no parezca", declaran el presidente y y el secretario de Seguridad Pública y el vocero del gobierno. Unos y otros, argumentando que la violencia es resultado de la eficiencia; el aumento en las ejecuciones es indicador de las interdicciones; la multiplicación de las muertes es evidencia de mano firme y no de mano ineficaz. Unos y otros, compitiendo para probar cuán dracionanos son. Unos y otros, cerrando los ojos ante fuerzas sociales y económicas demasiado arraigadas para ser combatidas tan sólo con más armas, más balas, más policías, más militares, más sangre en el suelo, más soluciones simplistas a problemas complejos.

© Benjamín Flores / Proceso

"El Chapo" Guzmán.

Los defensores de la estrategia actual han hecho una declaración de guerra que —en realidad— constituye una admisión de derrota frente a intereses que no pueden desarticular. Todos, ignorando los problemas estructurales de un país con una sub-clase permanente de 50 millones de pobres. Con un sistema policiaco disfuncional. Con una corrupción que por conveniencia política nadie quiere combatir. Con un sistema educativo demasiado maltrecho como para asegurar la movilidad social, y por ello la economía ilegítima del narcotráfico se vuelve la única solución para tantos mexicanos. Éstos son patrones históricos, patrones intransigentes, patrones recalcitrantes que abonan el terreno para el narcotráfico y quienes viven y se enriquecen con él. El negocio del narcotráfico va en ascenso porque México le ha apostado a que su destino no depende de la incorporación de la mitad de su población al desarrollo nacional.

Podemos seguir culpando a Estados Unidos por la demanda de drogas que genera. Podemos seguir mascullando sobre el flujo de armas a lo largo de la frontera. Podemos criticar a la Iniciativa Mérida y denunciar la protección de los derechos humanos que contiene como condición. Podemos sentirnos más nacionalistas y más patrióticos al envolvernos en la bandera. Pero eso no será suficiente para entender la dimensión del problema ni proveerá la honestidad suficiente para encararlo. La incompetencia y la corrupción persisten en ambos lados de la frontera. La proliferación de policías corrompidos e instituciones infiltradas es un fenómeno bilateral.

México está pagando un precio muy alto para satisfacer el apetito estadounidense, pero también es responsable de su propia voracidad, de su propia complicidad. De nuestra propia incapacidad para hacer del Estado de Derecho una realidad y no una mera aspiración retórica. De nuestra incapacidad para construir un país incluyente, próspero, en el cual los ciudadanos tienen empleos bien remunerados y no siembran o transportan enervantes. Y esto debe cambiar. No importa cuántos recursos se destinen, cuántos policías se entrenen, cuántas armas se usen, cuántos helicópteros se compren. Colombia ha gastado más de diez mil millones de dólares en la guerra contra el narcotráfico con resultados mixtos: más seguridad pero mismo nivel de drogas. La lección es clara. El principal objetivo de la guerra que el gobierno quiere ganar no debe ser la destrucción de los carteles, sino la construcción del Estado de Derecho. La meta no debe ser matar a más capos, sino mejorar la aplicación de las leyes en un país para todos.

Hasta el momento, las acciones de Felipe Calderón en el combate al crimen están encaminadas hacia una reconquista temporal de territorios tomados. Pero la posibilidad de un México más seguro y menos violento dependerá de la capacidad del gobierno para remodelar el andamiaje judicial, para reformar el aparato policial, para sancionar la corrupción en vez de solaparla. Para iniciar investigaciones necesarias sobre quién hace qué y quién protege a quién. En pocas palabras, el gobierno —a nivel federal, estatal y municipal— tendría que combatir a narcotraficantes y a funcionarios que los protegen. Tendría que confrontar a criminales en la calle y a sus cómplices en los pasillos del poder. Tendría que atrapar a hombres que violan la ley y remodelar a las instituciones que han puesto a su disposición.

Pero para ello va a ser necesario confrontar verdades más profundas. El narcotráfico es un sistema edificado sobre la corrupción, mantenido por la conveniencia, basado en una mentira que nadie quiere reconocer. Esta guerra no tiene fin. Pretender ganarla sin legalizar las drogas es como pensar que es posible ganarle a un terremoto, o a un huracán. Por cada capo atrapado o asesinado habrá otro que surja en su lugar. Como lamenta el policía McNulty en la escena final de *The Wire* —la serie de televisión que plasmó la guerra fútil contra el narcotráfico en Baltimore— cuando mira con amor y tristeza a su ciudad devastada y musita: "Es lo que es."

LA ESTRATEGIA GUBERNAMENTAL: ¿CORRECTA O CONTRAPRODUCENTE?

"Habló demasiado" es el mensaje colocado encima de un cuerpo sin cabeza. "Para que aprendan a respetar" dice el letrero pegado a un torso sin brazos. "Te lo merecías" dice la nota dejada al lado de un hombre torturado. En las plazas y en las calles y en los lotes baldíos y ante las puertas de un cuartel del Ejército. En Apatzingán y en Zitácuaro y en Morelia y en Tierra Caliente. Muestras de la caligrafía del crimen, ejemplos de la sintaxis del silenciamiento, señales del surgimiento de un estado paralelo en Michoacán y microcosmos de lo que también ocurre en otros lugares de la República. Esos sitios donde no gobierna el gobierno sino "La familia"; donde no se aplica la ley sino la regla de "plata o plomo"; donde antes que hablarle a un policía en busca de protección, la ciudadanía prefiere que un cártel la provea. Ante ello, la futilidad de una guerra mal librada contra un Estado paralelo, descrita de forma devastadora en el artículo de William Finnegan en *The New Yorker*.

© Beto Torres / Archivo Proceso

Atentado en Morelia, Michoacán.

Historia tras historia de secuestros, extorsiones, torturas, asesinatos, robos, corrupción, desempleo, y el simple temor de salir a las calle. Historia tras historia de lo que significa vivir en un municipio asediado, en un estado capturado, bajo el mando de una fuerza paralela a la del gobierno que se ha convertido —como dice un maestro de Zitácuaro— en "segunda ley". A pesar de los 50 mil soldados en las carreteras. A pesar de los veinte mil policías federales en las calles. Sindicatos criminales como La familia crecen y controlan, deciden y se diversifican. Si alguien necesita cobrar una deuda, recurre a ellos. Si alguien necesita protección, se la pide a ellos.

Gracias a los "soldados" que ha logrado formar, a los jóvenes que ha podido reclutar, a la base social que ha logrado forjar. Los campesinos que antes cultivaban melones, ahora siembran mariguana. Los ejidatarios que antes exportaban sorgo, ahora transportan cocaína. Los trabajadores que antes emigraban a Estados Unidos en busca de movilidad social, ahora saben que un cártel la asegurará. Los Ni Ni's que ni estudian ni trabajan se integrarán a las filas de un ejército que les paga muy bien. La familia no sólo ofrece empleo a quienes lo necesitan. También construye escuelas, organiza fiestas, cobra impuestos, disciplina adolescentes, y regala canchas de básquetbol. Se erige en árbitro de la paz social. Cultiva lealtades y echa raíces. Para sus miles de beneficiarios, la cruzada de Felipe Calderón no es una salvación sino una agresión.

Según algunos funcionarios gubernamentales, la anuencia social ante los cárteles es producto del "síndrome de Estocolmo": la tendencia de los torturados a sentir empatía con sus torturadores, la propensión de los secuestrados a sentir simpatía por sus secuestradores. Pero quizá la aquiescencia refleja algo más profundo y más difícil de encarar. La transición democrática acaba con la "pax mafiosa" que el PRI había pactado con el crimen organizado. La democracia entraña el fin de viejos acuerdos y el principio de nuevas rivalidades entre grupos que el poder central ya no es capaz de controlar. Y por ello surge un vacío que los cárteles pueden llenar ante la impotencia y la incapacidad del gobierno, ya sea federal, estatal o municipal. El crimen organizado comienza a suplir las deficiencias del Estado.

Cuando la población no cree en la policía o en las cortes, los criminales toman ese papel. Cuando el Estado no puede ofrecer seguridad o empleo o cobertura médica o rutas para el ascenso social o bienes públicos, los cárteles empiezan a hacerlo. Como le explica una michoacana y madre soltera a Finnegan: "Tengo un número al que hablo. Si tengo un problema, si alguien me está amenazando, si alguien está tratando de robar mi carro, sólo les llamo y mandan a un policía. La policía trabaja para ellos (los narcos)." Fernando Gómez Mont argumentaba que los criminales estaban perdiendo "cobertura institucional", cuando ya habían logrado poner a las intituciones a su servicio. Es precisamente por ello que 59 por ciento de los mexicanos —según una encuesta— no cree que el gobierno vaya ganando la guerra que declaró.

En los últimos años México padece niveles de violencia sin precedentes. Como argumenta Fernando Escalante en el artículo "La muerte tiene permiso" —publicado en la revista *Nexos*— la tasa nacional de homicidios sube un 50 por ciento en 2008, y de nuevo 50 por ciento en 2009, llegando a casi veinte mil. La tendencia ascendente se da en el segundo año del gobierno de Felipe Calderón y se vuelve imperativo entender por qué. La explicacion oficial se ha vuelto un lugar común: los homicidios provienen de cárteles peleando contra cárteles; las muertes son producto de la confrontación entre capos; la violencia es resultado de una estrategia exitosa no de una intervención ineficaz. Se nos dice que México es un país más violento porque los criminales desesperados se están destazando entre sí. Entonces, según la estrategia gubernamental, la violencia se vuelve aceptable, justificable, hasta necesaria.

Pero aquí van algunas preguntas provocadoras: ¿Y si la violencia es usada no sólo por narcotraficantes sino también por otros grupos armados que recurren a ella para defender lo que creen que es suyo ante el desmoronamiento de la autoridad? ¿Y si la "guerra contra el narcotráfico" fuera el contexto pero no la explicación? ¿Y si la violencia no fuera muestra del poder del Estado sino evidencia de su mala imposición?

Los números de Escalante muestran una realidad preocupante, una coincidencia alarmante. En diversos estados la tasa de homicidios se dispara a partir de la fecha del despliegue del ejército y las fuerzas federales. El arribo de tropas no reduce la violencia. Al contrario, parece exacerbarla. El patrullaje de la policía federal no contiene la inseguridad. Al contrario, parece llevar a su aumento. Lo que se presenta como "éxito" está lejos de serlo en los municipios donde salir por la noche se ha vuelto peligroso, donde comer en un restaurante se ha vuelto un riesgo, donde asistir a una fiesta equivale a poner la vida en juego. Los operativos conjuntos pueden ser, literalmente, el beso de la muerte.

Este argumento parece contraintuitivo, pero lleva a conjeturas interesantes. La llegada del Ejército muchas veces trae consigo el desmantelamiento de la policía municipal. Y esa policía —corrupta, infiltrada, cooptada— era la encargada de mantener el orden a través de acuerdos informales, de pactos extra legales. Su desaparición trae consigo el desmoronamiento de arreglos ancestrales, de negociaciones de largo tiempo y de largo alcance. La paz corrupta desde abajo es sustituida por la imposición del orden desde arriba. Y ese orden impuesto desde el Ejecutivo Federal es demasiado intermitente, demasiado insuficiente, demasiado desconocedor de la realidad local.

Ejército.

La presencia del Ejército genera vacíos que cualquier persona con un arma se apresta a llenar; la presencia de la policía federal genera la incertidumbre que distintos grupos armados quieren aprovechar. Ya sean comuneros o ejidatarios o rancheros o talamontes o contrabandistas o ambulantes o policías privados o guardaespaldas o sindicalistas o ex policías. El rompimiento del orden local genera la defensa de lo individual. El colapso del entramado institucional conlleva la protección de lo personal, pistola en mano. Allí está la clave de la violencia más allá de lo que el gobierno de Felipe Calderón necesita encarar. Allí está el reto para México: cómo recomponer el orden local pero sobre los cimientos de la ley y no con base en los disparos.

Mientras tanto, Felipe Calderón ha declarado con vehemencia: "No nos vamos a dejar dominar por una bola de maleantes que son una ridícula minoría." Sin duda se refiere a los narcotraficantes, a los criminales organizados, a los secuestradores, a los capos, a los Zetas, a los sicarios, a todos aquellos que retan a la autoridad y buscan ser dueños de la plaza que el Estado necesita monopolizar. Pero al escucharlo, resulta difícil minimizar el problema como él intenta hacerlo. Resulta inverosímil pensar que el reto para México se reduce a un manojo de personas violentas con camionetas y ametralladoras que el despliegue creciente de la fuerza pública logrará —algún día— subyugar. La situación es más grave de lo que se admite, más compleja de lo que se discute, más difícil de lo que el gobierno calderonista quiere reconocer.

Como lo revela el libro *El México narco* coordinado por Rafael Rodríguez Castañeda, el narcotráfico ha invadido el territorio nacional, región tras región, estado tras estado. Con la complacencia y la complicidad de las autoridades —civiles, policiacas, militares— el narcotráfico ha convertido al país en una potencia de producción, venta, distribución y exportación de estupefacientes. Desde Tijuana hasta Cancún, desde Reynosa hasta Tapachula, los cárteles imponen sus propias leyes, cobran sus propios impuestos, instalan sus propios gobiernos. La "ridícula minoría" ha logrado poner en jaque a la impotente mayoría. México no puede ser catalogado como un Estado fallido, pero se ha convertido —en ciertas franjas del territorio nacional— en un Estado acorralado.

Si durante el sexenio de Vicente Fox, la PGR había detectado la presencia de siete cárteles bien estructurados y bien protegidos, ahora vemos su multiplicación. Su diversificación. Su participación en nuevos negocios como el secuestro y el tráfico de personas. El mercado del delito es más amplio y más competido; más grande y más reñido. Basta con mirar a Aguascalientes que dejó de ser el "oasis de tranquilidad" para convertirse en un sitio de enfrentamientos constantes entre los cárteles de Juárez y Sinaloa. O Durango, el estado de la impunidad garantizada. O Campeche, donde la exuberancia natural, la pobreza de sus habitantes y la añeja corrupción gubernamental han creado una base ideal para el narco. O Chihuahua, donde las peleas entre los Carrillo Fuentes y "El Chapo" Guzmán han diezmado a la región. O el Distrito Federal, donde células de los cárteles de Juárez, los Arellano Félix, los Valencia, del Golfo, de Culiacán, los Beltrán Leyva, y La familia Michoacana mantienen una activa presencia, al igual que en la tierra de Enrique Peña Nieto.

Ejemplos de cómo las "ridículas minorías" van inflitrando, avanzando, imponiendo, erosionando, montadas sobre un andamiaje institucional corroído. El tamaño del narcotráfico en México equivale a la magnitud de la corrupción; a la existencia precaria o inexistente del Estado de Derecho. El mapa de los cárteles de la droga coincide, casi calcado, con el entramado gubernamental. Con los miembros del Ejército comprados. Con las corporaciones policiacas corrompidas. Con el Poder Judicial cómplice. Con los periodistas locales intimidados o asesinados. En México la frontera entre legalidad y delito es cada vez más tenue, más difusa, más permeable.

Como argumenta Rodríguez Castañeda, "se corrompe arriba, se corrompe abajo y a los lados". La complicidad generada por un mercado multimillonario trastoca tanto la base de la pirámide social como la punta del poder oficial. Ante ello, Felipe Calderón argumenta que sería ingenuo cambiar de estrategia; fustiga a sus críticos por tan sólo sugerirlo; defiende lo que ha hecho sin abrir la posibilidad de un planteamiento alternativo. Pero la realidad recalcitrante sugiere que llegó la hora de repensar la visión oficial y nadie está proponiendo que deje de combatir a los criminales. De lo que se trata es de hacerlo con más inteligencia y con una visión más amplia que vaya a la raíz del problema. México es un país de crímenes sin castigos; de delincuentes rara vez aprehendidos y muchas veces liberados. De 100 delitos denunciados sólo en tres casos se llega a sancionar a algún responsable. Combatir el narcotráfico sin combatir la impunidad, eso sí, es una guerra fallida.

De poco sirve un despliegue masivo de tropas y fuerzas de seguridad federal, que en el mejor de los casos, son un disuasivo temporal para la actividad criminal. Hay que pensar menos en como atrapar capos y más en como profesionalizar policías. Hay que centrar menos atención a la interdicción de drogas y más hacia la construcción de juzgados funcionales. Hay que dedicar menos tiempo a perseguir narcotraficantes dentro de las universidades y más tiempo investigando y frenando los flujos financieros que les permiten operar. Hay que utilizar menos recursos atrapando a quienes viven del mercado del narcotráfico, y más en cómo despenalizarlo para coartar sus ganancias. Si no, la "ridícula minoría" seguirá riéndose de Felipe Calderón mientras se adueña de su plaza.

Pelear mejor esta guerra requeriría, como lo ha subrayado Edgardo Buscaglia del ITAM, una estrategia menos centrada en la aprehensión de los cabecillas y más en la incautación de sus bienes. Requeriría no sólo el combate militar, sino también una estrategia financiera para confiscar cuentas y combatir frontalmente la corrupción en las cortes y en las presidencias municipales y en las gubernaturas y en cada pasillo del poder. Si no, por cada criminal aprehendido, habrá un criminal liberado. Por cada líder extraditado, habrá otro que lo reemplace. Por cada narcotraficante capturado, habrá otro entre los millones de desempleados en el país que lo sustituirá. Y México continuará siendo un lugar donde si no entregas la plata, te dispararán el plomo.

No es tiempo de caer en la tentación fácil de denominar a México como un Estado fallido. Pero sí es momento de preguntar —como lo hace Alma Guillermoprieto en el artículo "*Murderous* México" publicado en *The New York Review of Books*— si ante la infrenable actividad de criminales altamente organizados, el gobierno mexicano puede, de manera adecuada, garantizar la seguridad de sus ciudadanos en todo el país. Actualmente, la administración calderonista parece incapaz de hacerlo en amplias franjas del México rural o en ciudades importantes como Monterrey y Ciudad Juárez. Resulta evidente que la estrategia gubernamental, basada en una guerra frontal para atacar el enquistamiento criminal no está funcionando. Y lo que no sabemos es si cualquier estrategia alternativa podría tener éxito mientras persiste la demanda global de estupefacientes.

Esta guerra se libra contra un enemigo demasiado poderoso, demasiado atrincherado, demasiado rico. Y aunque el gobierno ha logrado capturar o matar a capos de alto nivel, las detenciones han provocado divisiones entre los cárteles y el surgimiento de nuevas organizaciones. A su vez, estas divisiones y las acciones vengativas contra el gobierno han generado una alza abrupta en la violencia. Y paradójicamente, aunque el gobierno ha logrado uno de sus principales objetivos —la fragmentación de las organizaciones criminales— su dispersión a lo largo del territorio nacional ha impedido la recuperación de espacios públicos. Al cortar una cabeza surgen cinco más.

Como lo explica Eduardo Guerrero en el documento "*Security, Drugs and Violence in* México", el problema radica en los supuestos equívocos detrás de la guerra calderonista y la información incompleta o errónea en la cual se basó. Felipe Calderón subestimó al enemigo. Menospreció su armamento moderno y poderoso, su logística sofisticada, la facilidad con la cual introduce armas al territorio nacional. No conocía la capacidad de los cárteles para recabar inteligencia gracias a la infiltración de la SSP y la PGR. No estaba al tanto de la abundancia de recursos humanos que nutren al crimen organizado —hombres jóvenes y campesinos en las regiones Centro y Sur del país— así como la protección social que recibe en numerosas comunidades, dado su papel de benefactor público.

Y tampoco conocía las flaquezas del gobierno cuando decidió declarar la guerra en la cual se halla inmerso. La penetración del narcotráfico en los niveles más altos de las agencias de seguridad y los conflictos burocráticos que hay entre ellas. La baja capacidad de recaudación de inteligencia entre los militares y las policías. La deficiente colaboración de las fuerzas estatales y municipales. Pero peor aún: la guerra calderonista se ha basado en estrategias múltiples, vagas y a veces incompatibles entre sí. Por ejemplo, la desarticulación de organizaciones criminales no sólo obstruye la recuperación de espacios públicos, sino también trae consigo la invasión de nuevos territorios y la multiplicación de la violencia.

Dados los resultados obtenidos hasta el momento, es obvio que esta guerra —librada así— no va a producir una victoria contundente sino una violencia sin fin. Lewis Mumford, el historiador estadounidense tenía razón: la guerra es producto de una corrupción anterior y produce nuevas corrupciones.

DOS OPCIONES: ¿LEGALIZAR O COLOMBIANIZAR?

El mismo guión. La misma obra. Las mismas escenas. Las mismas promesas vertidas. Los mismos compromisos firmados, con alguna que otra pequeña variante, o nuevos actores con nombres y apellidos diferentes aunque los cargos sean iguales. Antes era Madeleine Albright y ahora es Hillary Clinton. Antes era el general Gutiérrez Rebollo y ahora es el general Guillermo Galván. Antes era Barry McCaffrey y ahora es Gil Kerlikowski. Antes era Ernesto Zedillo y ahora es Felipe Calderón. Pero la gran obra teatral de combate al narcotráfico continúa en la cartelera binacional, sin grandes cambios aunque se insiste en que "ahora sí" habrá un enfoque diferente, un reconocimiento de responsabilidades compartidas, un método distinto de encarar la lucha contra las drogas y la violencia que engendra. Pero en realidad no es así, y cada reunión entre funcionarios de alto nivel lo revela. Como advierte Ethan Nadelmann en la revista *Foreign Policy*, en cuanto al tema de las drogas se refiere, México y Estados Unidos parecen ser adictos al fracaso.

Año tras año, cumbre tras cumbre, acuerdo tras acuerdo, las discusiones se desarrollan siempre de la misma manera. Quizá los discursos se hayan vuelto más sofisticados o la encargada de pronunciarlos lo haga con mayor elocuencia, como es el caso de Hillary Clinton. Pero son versiones facsimilares de posiciones reiterativas. Son reuniones ceremoniales, convocadas para demostrar sensibilidad ante incidentes noticiosos —como los asesinatos de funcionarios estadounidenses en Ciudad Juárez o San Luis Potosí— pero siempre concluyen de modo similar. El espaldarazo estadounidense al presidente mexicano en turno, al que se congratula por su "valentía" y "compromiso". La llamada solidaria desde la Casa Blanca. La lista acostumbrada de acciones conjuntas, acuerdos logrados, esfuerzos para combatir la oferta de drogas en México y limitar el consumo en Estados Unidos. La lista ampliada de los programas piloto que se echarán a andar, el flujo de armas que se controlará, los estudios sobre la drogadicción que se pondrán en marcha.

Incluso ahora se habla de la "novedad" que incluye el "enfoque social" que se le dará a los recursos de la Iniciativa Mérida. Se enfatiza que tanto el gobierno de México como el de Estados Unidos han aprendido que no basta con enviar al Ejército o desplegar una estrategia puramente delincuencial en la guerra contra el narcotráfico y entonces la atención abarcará el desarrollo económico y social en las comunidades más afectadas por la violencia. Se subraya la inversión en el combate a la corrupción, en las reformas judiciales, en la atención integral a las comunidades fronterizas en ambas naciones. Pero en el fondo, no hay nada nuevo bajo el sol, ni en Ciudad Júarez, ni en El Paso ni en Tijuana, ni en el Distrito Federal ni en Washington. Y por ello la recitación de buenas intenciones cada par de meses suena tan hueca, tan cansada. Las reuniones de alto nivel que presenciamos en los últimos tiempos probablemente son el preludio de un mayor involucramiento estadounidense —en términos de presencia, asesoría, equipo, entrenamiento y recursos— pero no entrañan un viraje sustancial en la visión simplista y contraproducente que ha predominado desde hace décadas.

Esa visión desde la cual el combate al narcotráfico parte de premisas supuestamente inamovibles e incuestionables: la "guerra" contra las drogas puede ser ganada; Estados Unidos puede reducir la demanda de drogas y lo intentará; la respuesta real se halla en la reducción de la demanda y México si se lo propone puede lograr ese objetivo; la política anti drogas de Estados Unidos debe ser la política anti drogas del resto de América Latina; la legalización podría ser buena pero jamás ocurrirá. Éstas son ideas escritas en piedra, repetidas hasta el cansancio por funcionarios en ambos lados de la frontera, diseminadas por *policy-makers* estadounidenses y memorizadas por políticos mexicanos. Pero como lo ha sugerido Nadelmann, cada una de estas premisas puede y debe ser confrontada. Cada uno de estos argumentos puede y debe ser revisado. La futilidad de la guerra contra las drogas —librada como se hace hoy— es cada vez más obvia. Más evidente. Más dolorosa.

La guerra contra el narcotráfico no ha mejorado la salud de México, la ha empeorado. No ha contribuido a combatir la corrupción, la ha exacerbado. No ha llevado a la construcción del Estado de Derecho, más bien ha distraído la atención que siempre debió haber estado puesta allí. No ha atendido el problema del crimen organizado, más bien ha contribuido a su enquistamiento y expansión. No ha encarado los problemas históricos de corrupción política y complicidad gubernamental, tan sólo ha ayudado a profundizarlos.

Por ello llegó la hora de reflexionar seriamente en otras opciones, en otras alternativas, en otras maneras de pensar sobre las drogas y reaccionar ante los retos que producen. Como lo han sugerido distintas voces desde distintas latitudes y convicciones políticas, el curso más racional para México sería contemplar la legalización de la mariguana. Lo han propuesto ex presidentes latinoamericanos como César Gaviria, Ernesto Zedillo y Fernando Henrique Cardoso en su estudio "Drogas y democracia: hacia un cambio de paradigma". Lo han argumentado quienes piensan que la legalización de ciertas sustancias sería la manera de reducir los precios de las drogas y así proveer el único remedio a las múltiples plagas que provocan: la violencia, la corrupción, el colapso del andamiaje del gobierno en sitios como Ciudad Juárez y Monterrey.

México necesita demostrar la capacidad para determinar su propio destino y tomar decisiones que fortalezcan su seguridad nacional, que promuevan su estabilidad política y construyan su cohesión social. Caminar en esa dirección entrañaría empezar un amplio debate público sobre la despenalización limitada como un instrumento —entre otros— capaz de desmantelar un mercado demasiado poderoso para ser vencido por cualquier gobierno. Significaría mirar y emular lo que han hecho otros países, incluso estados dentro de la Unión Americana, como California, donde avanza la despenalización. Pero implicaría, más que nada, reconocer nuestra propia adicción y lidiar con ella. El gobierno mexicano se ha vuelto adicto a una política anti drogas fallida que lo lleva a dedicar cada vez más recursos, más dinero, más armas y más tropas a una guerra que nunca podrá ganar.

Representantes gubernamentales convocan foros, dialogan con gobernadores, invitan a dirigentes de partidos políticos, escuchan a académicos, se reúnen con diversas organizaciones de la sociedad. El objetivo es "hacer de la lucha por la seguridad nacional una política de Estado, no una política de un presidente o de un gobierno". Pero hay algo que ni el gobierno ni el país han logrado comprender. En cuanto a opciones para enfrentar el narcotráfico y los males que engendra —violencia, corrupción, desmoronamiento institucional— no hay mucho de dónde escoger. O se legaliza o se colombianiza. O se regulan las drogas o se involucra de manera mucho más abierta a Estados Unidos para combatirlas.

Pero Felipe Calderón no entiende este dilema o no quiere enfrentarlo. Quiere mayor involucramiento de múltiples actores para que la ofensiva emprendida no sea percibida como "su guerra"; quiere mayor diseminación de información oficial para que la sociedad comprenda por qué hace lo que hace y decide lo que decide; quiere mayor colaboración periodística en la cobertura de muertes y mantas, para no proporcionarle ayuda al adversario. Nada más y nada menos. No hay nada en su comportamiento que sea señal de un cambio de ruta, indicio de un golpe de timón, sugerencia de un replanteamiento fundacional. El meollo del asunto parece ser el siguiente: o el gobierno de Calderón no sabe qué tipo de estrategia distinta desea instrumentar, o quiere seguir con la misma —incorporando algunas sugerencias de orden cosmético— pero con mayor legitimación social.

No hemos escuchado una sola idea nueva planteada por el presidente. No hemos oído un sólo replanteamiento profundo de su parte. Lo diferente es el reconocimiento a la necesidad de diálogo. Lo novedoso es que se comparta información en lugar de amurallarla. Pero la humildad no es política pública. La explicación no implica reorientación. La apertura no constituye —en sí misma— la pavimentación de un nuevo camino para sacar a México del caos. El énfasis presidencial en la "recuperación de los valores", el sentido de "mística" de las policías, la "participación social" en la denuncia del crimen revela anhelos, pero poco más.

Mientras tanto, lo que sí hemos escuchado de Felipe Calderón es su oposición vehemente a la legalización de las drogas. Está dispuesto a que otros debatan el tema pero jamás lo hará suyo. Insiste en que los perjuicios serían mayores a los beneficios a pesar de la información comparativa disponible que subraya lo contrario. Argumenta que el consumo se dispararía aunque la despenalización de la mariguana en otros países no ha producido ese resultado. No está dispuesto a considerar una opción que muchos expertos y ex presidentes han empujado, ante el fracaso histórico y comprobado de otras alternativas en otras latitudes. Así, con una posición que parece más enraizada en prejuicios morales que en razonamientos sopesados, el presidente descarta una opción que México puede y debe considerar. Aunque sea difícil reconocerlo, en este tema Vicente Fox tiene razón: "Hoy estamos trabajando para Estados Unidos y, mientras, ellos no hacen su tarea" para limitar su propio consumo y reducir el tráfico de armas, México aguanta las muertes y los crímenes y los cárteles. La legalización —mediante un mercado bien regulado por el Estado— podría romper la estructura económica que produce ganancias descomunales para mafias incontenibles. Y ése sería un primer paso para disminuir la violencia y contener la corrupción.

Al descartar este paso, Felipe Calderón coloca al país en una situación en la cual sólo tiene dos alternativas. Seguir insistiendo en la misma estrategia con los resultados fallidos que ya hemos visto, o reproducir el modelo colombiano. De hecho, el presidente —en varias ocasiones— ha manifestado su admiración a lo que Colombia ha logrado hacer en los últimos años. Y sin duda, como lo ha argumentado Michael Shifter del *Inter-American Dialogue* en su artículo *"A Decade of Plan Colombia"*, las condiciones de seguridad allí han mejorado de manera importante en la última década. Ya no puede ser descrito como un "Estado fallido", como un país en la frontera del caos, a pesar de que sigue produciendo drogas. Las masacres han disminuido, los homicidios han caído, los secuestros han descendido, el sistema judicial ha mejorado, el Estado ha logrado restablecer su autoridad. Pero todo ello se logró gracias a lo que Felipe Calderón tendría que exigir, explicar, legitimar: la intervención estratégica, el entrenamiento táctico, la presencia militar de Estados Unidos a cada paso. Porque es poco probable que la pacificación colombiana hubiera ocurrido sin el apoyo estadounidense de gran calado que el "Plan Colombia" implicó.

Si Felipe Calderón rechaza la legalización en México, sólo le queda exigir el combate colombianizado con la ayuda militar de Estados Unidos. Eso implicaría que el presidente reconociera todo lo que no ha querido reconocer hasta el momento. Que la eficacia fundamental del Estado mexicano está en juego. Que si no se contempla la legalización, el deterioro en la situación de seguridad seguirá siendo progresivo y México no tendrá más remedio que solicitar una intervención estadounidense aún mayor de la que se ha dado hasta ahora. Que esa intervención implicaría no sólo la provisión de equipo militar a México, sino también la presencia de personal militar estadounidense en territorio mexicano, algo que muchos mexicanos rechazarían, y con razón. Que el costo en cuestión de derechos humanos sería tan alto como lo fue en Colombia. Que Calderón se vería obligado a tocar en las puertas de Washington pidiendo más ayuda y más dinero, cuando Barack Obama está intentando cerrar otros frentes y gastar menos en otras batallas. Que el presidente tendría que convencer a la población mexicana sobre la conveniencia de emular el ejemplo colombiano, a pesar de los claroscuros que contiene. Esa es la dura realidad que el debate actual en México no ha querido enfrentar. Esa es la terrible disyuntiva que el país necesita entender. Quizá sólo hay dos sopas poco apetitosas: legalizar o colombianizar.

EL ESTADO DE DERECHO: ¿EXISTENTE O INTERMITENTE?

"Estamos lejos, muy lejos de casa. Nuestra casa está lejos, muy lejos de nosotros" canta Bruce Springsteen. Y así se siente vivir en México en estos días atribulados. Lejos del hogar y cerca de todo aquello que lo acecha. Lejos del sosiego y cerca de la ansiedad. Lejos de la paz y cerca del miedo. Siempre alertas, siempre nerviosos, siempre sospechosos hasta de nuestra propia sombra. Invadidos permanentemente por el temor fundado a caminar en la calle, andar en el auto, abrir la puerta, parar a un taxi, cobrar un cheque, sacar dinero de un cajero automático, recibir la llamada de algún secuestrador, perder a un hijo, enterrar a un padre. Aristófanes definió la casa como el lugar donde los hombres prosperan, pero hoy en México, la casa colectiva se ha vuelto el lugar donde demasiados mueren. Acribillados por un narcotraficante o asaltados por un delincuente o baleados por un policía o asfixiados por un miembro de alguna banda criminal.

México entre los quince países del mundo más peligrosos para ser periodista. México comparable con Iraq, Rusia, Colombia, Bosnia, Ruanda, Sierra Leona, Somalia, Afganistán. Donde cargar con una grabadora o una cámara de televisión o una libreta puede ser una actividad de alto riesgo. Donde hacer preguntas incómodas puede acarrear consecuencias mortales. Decenas de periodistas atacados en una oficina, balaceados en un auto, secuestrados en una calle. Señales inequívocas de un país que no puede proteger a quienes se dedican a decir la verdad y desenterrarla. Signos de la impunidad ignorada, la incompetencia institucionalizada, la violencia que parece normal cuando no debería serlo. Una lista que crece día tras día sin que alguien haga algo. Una lista de hombres y mujeres cuyo destino fatídico revela lo peor de nosotros mismos.

Ante ello, la realidad —trágica, impactante, desgarradora— es que los caseros en la clase política no saben qué hacer. O peor aún: aunque lo sepan no parecen dispuestos a asumir la responsabilidad que les corresponde. Basta con examinar cualquier reunión del Consejo Nacional de Seguridad Pública y sus secuelas. Las caras largas, los discursos solemnes, las promesas reiteradas, las declaraciones enérgicas, el mensaje de "ahora sí". Allí están los 74 compromisos contraídos incluyendo la depuración de las policías y la creación de unidades antisecuestros y la construcción de penales federales y la regulación de la telefonía móvil y una nueva ley para combatir el delito del secuestro y una nueva base de datos, entre tantos más. Compromisos encomiables. Compromisos plausibles. Compromisos anunciados con anterioridad, reciclados una y otra vez.

No importa cuántos consejos se instalen o cúantas cumbres se organicen o cuántos compromisos se enlisten o cúantos discursos se pronuncien o cuántas marchas se organicen. México continuará siendo el tipo de país convulso que es mientras los criminales no sean castigados. Y eso jamás ocurrirá mientras los iconos de la impunidad sigan habitando la casa de todos, en lugar de ser expulsados de ella. Mientras los que violan la ley permanezcan en el poder, en lugar de ser removidos de allí. Mientras los responsables de la violencia promovida desde el Estado sean convocados en vez de ser sancionados. ¿Qué credibilidad puede tener el primer Acuerdo por la Seguridad, la Justicia y la Legalidad cuando Mario Marín —siendo gobernador— lo suscribió? ¿Qué credibilidad podía tener una iniciativa para sancionar el secuestro cuando Ulises Ruiz —siendo gobernador— la avaló? ¿Qué credibilidad podía tener un esfuerzo por fomentar la transparencia cuando Carlos

Romero Deschamps lo firmó? ¿Qué posibilidad de éxito puede tener una cruzada contra el crimen enarbolada por quienes lo han perpetuado?

Ah, la raíz de todo es la impunidad, aseguran todos. "El crimen creció gracias a la impunidad", dice el presidente. "La proliferación del crimen no puede entenderse sin el cobijo que muchos años le fue brindando la impunidad", reitera. "La frustración ciudadana apunta a la impunidad con la que actúan los delincuentes y al grado de encubrimiento o franco involucramiento que ha desplegado el crimen organizado", argumenta. Tiene razón. Pero el problema es que Felipe Calderón y muchos otros miembros de la clase política se refieren a la impunidad como si no hubieran contribuido a institucionalizarla. Como si la impunidad fuera un fenómeno desvinculado de su propia actuación. Como si la culpa fuera tan sólo de ciudadanos apáticos y una sociedad que ha perdido los valores. Como si la impunidad no hubiera sido fomentada por gobernadores venales y líderes sindicales corruptos y presidentes acomodaticios. Como si los sentados en el Consejo de Seguridad no hubieran contribuido —desde hace décadas— a hacer de la impunidad una condición *sine qua non* del sistema político.

Como si nadie hubiera sabido —antes de su arresto— que Jorge Hank Rhon llevaba años mezclando la política con los negocios, los puestos públicos con el tráfico de influencias, los casinos con la colusión criminal, los escoltas de seguridad con el asesinato de periodistas. Como si nadie hubiera sabido que de galgo en galgo, de ocelote en ocelote, de concesión gubernamental en concesión gubernamental, Hank Rhon construyó un imperio impune bajo el sol. Gracias al perfil político de su padre, obtuvo ventajas económicas. Gracias al pragmatismo del PRI, obtuvo puestos políticos. Gracias a la protección de su partido, armó un archipiélago autoritario en Tijuana. Gracias a diversos presidentes, un tercio de los permisos para negocios de empresas de apuestas remotas y sorteos que existen en México le pertenecían.

Como alcalde administró —según un reporte de la SIEDO— una policía municipal infiltrada por el cartel de los Arellano Félix. Como empresario creó un Hipódromo que —según un cable de Wikileaks— se volvió refugio inexpugnable para cualquiera que cometiera un crimen o fuera buscado por las autoridades estadounidenses. Como hijo de una prominente familia política creó el Grupo Caliente que —según el Centro Nacional de Inteligencia sobre Drogas de Justicia de Estados Unidos— "representa el centro de las actividades delictivas, incluido el lavado de dinero y el almacenamiento de drogas". De acuerdo con la Operación White Tiger, basada en un análisis de setenta mil páginas, Jorge Hank Rhon es más abiertamente criminal, más peligroso y más propenso a la violencia que cualquier otro miembro de su familia.

Esta es una podredumbre que Felipe Calderón conocía, el PAN sabía, y el gobierno federal ignoró hasta que el PRI se volvió una amenaza electoral. Hasta que Enrique Peña Nieto se convirtió en el político más popular de México. Hasta que el Revolucionario Institucional se posicionó para ganar la gubernatura del Estado de México y la presidencia de la República. Y por ello el *timing* del golpe, un mes antes de la contienda mexiquense. Y por ello la dirección del golpe, dirigido a un miembro prominente del Grupo Atlacomulco. Y por ello la intempestiva y poco creíble "llamada anónima" que denunció el acopio de armas y permitió la irrupción en la casa de Hank Rhon sin orden de cateo u orden de aprehensión. Y por ello la consigna gubernamental de detener primero e investigar después. El golpe a Jorge Hank Rhon fue un golpe merecido pero mal dado. Fue un golpe exigido pero mal propinado. Fue un golpe justificado pero mal ejecutado. Fue un macanazo meritorio que evidenció la manera discrecional en la que se apela al Estado de Derecho.

En México es popular hablar del Estado de Derecho como si existiera. En México es un pasatiempo nacional referirse a "la legalidad" como si fuera respetada. Muchos expiden títulos de propiedad sobre el imperio de la ley, pero el país está asentado irregularmente allí. Muchos exigen que se respeten las reglas que rigen a la sociedad civilizada pero la mexicana dista de serlo.

No es un país de jueces ni de decisiones imparciales. No es un país de abogados impolutos ni de procesos intachables. Más bien es un paraje en el cual hay demasiada ley para quienes pueden comprarla, y muy poca para quienes no pueden hacerlo. Más bien es un predio en el que la justicia refleja cuánto se pagó por ella. Más bien es un terreno en el que pisa con más fuerza el que más relaciones tiene.

Emerson escribió que la gente dice "ley" pero quiere decir "riqueza". El bolsillo más grande determina cuándo y cómo se aplica, a quién amenaza y a quién protege, si refleja la justicia o la pone en jaque. Nueve décimas de la ley son determinadas por quien posee lo suficiente para influenciarla. Durante décadas el presidente priísta en turno declaraba sin reparo "la ley soy yo". Desde el pináculo del poder expropiaba y decretaba, ordenaba y presionaba, interpretaba la ley y decidía la dirección de su ejercicio. Durante décadas el poder judicial se limitaba a instrumentar la voluntad de un individuo particular y asegurar que se llevara a cabo. La Suprema Corte no era un contrapeso respetado sino un cómplice amodorrado. Dormía el sueño de los injustos y sólo ahora comienza a despertar de su letargo. Por ello entra al debate democrático con un déficit de credibilidad, rodeada de cuestionamientos en torno a su capacidad para hablar con la verdad. El Poder Judicial no siempre actuó con apego estricto a la letra de la ley y ahora no se le percibe como su representante.

Un asunto medular para México es la precariedad, la desigualdad, incluso —en muchos casos y en muchas latitudes— la inexistencia del Estado de Derecho. Hoy por hoy, el Poder judicial no puede asegurarlo. Hoy por hoy, la Suprema Corte no puede corroborar incuestionablemente su aplicación. Todos los días, en todos los tribunales, en todos los ministerios públicos del país alguien viola o manipula o tuerce la ley.

Allí está una realidad innegable: la impunidad existe, la corrupción persiste, las cortes no pueden lidiar con la criminalidad, los jueces no están preparados para hacerlo. La población lo sabe cuando es asaltada en un microbús, cuando es secuestrada en un cajero automático, cuando sabe que un título de propiedad no vale ni el papel en el cual está impreso, cuando se enfrenta a firmas falsificadas y dueños apócrifos, cuando ve metros cuadrados sustituidos por hectáreas cuadradas, cuando presencia expropiaciones irregulares e indemnizaciones que lo son aún más.

En México las instituciones son disfuncionales y los ciudadanos también. La falta de respeto a la ley está incrustada en el ser nacional, en la conducta colectiva, en la forma de ver el mundo e interactuar con él. En una encuesta, 49 por ciento de los mexicanos cree que las leyes no deben ser obedecidas si son injustas. Los mexicanos se han acostumbrado a actuar por encima de la ley, por debajo de la ley, lejos de la ley y al margen de su aplicación. Los mexicanos se han acostumbrado a negociar la legalidad y lo hacen de manera cotidiana con toda naturalidad: ignoran semáforos, evaden impuestos, pagan mordidas, se vuelven cómplices de todo aquello que denuncian. Obedecen las leyes de manera parcial y negocian su instrumentación, toleran la ilegalidad y están dispuestos a justificarla. México vive atrapado en la cultura de la ambigüedad.

Ambigüedad que se ha vuelto una reacción racional frente al sistema de procuración de justicia que tenemos. Un sistema oscuro, sinuoso, solitario. Un muy largo túnel. Así se vive para quienes lo padecen día tras día. En los Ministerios Públicos y en las patrullas y en los juzgados y en los reclusorios. Un sistema que entorpece en vez de esclarecer; que obstaculiza en vez de destrabar; que llena las cárceles de personas inocentes pero no puede apresar a quienes no lo son. Un Estado de Derecho negociable, intermitente, insuficiente. Los muros de un infierno cada vez más hermético, donde hay demasiada ley para quienes pueden pagarla y muy poca para quienes no tienen con qué.

A la vista de todos en las secuelas de lo que ocurrió hace unos años en Atenco y más allá de allí. Atenco se convirtió en el microcosmos de lo que el país no ha logrado resolver. La pobreza y la marginación; la ausencia del Estado de Derecho y la dificultad para lograr su aplicación; hombres que quieren actuar al margen de la ley y —al mismo tiempo— padecen su uso discrecional. Atenco es ese México repleto de contradicciones. Lleno de exclusiones. Donde se exige la mano dura para quienes toman banquetas pero no para quienes compran mansiones. Ignacio del Valle —líder popular de Atenco— encarcelado en una prisión de alta seguridad y Arturo Montiel vacacionando en Whistler. Decenas de personas acusadas de crimen organizado y políticos impunes a quienes el gobierno ni siquiera ha investigado. La ley del pueblo y la ley contra el pueblo.

En Atenco la violencia estatal es una confesión de fracaso, una admisión de incompetencia. Evidenciada allí en los golpes de las macanas. En las casas saqueadas. En la agresividad desmedida de los policías. En las mujeres a las cuales se les subió la ropa por encima de la cintura. En aquellas a las que se les penetró, se les tocó, se les hurgó. En las exigencias de sexo oral. En las 189 personas arrestadas y encarceladas en un penal de alta seguridad. En ejemplo tras ejemplo de fuerzas públicas que imponen el orden violando la ley.

Atenco.

Con autoridades que no saben comportarse como tales. Con brutalidad sin excusa ni pretexto. Con revancha permitida y la venganza avalada. Con un Estado que existe para impedir la ley de la selva pero se vuelve promotor de ella. Porque el Estado tiene el monopolio legítimo de la violencia, pero debe usarla con responsabilidad, con proporcionalidad. Con apego a la ley y no con macanazos por encima de ella. Dentro de los límites que marca la Constitución y no con toletazos que la mancillan.

Atenco evidenciando un sistema policial, judicial y legal que no funciona. Que no satisface ni a las víctimas ni a los acusados.

Que permite los abusos en nombre de la seguridad pública. Que se vale de la tortura para extraer confesiones. Que descarta la presunción de inocencia. Que permite la violación de mujeres durante su traslado a un penal. Que exige la presentación de pruebas por parte de las agraviadas, como si hubieran provocado lo que padecieron. Todo en nombre de la ley y el orden. Todo por pensar —como lo critican de manera reiterada los reportes de *Human Rights Watch* sobre México— que la seguridad pública y los derechos humanos son prioridades en conflicto.

Y de allí que la vida de tantos mexicanos transite por un sitio oscuro, sinuoso, solitario. Insisto, como un largo túnel, largo. Así funciona la justicia en México. Los Ministerios públicos y los juzgados y los penales, conectados por largos pasillos de papel. A la vista de todos en el magnífico documental *El túnel* de Roberto Hernández y el CIDE, sobre las penurias de la justicia penal mexicana. Allí están, las voces y los rostros y las víctima de un sistema penal retrógrada. Donde a los agentes del Ministerio público se les pide una cuota de consignados a la semana. Donde se consigna por consignar y más vale la cantidad que la calidad, para demostrar la "eficiencia". Donde prevalece la lógica de "vas pa' dentro". Una mujer condenada a seis años y once días por robarse 200 pesos. Otra que lleva dos meses en el penal de Santa Martha, todo por culpa de un oso de peluche. Catorce personas apiladas en una celda para seis. Pudriéndose. Encogiéndose. Los que han caído en manos de "la ley" y no podría haberles pasado algo peor.

Esa ley que victimiza a las víctimas, absuelve a los culpables, condena a los inocentes. Ese hombre común y corriente —asaltado— que habla una y otra vez para obtener información sobre su caso sin conseguirla. Esos agentes del Ministerio Público levantando denuncias que tienen poco que ver con lo denunciado. Esos policías apresando a personas que el denunciante mismo no reconoce como responsables del delito. Esos jueces declarando que el sistema judicial es "bueno" y la corrupción es "mínima". Ese adolescente condenado a siete años de prisión por robo, aunque la parte acusadora dice que no lo conoce. Ese entrevistado hablando del bono que da el gobierno por cada aprehensión. Llevando con

ello a 60 250 detenciones injustificadas en el 2003. Llevando con ello
a la detención preventiva de inocentes, encarcelados durante meses al lado de criminales. Caso insostenible tras caso insostenible.
A un costo de 120 pesos diarios por cada persona aprehendida y
confinada.

Por cada mexicano pobre. Cada mexicano que no puede pagar
para salir; que no puede pagar para maniobrar; que no puede pagar para asegurar su libertad como tantos lo hacen. Atrapado por
leyes que son como telarañas: capturan a los débiles pero son fácilmente rotas por los poderosos, como escribiera Plutarco. Atrapado
por el peor enemigo de la justicia que es el privilegio. Atrapado por
esa justicia discriminatoria que aprisiona a floricultores pero no a
ex gobernadores; que aprehende a quienes toman 200 pesos pero
deja en libertad a quienes desvían millones del sindicato petrolero a las arcas de un candidato presidencial. En México, la "ley" es
para quien la pueda comprar. Para todos los demás está la cárcel.
Para todos los demás está sentarse al lado del protagonista de la
novela *El proceso*, de Kafka. Sentarse del lado perdedor.

Ese lugar sin garantías, sin audiencias, sin defensores, sin contacto con los jueces, sin llamadas a familiares. Ese lugar sin límites. Sin voz. Sin derechos. Donde se le dice a una mujer "déjanos
usarte y te dejamos libre". Donde 72 por ciento de los detenidos
en el Ministerio público permanecen incomunicados. Donde 80
por ciento de los condenados nunca fueron escuchados por un
juez. Un juez como cualquier otro, sentado detrás de su escritorio,
revisando montañas y montañas de papel, auscultando copias en
triplicado. Evaluando a alguien a quien nunca ha visto, a quien
nunca ha escuchado. Decidiendo en función de un expediente y
no de la persona que respira y sufre y vive y muere detrás de él.
Decidiendo —con demasiada frecuencia— mal.

Y los resultados de todo esto. Un país donde 75 por ciento
de los crimenes no son denunciados por falta de confianza en
las autoridades. Un país en el cual 99 por ciento de los crímenes
quedan impunes. Un país donde el crimen es contagioso, porque
cuando el gobierno mismo aplica de mala manera la ley, invita a
otros a despreciarla. Cuando un gobierno abusa de la ley, invita
a cada persona a interpretarla por sí misma, ya sea con un ma-

chete o con un soborno. Cuando un gobierno argumenta —como lo ha hecho el de Enrique Peña Nieto— que el fin justifica los medios, y que para perseguir criminales hay que cometer crímenes, invita a la retribución. Esa retribución compartida en las calles de Atenco.

De allí la necesidad urgente de algo mejor. De allí la necesidad de los juicios orales y los testimonios verbales. De un sistema más transparente, más eficaz, más humano, más satisfactorio. De un Congreso capaz de aprobar iniciativas que lo aseguren. Para integrar el combate a la inseguridad con el respeto a los derechos humanos. Para disminuir el peso del papel y la discrecionalidad que conlleva. Para terminar con el túnel y la oscuridad que ha creado para quienes han quedado atrapados allí. Para contestar ante una de las preguntas definitorias de la democracia: "¿Cómo puede asegurarse la justicia en Atenas?", a lo que Solón responde: "Cuando aquellos que no hayan sido lastimados se sientan tan indignados como los que sí lo han sido." Cuando aquellos mexicanos que nunca hayan transitado por el túnel, exijan que nadie más debe languidecer en él.

PRESUNTO CULPABLE: ¿PODREDUMBRE EVIDENCIADA O REALIDAD CAMBIADA?

Nadie más debe ser blanco de palabras como: "Fuiste tú." "No te hagas pendejo." "No te explico nada cabrón." "Ya te agarré; ya te chingaste." Palabras rutinarias que pronuncia cualquier policía judicial a la hora de arrestar a cualquier mexicano común y corriente. Palabras que corren en contra de ese principio fundamental del Estado de Derecho que es la presunción de inocencia. Palabras que revelan un sistema policial y penal dedicado a encarcelar inocentes, fabricar culpables, maquilar injusticias. Evidenciado en el estrujante documental *Presunto culpable* que retrata la podredumbre de los policías, la incompetencia de los ministerios públicos, la sinrazón de los jueces, la arbitrariedad del arresto. En México se aprehende sin pruebas y se juzga sin testigos. En México se condena aunque existan dudas razonables sobre la culpabilidad y razones para cuestionarla. En México una persona inocente se ve obligada a demostrar que lo es.

Como le ocurrió a José Antonio Zúñiga Rodríguez en el 2005. Acusado de homicidio calificado. Arrestado a pesar de que había testigos que lo situaban en otro lugar en el momento de los hechos. Condenado a veinte años de cárcel en el Reclusorio Oriente, a pesar de que la prueba realizada para ver si había disparado un arma había resultado negativa. Encontrado culpable en un proceso repleto de irregularidades, incluyendo la falsa cédula profesional de su abogado defensor. Encerrado en una celda con otros veinte reos, rodeado de cucarachas, durmiendo en el piso de concreto, muerto de frío, de miedo, de incertidumbre. Víctima de un sistema legal en el cual 93 por ciento de los presos nunca vieron una orden de aprehensión. Víctima de un sistema cárcelario donde languidecen millones de mexicanos cuyos derechos han sido atropellados, porque ni siquiera saben que los tienen.

"En la cárcel eres nadie", dice José Antonio Zúñiga. Pero es un hombre de carne y hueso para dos valientes abogados que creen en su inocencia y están dispuestos a luchar para comprobarla. En la pantalla se plasman las escenas que todo mexicano debe ver; se narra una historia que todo mexicano debe conocer; se condena a un sistema judicial que todo mexicano debe rechazar. Torceduras trágicas como el testimonio acusatorio del único testigo quien acepta —en la reposición del procedimiento que los abogados logran conseguir— que no vio el disparo. Entrevistas deplorables como aquella en la cual el testigo admite que no sabía el nombre del acusado y sólo lo dio después de que le fue proporcionado por policías. Escenas espeluznantes que captan a esos mismos policías judiciales responsables de la detención mintiendo, rehuyendo, manipulando, diciendo que "no recuerdan" el arresto. Y finalmente la voz de un policía anónimo reconociendo que a los "delincuentes" con frecuencia les inventan "delitos".

Y de allí el imperativo de hacer las preguntas clave para entender el sistema de justicia en México. ¿Por qué la policía no investiga? ¿Cómo es que la policía puede inventar pruebas o desconocerlas o borrarlas? ¿Por qué nadie puede cuestionar el expediente después de que ha sido integrado por la procuraduría? ¿Cómo hemos permitido el surgimiento de un sistema en el cual una persona puede ser declarada culpable con base en la integración de un expediente, y sin haber visto jamás a un juez? ¿Por qué es posible detener a alguien sin pruebas, sin huellas, sin evidencia? ¿Cómo es que la presunción de inocencia ha sido remplazada por la presunción de culpabilidad? Y precisamente por ello, 95 por ciento de las sentencias emitidas por los jueces —que nunca vieron o escucharon al acusado— son condenatorias. Por ello, 92 por ciento de las condenas en México no están basadas en evidencia física. Por ello, nuestro sistema de justicia es como una lotería en la que el "premio" puede ser un arresto arbitrario, una condena inexplicable, un encarcelamiento injustificado. La justicia institucionalizada, plenamente avalada por un juez resguardado dentro de un túnel de papel.

Póster de *Presunto culpable*.

Para los cientos de miles de mexicanos detenidos, los principios fundamentales del debido proceso y la presunción de inocencia no se aplican. La encarcelación se convierte en un castigo aún antes de la convicción. El mito del presunto inocente es remplazado por la realidad del presunto culpable. Y si después de 804 días en prisión, José Antonio Zúñiga es declarado "absuelto", se debe al arduo trabajo de quienes realizaron un documental para probarlo. De quienes —como Roberto Hernández y Layda Negrete— exigen que sea posible videograbar todos los reconocimientos de personas, todos los juicios, todos los interrogatorios. De quienes insisten que el presunto inocente tiene derecho a que el juez esté presente en el juicio, y que ese juicio sea oral. De quienes saben que tú también, lector o lectora, debes saber el significado de un derecho legal consagrado en la frase en Latín: "*Ei incumbit probatio qui dicit, non qui negat.*" "La prueba del delito reside en quien acusa, no en quien niega."

Algo que muchos no comprenden cuando gritan: "Muera Sarkozy." "No nos vamos a dejar." "México no se va a someter a Francia." "Todos unidos con Felipe Calderón." "Dejemos de comprar queso Brie." Expresiones del enojo que los mexicanos sienten ante el controvertido caso de Florence Cassez y el embate diplomático que ha generado. Manifestaciones de la indignación que los mexicanos despliegan ante la reacción francesa y los sentimientos nacionalistas que ha despertado. Lástima que la crítica y el enojo y la denostación se han dirigido al blanco equivocado. En lugar de odiar al presidente galo, deberíamos odiar al sistema judicial mexicano. En lugar de denostar a la secretaria de Relaciones Exteriores de Francia, deberíamos increpar al secretario de Seguridad Pública de nuestro propio país. En lugar de envolvernos en la bandera mexicana, deberíamos empezar a desmancharla. Porque si algo queda claro del conflicto Cassez —como lo demuestran los admirables reportajes de Guillermo Osorno— es que no se cumplió con el "debido proceso" que Francia tiene derecho a exigir y México aún no sabe cumplir.

El "debido proceso" basado en el principio de que el gobierno debe respetar todos los derechos de una persona de acuerdo con la ley. Cuando un gobierno daña a una persona, sin seguir la ley al pie de la letra, constituye una violación del "debido proceso". Y eso es exactamente lo que ocurrió en el caso de Cassez desde el momento en que fue aprehendida. Desde el momento en que no fue presentada inmediatamente ante un Ministerio público. Desde el momento en que se le mantuvo encerrada en una camioneta durante 24 horas. Desde el momento en que Genaro García Luna ordenó la "recreación" de su captura para el beneficio de la televisión. Desde el momento en que el Ministerio público no informó al consulado francés de la detención. Desde el momento en que se volvió más importante maquillar la reputación de la policía que obedecer el imperativo de la ley.

Y sí, Sarkozy debe ser criticado por sus improperios verbales. Y sí, el presidente francés debe ser cuestionado por la decisión de convertir el año de México en Francia en una plataforma para el caso Cassez. Pero eso no oculta el hecho ineludible de que —como sugiere Guillermo Osorno— todos, absolutamente todos, han dicho algo diferente en sus declaraciones. La única que no ha cambiado su posición es Florence Cassez. Como queda constatado, las víctimas del secuestro —Cristina Ríos y su hijo— no reconocen la voz ni la fisonomía de la francesa en su declaración inicial y sólo lo hacen después de visitas posteriores y documentadas a la SIEDO. Otro testigo, Ezequiel Elizalde dice que cerca del dedo meñique ella tiene una cicatriz, producto de la supuesta inyección que le adminstra Cassez, pero investigaciones subsecuentes revelan que no es una cicatriz sino una mancha. Y existen dudas sobre si Elizalde estaba realmente en el rancho del cual supuestamente fue rescatado, o si se encontraba en Xochimilco. Reportajes posteriores lo presentan como un testigo errático, poco confiable, hasta mentiroso.

El caso de Florence Cassez se tiñó de injusticia cuando su captura fue recreada como montaje "a modo". Cuando la reputación de Genaro García Luna pesó más que el respeto a los derechos individuales. Cuando el "debido proceso" se convirtió en el "indebido proceso". Eso, en cualquier democracia funcional, hubiera implicado su liberación automática. Eso, la justicia convertida en farsa, es lo que más debería indignar a los mexicanos. La capacidad que tiene el sistema judicial para aprehender a presuntos inocentes y transformarlos en indudables culpables. La habilidad que tiene el sistema penal para encarcelar a alguien con base en la palabra "sagrada" —aunque variable— de las víctimas. La sensación surrealista que queda después de leer el expediente y ver lo que ocurrió. Aquello que Lewis Carroll narra en *Alicia en el país de las maravillas*: "¡No, no!, dijo la Reina. Sentencien primero y den el veredicto después."

LA SUPREMA CORTE: ¿VAGÓN VANGUARDISTA O TREN DEMORADO?

La celeridad con la cual el sistema de procuración de justicia "resolvió" el caso de Florence Cassez contrasta con casos que —ante la indolencia o complicidad de la autoridad— llegaron a la Suprema Corte. Y murieron allí como ocurrió con las votaciones de la mayoría de los ministros sobre Mario Marín y la Guardería ABC. En ambos asuntos hubo dictámenes importantes, valientes, admirables. Los ministros Juan Silva Meza y Arturo Zaldívar indagaron causas, describieron deficiencias, resaltaron omisiones, deslindaron responsabilidades, construyeron un banquillo de los acusados y sentaron a prominentes miembros de la élite política allí. Así como ocurre en democracias funcionales después de una equivocación, la punta del poder judicial propuso una sanción. Pero no se dio, y en gran medida debido a una Suprema Corte que funciona como un tren demorado.

Cada vez más presente, como si fuera una institución haciendo historia. Cada vez más ausente, como si rehuyera la cita que tiene con ella. Así es la Suprema Corte. A veces se comporta como un tren bala que corre deprisa y con destino claro. Y a veces es tan sólo un tren demorado. Retrasado. Tardío. Con once pasajeros divididos en torno a la velocidad deseable y la ruta posible. Un tren lejano que recorre el país sobre rieles rígidas y con cabuses polvosos. Que no vislumbra el horizonte de la democracia constitucional y cómo llevar a México hasta allí.

Porque la Suprema Corte tiene cada vez más peso, pero en ocasiones no sabe cómo usarlo. Porque la Suprema Corte tiene cada vez más influencia, pero a ratos no la ejerce como podría. Porque la Suprema Corte todavía no entiende su papel en la nueva era y cómo desempeñarlo. En vez de entrar a fondo a los asuntos clave, prefiere rehuirlos. En lugar de ensuciarse las manos con los temas trascendentales, prefiere lavárselas. En algunos asuntos adopta una actitud de avanzada pero en otros se queda en la retaguardia. Prefiere una visión minimalista, estrecha, procesal de su función. La Suprema Corte como oficina de trámites con la ventanilla frecuentemente cerrada. Los ministros como defensores de la ley pero no de los ciudadanos que afecta. Sembrando legalidad pero cosechando injusticia.

Ministros que olvidan lo que escribió Esquilo: "El mal no debe ganar con base en tecnicismos." Que olvidan el fin último de todas las instituciones políticas: la preservación de los derechos imprescriptibles del hombre. Ministros encerrados en una interpretación constitucional estrecha que retrasa el progreso político del país. Ministros atrapados por el muro artificial que construyen entre lo político y lo jurídico. Cautelosos, temerosos, huidizos. Ministros que se sienten cerca de la letra de la Constitución pero están lejos de su espíritu. Jueces que se refieren —por ejemplo— a las candidaturas independientes como un tema "complejo, delicado, sensible, e importante" para luego desecharlo. Servidores públicos que cierran las puertas sin escuchar lo que se debate frente a ellas. Montados en un tren que se aleja de la democracia en lugar de consolidarla.

Pero en sus manos está la funcionalidad de la democracia; la plenitud de la democracia; la calidad de la democracia. Asumirlo así requiere valor. Requiere argumentos de fondo. Requiere entender el papel de la Suprema Corte en coyunturas históricas. Coyunturas cuando los jueces entienden —como lo escribió Thomas Jefferson— que las instituciones deben ir de la mano del progreso de la mente humana. Momentos cuando los jueces comprenden la necesidad de cambiar criterios para darle sentido democrático al texto constitucional. Circunstancias cuando los jueces están a la altura de la realidad que los rodea y no la rehúyen. Decisiones históricas que reflejan la historia y la cambian: Brown *vs* Board of Education que elimina la segregación racial en las escuelas; Roe *vs* Wade que legaliza el aborto en función del derecho a la priva-

cidad; Marbury *vs* Madison que le da a la Suprema Corte estadounidense la capacidad de revisar las leyes que elaboran otras
ramas del gobierno. Decisiones que reflejan la evolución social y
la expansión de los derechos que entraña.

Ése es en efecto lo que las supremas cortes hacen. Ese es el
impacto que tienen. Aunque los ministros aquí no se asuman como
protagonistas de la transición democrática, lo son. Aunque los ministros aquí quieran estar lejos de la política, sus votos la afectan,
en ámbito tras ámbito.

Cuestiones definitorias con impactos definitorios que van
más allá de las palabras consagradas hace años en la Constitución. Decisiones jurídicas con resultados políticos y consecuencias democráticas o anti democráticas. Como las que generaron
en el caso de Jorge Castañeda y las candidaturas independientes:
la percepción de ciudadanos indefensos frente a la posible violación de sus garantías; la percepción de partidos que establecen
las reglas del juego y las controlan; la percepción de legisladores que colocan candados y se guardan la llave para abrirlos; la
realidad de una democracia que funciona para su clase política
pero no para sus ciudadanos. Y la imagen de una Suprema Corte
que lo permite.

Hoy la Corte no está cumpliendo cabalmente con su papel.
Hoy lo hace a medias, porque no lo entiende. Porque más de la
mitad de sus miembros todavía cree que su función es simplemente
apagar incendios y prevenirlos. Asegurar la paz social y promo-
verla. Anteponer la ley a la democracia. Decir que sólo los partidos pueden emprender juicios de inconstitucionalidad. Sugerir
que la equidad jurídica importa más que las garantías individuales. Decir que las leyes electorales sólo son coto del Congreso y sus
minorías. Sugerir que los derechos de los partidos valen más que
los derechos político-electorales de la población. Cerrar los ojos
frente a la democracia distorsionada que México padece y sus ciudadanos pagan.

En el viaje de la consolidación democrática, la Suprema
Corte no debe conformarse con el papel de *free rider*. Con el papel de pasajero que viaja gratis y sin costos. Con el papel de turista que mira por la ventana pero no se imagina un país distinto.

A la Suprema Corte le corresponde un recorrido más amplio; una trayectoria que abarque las condiciones necesarias para que los mexicanos vivan mejor y se gobiernen mejor. A los ministros les toca un viaje cotidiano por la Constitución que la haga justa, ética, democrática.

Y por ello, la Suprema Corte necesita recorrer las cortinillas del tren y ver con claridad hacia dónde va y cómo.

Necesita comprender que México es una democracia electoral pero no es una democracia constitucional. Necesita saber que hoy el sistema político protege las libertades políticas pero no asegura las garantías individuales. Necesita aprender que la democracia debe ser una medalla de honor basada en derechos y no una categoría descriptiva basada en elecciones y partidos que las controlan. Necesita entender que le corresponde pronunciarse en torno a las grandes metas y no sólo en torno a los pequeños procedimientos. Porque si no lo hace, seguirá postergando el arribo a una democracia plena. Seguirá montada sobre un tren lejano que siempre llega tarde.

O seguirá propinando golpes. "Golpes como del odio de Dios", escribía César Vallejo. Golpes como los que seis ministros de la Suprema Corte le dieron al país en el caso de Mario Marín. Heridas como la que el máximo tribunal se infligió a sí mismo al declarar que las violaciones a las garantías individuales de Lydia Cacho fueron inexistentes o poco graves. Al sugerir que la última instancia a la que un ciudadano puede recurrir no funciona para él o para ella. Al transformar el sufrimiento de niños y niñas víctimas de la pederastia en una anécdota más. Al convertir su veredicto en confabulario de gobiernos corruptos, empresarios inmorales, criminales organizados.

Y así como un agente judicial le dijo a Lydia Cacho durante su "secuestro legal": "Qué derechos ni qué chingados", la Suprema Corte —en ese caso— le dijo lo mismo a los habitantes del país. Ustedes y yo, desamparados por quienes deberían proteger nuestros derechos, pero han decidido que no les corresponde velar por ellos.

Al votar como lo hizo, la mayoría de los ministros le dio una estocada a la Corte de la que tomará años en recuperarse, si es que alguna vez logra hacerlo. Porque su resolución ocupa un lugar deshonroso en la historia constitucional de México, similar al que tiene el caso Dred Scott en la historia constitucional de Estados Unidos. Un caso histórico en el que la Corte intentó imponer una solución judicial a un problema político.

Ese caso del año 1856 en el cual declaró —también "conforme a derecho"— que la esclavitud tenía fundamento legal y que como Dred Scott era un esclavo, carecía de derechos y la Corte no tenía jurisdicción para intervenir en su favor. Un caso que hasta el día de hoy se considera una mancha imborrable, una vergüenza compartida, una herida auto infligida.

Sablazo similar a la que producen los seis magistrados que siempre se vanaglorian de empatía y sensibilidad, pero en sus argumentos públicos en cuanto a Lydia Cacho, no lo demostraron.

Ingenuos o cínicos cuando sugirieron que su resolución no derivaba en impunidad y que "otras instituciones" podrían investigar el caso, a sabiendas de que llegó a sus recintos precisamente porque eso jamás iba a ocurrir.

Contradictorios o deshonestos cuando desecharon el caso argumentando que la grabación telefónica entre Kamel Nacif y Mario Marín no tenía valor probatorio alguna, e ignoraron la investigación exhaustiva de 1251 páginas que confirmaba su contenido. Insensibles o autistas cuando optaron por descartar los 377 expedientes relacionados con delitos sexuales cometidos contra menores. Cómplices involuntarios o activos cuando afirmaron actuar en función del "interés superior" y éste resultó coincidir con los intereses del gobernador y sus amigos. Representantes del peor tipo de paternalismo cuando declararon —en un comunicado lamentable— que sus sofisticadas decisiones no resultarían de "fácil comprensión" para grupos muy numerosos de la sociedad.

Seis magistrados destruyeron la magnífica ilusión —alimentada por su actuación ante la ley Televisa— de que la Corte opera en un plano moral superior a la mayoría de los mexicanos y se aboca a defenderlos. Cómo creer que pusieron "lo mejor de sí mismos para servir correctamente al país" si allí estuvieron las carcajadas del ministro Ortiz Mayagoitia. Las descalificaciones del ministro Aguirre. Los vaivenes argumentativos de Olga Sánchez Cordero. La relativización de la tortura avalada por Mariano Azuela porque el caso de Lydia Cacho no fue "excepcional" o "extraordinario".

El consenso de todos ellos en cuanto a que quizá hubo violaciones pero fueron menores, no graves, resarcibles, quizá indebidas pero no meritorias de la atención de la Corte. O como lo preguntó en su momento el ministro Aguirre: "Si a miles de personas las torturan en este país. ¿De qué se queja la señora? ¿Qué la hace diferente o más importante para distraer a la Corte en un caso individual?"

Quizá sólo quede demostrada alguna vez la violación de garantías individuales en México cuando a la esposa de algún ministro la trasladen sin el debido proceso durante 23 horas de un estado a otro. Cuando a la madre de algún juez le digan que sólo le darán de comer si le hace sexo oral a los agentes judiciales que la han secuestrado. Cuando a la hermana de algún magistrado importante le metan una pistola a la boca y le susurren al oído: "Tan buena y tan pendeja; pa' que te metes con el jefe… va a acabar contigo." Cuando a la hija de algún abogado le cobren una fianza excesiva para dejarla salir de la cárcel o amenacen con violarla allí o la sometan a entrevistas intimidatorias o un gobernador le de un buen "coscorrón".

Y más aún, cuando a la nuera de algún político le digan sus torturadores: "Ten tu medicina aquí… un jarabito, ¿quieres?", mientras se soban los genitales. Cuando a la nieta de alguna procuradora la viole un pederasta protegido por un "Estado de Derecho" puesto al servicio de los poderosos que casi siempre ganan. Cuando alguno de ellos —lamentablemente— sea víctima de un sistema judicial podrido y no antes. Sólo así.

Y bueno, la Suprema Corte se pegó a sí misma, pero el peor golpe se lo dio al país al demostrar cuán lejos está de ser un garante agresivo e independiente de los derechos constitucionales. Cuán lejos se encuentra de entender el maltrato sistemático de millones de mexicanos vejados por el sistema judicial y aplastados por las alianzas inconfesables del sistema político. Así como

Kamel Nacif llamó "pinche vieja" a Lydia Cacho, la mayoría de la Suprema Corte llamó "pinches ciudadanos" a ustedes y a mi. Mandó el mensaje de que no la molestemos con asuntos tan poco importantes como la defensa de las garantías individuales, porque está demasiado ocupada validando los intereses de empresarios poderosos y sus aliados en otras ramas del gobierno.

Quizá por ello en el libro *Crónica de una infamia*, Lydia Cacho escribió: "Mi país me da pena. Lloro por mí y por quienes tienen poder para cambiarlo pero eligen perpetuar el *statu quo.*" Y lloramos contigo Lydia —nuestra Lydia— pero rehusamos rendirnos aunque seis magistrados de la Corte lo hayan hecho.

Porque sin duda tienes razón: México es más que un puñado de gobernantes corruptos, de empresarios inmorales, de criminales organizados, de jueces autistas. México es el país de quienes luchan terca e incansablemente por devolverle un pedacito de su dignidad. Y aunque la Corte rehúse asumir el papel que le corresponde ante esta causa común, hay muchos ciudadanos que comparten la convicción —con el ministro Juan Silva Meza— de que "en un Estado constitucional y democrático, la impunidad no tiene cabida".

Pero la Suprema Corte le da vida y cabida a la impunidad cuando se comporta como nuestro Cerbero mexicano. Esa figura de la mitología griega, ese perro de tres cabezas parado en la puerta del infierno. El guardián del Hades encarnado por una mayoría de ministros asegurando que no habrá escapatoria jamás, jamás. Al hablar y votar, también como lo hicieron ocho de ellos en el caso de la Guardería ABC, dijeron que no será posible salir del país donde todo pasa y no pasa nada. Donde nunca hay "responsables" sino tan sólo "involucrados" y de rango menor. Donde importó más apaciguar el enojo del presidente Calderón con el histórico dictamen del ministro Arturo Zaldívar, que el reconocimiento de las verdades incómodas que revela. Donde los "involucrados" de alto nivel alegaron que no se les concedió audiencia cuando tuvieron acceso privilegiado a los ministros, y pudieron hacer un cabildeo personal tan exitoso que los exoneró.

© Luis Gutiérrez / Procesofoto / Hermosillo, Son.

Entierro de las víctimas de la Guardería ABC.

Nuestro Cerbero nacional, un vigilante leal de las compuertas que impiden a los mexicanos el éxodo del inframundo. Un lugar en el cual la población se ha acostumbrado a la impunidad y no tiene más recurso que la indignación personal. Un lugar en el cual se obliga a los padres de 49 niños muertos a rogar por la intervención del Máximo Tribunal dado que los ministerios públicos no investigan crímenes, las procuradurías no procuran justicia, los funcionarios no renuncian, las instituciones no cumplen. Y llegan allí, el pecho cubierto con las fotografías de los hijos que depositaron al cuidado del IMSS —cuyo escudo es un águila que protege a una madre que protege a un hijo— y nunca más volvieron a abrazar. A acariciar. A mecer entre sus brazos como todavía lo pueden hacer Juan Molinar y Daniel Karam y Eduardo Bours con los suyos.

Cerbero, el hermano de la Quimera, de la pendencia. Con una cabeza que —según los textos clásicos— representa el pasado. Aquella era en la que los ministros de la Suprema Corte se comportaban como comparsas del Poder Ejecutivo y seguían sus instrucciones. Aquella era en la que no importaba ignorar, mancillar y burlarse de la Constitución o ponerla al servicio de la protección política. Aquella era en la cual, en aras de "defender" a las instituciones del Estado mexicano, se ignoraba cuando fallaban y se olvidaba a quienes padecían los costos, que casi siempre eran los desposeídos. Aquella era la que considerábamos superada y vemos revivir con ministros temerosos o inconsistentes o presionados o escurridizos.

Con argumentaciones —en tono reiteradamente socarrón— como las del ministro Aguirre Anguiano quien sólo reconoció "algunas negligencias", e ignoró las implicaciones probabilísticas del muestreo realizado por la Comisión Investigadora. O las del ministro Sergio Valls quien aseguró que "no es problema del IMSS el de la supervisión" por la instalación de un gasolinera cerca de la guardería, y con ello se lava —y les lava— las manos a los "involucrados". O las del ministro Luis María Aguilar Morales sugiriendo que no hay una buena ley que regule las guarderías, pero a la vez rechazó que exista un desorden generalizado por ello. O las de Margarita Luna Ramos que dijo "probablemente sí se diera el desorden" pero no se atrevió a votar para acreditarlo. O las de Fernando Franco quien afirmó que hay "irregularidades de diferente grado y hay algunas que no afectan la seguridad", con lo cual aceptó que se viola la ley un poquito. O las de Guillermo Ortiz Mayagoitia quien —increíblemente— usó como pruebas para acreditar su posición, los "comentarios de la gente" y con ello constató que el sistema de guarderías subrogadas del IMSS "es satisfactorio", cuando la investigación auspiciada por la propia Corte evidenció lo contrario.

Y sin duda todos ellos se sienten orgullosos por la defensa que hicieron del honor del IMSS, sin comprender que en este caso no se denostaba a la institución como tal sino a los funcionarios omisos o incompetentes; se trataba —como lo subrayó con razón el ministro Zaldívar— de proteger al IMSS de los malos servidores públicos. Los ministros de la mayoría se escudaron en la facultad de investigación maltrecha y mal diseñada que les otorga el Artículo 97 de la Constitución. Dijeron que hicieron todo lo posible, dadas sus limitaciones. Incluso insistieron en que les quitaran esa facultad para así evitar la incomodidad que entraña asumir posiciones controvertidas y defenderlas. Pero el dictamen singular del ministro Zaldívar les ofrecía una puerta de escape, una ruta con la cual ayudar a los mexicanos a salir del infierno de la impunidad garantizada. Él ofrecía otra cara para el Cerbero cómplice de las cosas tal y como son. Él ofrecía la cara del futuro para la Suprema Corte, la faz de lo que podía ser.

La Suprema Corte que México merece, capaz de perderle el miedo a las palabras. Capaz de mirar a ese otro México en el que ellos no viven, habitado por personas sin poder —como los padres de la Guardería ABC— cuyos derechos tienen la obligación de proteger. Capaz de pronunciar la palabra "impunidad", la palabra "responsable", la palabra "omisión", la palabra "violación". Capaz de exigir una modificación constitucional para que las investigaciones que lleva a cabo sí tengan efectos jurídicos. Porque si no lo hacen y continúan escondiéndose detrás de la ambiguedad, los tecnicismos, y las visiones estrechas, los ministros que votaron una y otra vez en contra del dictamen tan sólo darán validez a lo que su colega Arturo Zaldívar reprochó: si el segundo párrafo del Artículo 97 no sirve para fincar responsabilidades, pues "realmente no sirve para nada".

Como no sirvió en el caso de la Guardería ABC porque la mayoría de la Corte simplemente no quiso darle vida o sentido al texto constitucional. Optó por ignorar el argumento —enraizado en las mejores democracias— de la responsabilidad política asociada con el servicio público. Y con ello mostró la tercera cara de Cerbero, la cara del presente. La cara de los fallos jurídicos mediocres y mal argumentados. La cara que insiste en considerar la crítica necesaria como alta traición a la patria. La cara de un México en el que siempre faltan reglas y las que hoy no se cumplen. La cara con la cual se aceptan las omisiones, y por ello nunca hay servidores públicos de alto nivel responsabilizados, como Juan Molinar o Daniel Karam que saltarán a otro puesto gracias al permiso que la Corte les ha dado. La cara desencajada de los padres de 49 niños muertos a quienes la Corte les dijo: "Bienvenidos al infierno y ni modo." Una Suprema Corte blindada en su tren tardío, dentro del cual, según las palabras de Juan Rulfo, "no oye ladrar a los perros".

VII. LO QUE PODEMOS HACER

El primer trabajo del ciudadano es vivir con la boca abierta.

GUNTHER GRASS

Ve a las esquinas de las calles e invita al banquete a cualquiera que te encuentres.

MATEO 22:10

CIUDADANOS IDIOTIZADOS

Comienzo por parafrasear la carta reciente de un lector al periódico *Reforma*. Una carta dura, honesta, preocupada, cuyo contenido enlista lo que tiende a ocupar las primeras planas, cualquier día, y constituye un diagnóstico de lo mucho que nos aqueja. Un multimillonario líder petrolero que viaja a Las Vegas, es dueño de un lujoso departamento en Cancún, y pasea en yate con costoso reloj. Un "presidente legítimo" que habla siempre de transparencia pero puso candados a la información de los gastos efectuados en la faraónica obra del segundo piso del Periférico. Un senador que dice que los líos de los líderes petroleros sólo le competen a los sindicalizados de Pemex. Un gobernador que le mienta la madre a quienes no piensan como él, mientras dona dinero del erario en callada complicidad con un cardenal. Unos gobernadores del PRI que condicionan su apoyo a cualquier reforma energética a cambio de su propia tajada de recursos y contratos petroleros.

La carta concluye con una declaración de coraje, con un sentimiento de vergüenza, con la confirmación de que como México "no hay dos". Y revela la desilusión de tantos ante la recesión democrática; ante una transición que ha resultado ser un fenómeno epidérmico; ante un cambio celebrado por la alternancia electoral pero manchado por las múltiples formas de mal gobierno. Policías abusivos y oligarquías rentistas y burocracias indiferentes y jueces corruptos y élites venales que desdeñan el Estado de Derecho y no le rinden cuentas a nadie. Todos los días, las páginas de los periódicos están repletas de notas detallando otro abuso. Otro ejemplo de corrupción compartida. Otra muestra de extracción a costa de los ciudadanos. Otro indicador de lo que el politólogo Larry Diamond llama —en un artículo en *Foreign Affairs*— la persistencia del "Estado depredador".

Ese Estado mexicano, donde la corrupción y el abuso no son una aberración sino una condición natural. Donde el conflicto de interés no es la excepción sino la regla. Donde desde hace cientos de años, la propensión de las élites gobernantes ha sido monopolizar el poder en vez de restringirlo. Donde la clase política usa su influencia para extraer rentas de la economía en lugar de promover leyes transparentes, instituciones fuertes, mercados funcionales. El resultado es un Estado depredador. Un Estado cleptocrático que instrumenta políticas públicas ineficientes, expolia a sus ciudadanos y usa los recursos públicos para su propia glorificación o consumo. Un Estado cínico y oportunista en el cual las personas comunes y corrientes no son percibidas como ciudadanos sino como clientelas. El objetivo del gobierno no es garantizar bienes públicos —como caminos, hospitales, escuelas— sino producir bienes privados para los funcionarios y sus amigos y sus familias. Para los allegados de Elba Esther Gordillo y Carlos Romero Deschamps y el "Niño Verde" y Emilio González Márquez y tantos más.

En un sistema así, casi todos se sienten como el autor de la carta a la cual aludí al inicio de este capítulo: impotentes, explotados, insatisfechos, enojados. Y, ¿cómo no? El Estado depredador ha producido una sociedad depredadora. Un país que empuja a su población a la informalidad y a doblar las reglas. Un país en el cual las grandes fortunas no son producto de la actividad productiva sino de la manipulación política. Aquí en la República mafiosa los políticos convierten las elecciones en juegos suma cero donde nadie puede darse el lujo de perder. Los líderes sindicales convierten a sus agremiados en clientes dependientes de los favores que les otorgan. Los funcionarios de Pemex parecen más preocupados por el dinero que pueden recolectar que por el bien público de los contratos que autorizan. Aquí en la República rentista, con demasiada frecuencia los policías no persiguen a los criminales, los reguladores no regulan, los jueces no aplican la ley, los agentes aduanales no inspeccionan, los empresarios no compiten, los acreedores no pagan, los contribuyentes no contribuyen, los automovilistas no se paran en los semáforos. Toda transacción es manipulada y manipulable.

Aquí en la República desilusionada, hay una ausencia doble: falta buen gobierno y falta buena sociedad. Faltan "comunidades cívicas" en donde los ciudadanos confíen unos en otros, obedezcan la ley, sigan las reglas y promuevan el bien público —porque saben que alguna autoridad los sancionará si no lo hacen. Aquí en la República deteriorada, las instituciones no generan la participación popular porque el sistema político-económico es tan elitista, tan corrupto, tan poco sensible a su población. Y por ello produce ciudadanos pero sólo de nombre que no cuentan con canales eficaces de participación e influencia, más allá de su voto. Pueden tachar una boleta electoral pero no pueden remover a un gobernador corrupto. Pueden llevar a un político al poder pero no incidir en cómo lo ejerce. En México hay competencia, pero ocurre entre partidos corrompidos y clientelares. En México hay gobiernos electos pero poco representativos. En México hay ciudadanos pero muchos no saben cómo serlo cabalmente.

Los buenos gobiernos se construyen con base en buenos ciudadanos y ha llegado la hora de serlo. Porque cada seis años, México busca un Cid Campeador. Cada seis años, México busca un político capaz de redimir al país y rescatarlo. Los mexicanos gritan una y otra vez: "No nos falles" y se sorprenden cuando eso ocurre. Por eso ha llegado el momento de reconocer que no hay salvadores. Que no hay redentores. Sólo hay ciudadanos con una obligacion compartida: decirnos a nosotros mismos que México cambia pero muy lentamente debido la complicidad de sus habitantes.

El ciudadano favorito de las autoridades es el idiota, o sea, quien anuncia con fatuidad "yo no me meto en la política". Así describe Fernando Savater a los desatendidos, a los que dejan las decisiones primordiales del país en manos de otros, a los que reclaman beneficios y protecciones por parte del Estado —incluyendo espectáculos y diversión— pero no participan o exigen eficacia. Y el Estado mexicano, sólo parcialmente democrático, vive feliz atendiendo las necesidades de tantos mexicanos a quienes trata como "clientes" o "súbditos"en vez de ciudadanos. A quienes mediante segundos pisos y dádivas diarias y piscinas instaladas sobre el Paseo de la Reforma vuelven a los mexicanos adictos al populismo.

Adictos a pensar que el mejor político es el que más obra política construye, el que más sacos de cemento regala, el que más subsidios garantiza, el que mejores promesas hace. Adictos a la simplificación de la complejidad mediante la cual un partido ofrece vales para medicinas, la eliminación de la tenencia unos días antes del proceso electoral, el dinero en efectivo entregado de camino a la urna, la disminución del IVA, los subsidios a la gasolina. Desde la fundación del PRI, el populismo siempre nos ha acompañado, y hoy en día sigue en boga.

No es difícil entender por qué la clase política mexicana recurre al populismo como instrumento para gobernar. El populismo hace que todo sea tan simple, tan claro, "haiga sido como haiga sido". Divide al mundo en "fanáticos" o "gente decente que trabaja y lleva a sus hijos a la escuela". Clasifica a los mexicanos en los puros y los que generan "asquito". Separa a México en el "pueblo bueno" y "la mafia que se ha adueñado del país". Algo tan complejo como la crisis post electoral del 2006 se atribuye al odio y al rencor generado por López Obrador. Algo tan complicado como las razones detrás de nuestro crónico subdesempeño económico se atribuye a "el pillaje neoliberal". Cada bando busca organizar sus odios, generar sus propios adictos, dividir conforme a sus principios impolutos. Peor aún, el populismo absuelve a los ciudadanos de la responsabilidad para encarar los problemas del país.

Como señala Savater en su *Diccionario del ciudadano sin miedo a saber*, el vicio del populismo va acompañado del vicio del paternalismo. El vicio de los gobiernos y las autoridades públicas de empeñarse en salvar a los ciudadanos del peligro que representan para sí mismos. Los políticos mexicanos de todas las estirpes se ofrecen solícitamente para dispensar a los ciudadanos de la pesada carga de su autonomía. Su lema es: "Yo te guiaré: confía en mí y te daré lo que quieres." Un desfile multimillonario para festejar el Bicentenario: allí está. Una pista de hielo en el Zócalo: allí viene. Pena de muerte para los secuestradores, el Partido Verde apoya la iniciativa. Un hombre con pantalones capaz de imponer cambios aunque sea de forma autoritaria: allí está Carlos Salinas, otra vez. Una popular actriz de telenovelas: aparece al lado de Enrique Peña Nieto en cada *spot* que paga. México carga con uno de los mayores peligros de las democracias: una casta de "especialistas en mandar" que se convierten en eternos candidatos. En cada elección asistimos —y contribuimos— al reciclaje de pillos.

Y el problema es que alcanzan esa posición gracias a la flojera o al desinterés del resto de los ciudadanos, que dimiten del ejercicio continuo de vigilancia y supervisión que les corresponde. La clase política mexicana se aprovecha de la persistencia de personas que —frenadas por falta de interés o falta de oportunidad— no participan en las responsabilidades de la ciudadanía y se resignan a vidas determinadas por otros. Los idiotas mandan porque otros idiotas los eligen. Los idiotas mandan porque los ciudadanos abdican de su ciudadanía y se refugian en la apatía y en el anonimato. Los idiotas mandan porque logran erigirse en una especie de diosecillos que siempre tienen la razón, dado que los apoya el pueblo y el pueblo nunca se equivoca. El populismo ya sea de derecha o de izquierda sobrevive porque no hemos alcanzado la educación que premie la disidencia individual sobre la unanimidad colectiva. Que recompense el mérito en lugar del compadrazgo. Que nutra nuestra capacidad de luchar contra lo peor para que venga lo mejor. Que construya ciudadanos autónomos, libres, de carne y hueso. Que institucionalice la desconfianza en los líderes y la vigilancia sobre ellos por diferentes medios.

Según un estudio reciente del encuestador Alejandro Moreno, 66 por ciento de los mexicanos piensa que "personas como yo no tenemos influencia sobre lo que el gobierno hace". Si eso no cambia, México seguirá siendo un lugar idóneo para quienes quieren mantener a sus habitantes en una permanente minoría de edad, ajenos a la política y residentes permanentes del lugar mental donde faltan la resolución y el valor para participar en el espacio público. Y seguirá siendo un país gobernado por proto populistas —ya sea de izquierda o de derecha— y ciudadanos idiotizados que los celebran.

PATRIOTISMO MALENTENDIDO

Ciudadanos idiotizados desde la Independencia. Desde la Revolución. 1810. 1910. 2010. Doscientos años de héroes falsos y mentiras propagadas y dictaduras perfectas y democracias que están lejos de serlo. Doscientos años de aspirar a la modernidad sin poder alcanzarla a plenitud y para todos. Siete décadas de justificar el Estado paternalista y el predominio del PRI, la estabilidad corporativa y el país de privilegios que creó. Buen momento, entonces, para examinar la herencia, los mitos compartidos, las ficciones fundacionales, el bagaje con el cual cargamos. Gran oportunidad para emprender un proceso de instrospección crítica sobre nuestra identidad nacional, para cobrar conciencia de lo que hemos hecho consistentemente mal. Para entender por qué no hemos construido un país más libre, más próspero, más justo durante los últimos dos siglos.

Abundan las explicaciones. La Conquista, la Colonia, la ausencia de una tradición liberal, el Porfiriato, la vecindad con Estados Unidos, la desigualdad recalcitrante, el nacionalismo revolucionario, los ciclos históricos marcados por proclamas, seguidas de alzamientos y la instauración de líderes autoritarios que prometen salvar al país del caos y de sí mismo. Muchos piensan que México no avanza por su pasado fracturado, por su historia insuperada, por sus creencias ancestrales, por sus costumbres anti democráticas. Muchos esgrimen el argumento cultural como explicación del atraso nacional. "Es un problema mental", afirman unos. "Es una cuestión de valores", insisten otros. "Es un asunto de cultura", sugieren unos. "Así somos los mexicanos", proclaman unos. Según esta visión cada vez más compartida, el subdesarrollo de México es producto de hábitos mentales premodernos, códigos culturales atávicos, formas de pensar y de actuar que condenan al país al estancamiento irrevocable.

Es cierto que muchos mexicanos creen apasionadamente en los componentes centrales del "nacionalismo revolucionario". Es cierto que muchos mexicanos han internalizado las ideas muertas del pasado, y por ello les resulta difícil forjar el futuro. Es cierto que muchos mexicanos han sucumbido al romance con la supuesta excepcionalidad histórica de México, y por ello se resisten a apoyar medidas instrumentadas con éxito en otros países. Aquí, los hábitos iliberales del corazón son como un tatuaje. Aquí, ideas como el Estado de Derecho, la separación de poderes, la tolerancia, la protección de las libertades básicas de expresión, asamblea, religión y propiedad, no forman parte del andamiaje cultural post revolucionario. Y por ello tenemos elecciones competitivas que producen gobiernos ineficientes, corruptos, solipsistas, irresponsables, subordinados a los poderes fácticos, e incapaces de entender o promover el interés público. En términos políticos, México es una democracia electoral; culturalmente sigue siendo un país iliberal.

Ahora bien, la cultura heredada, promovida, aprendida por los mexicanos a partir de la Revolución es una invención interesada, un cálculo deliberado; es aquello que los políticos y los ideólogos del régimen decidieron enseñarnos en la escuela pública. Las costumbres iliberales y las creencias reaccionarias que dibujan el mapa mental de tantos mexicanos fueron colocadas allí porque eran útiles. El poder político de México vivió —y vive aún— de alimentarlas.

La cultura política del país ha servido para apuntalar ese artificio contractual que es el corporativismo post revolucionario y el "capitalismo de cuates" que engendró. Para justificar la permanente redistribución de la riqueza en favor de los grupos beneficiarios del *statu quo* que este acuerdo ha entrañado. Para legitimar las prácticas de rentismo acendrado que este pacto ha perpetuado. Para justificar la apabullante concentración de la riqueza que este modelo ha permitido. Para legitimar la economía oligopolizada que este arreglo ha producido. Ésas son las raíces de tantas mentiras piadosas que la clase política elaboró y sigue diseminando; ésas son las razones detrás de códigos culturales que las élites han usado para controlar a la población. El problema del país es cultural pero también estructural; abarca valores e intereses. A México le hace falta ir al psiquiatra para resolver un problema mental, y a la vez necesita combatir una estructura de privilegios que ni la Independencia ni la Revolución lograron encarar.

Al país le urgen nuevas ideas que trasciendan el patriotismo
mal entendido, porque como lo escribió Samuel Johnson: "El patriotismo es el último refugio de un bribón". Pero en México suele
ser el primer lugar en el cual muchos actores prominentes buscan
resguardo. Buscan refugio. Buscan protección. Llaman a la sociedad a cerrar filas detrás de instituciones o causas del Estado
cuyo desempeño ha generado cuestionamientos crecientes, como
las guarderías subrogadas del IMSS, el Ejército, o la guerra contra
el narcotráfico librada por Felipe Calderón. Para muchos mexicanos, ser patriota entraña "hablar bien de México". Ser patriota
significa ser porrista incondicional, en todo momento y en todo
lugar. Ser patriota implica envolverse en la bandera nacional, aunque debajo de ella ocurra lo indefendible.

Pero el tipo de patriotismo enarbolado por los defensores de la
situación actual es un impulso contraproducente y peligroso. Constituye un llamado a la conformidad en un país que ya no puede
darse el lujo de permanecer tal y como está. Constituye un llamado
al silencio que ofusca y tapa aquello que debería ser la preocupación de todos los que se ocupan de vivir en México. La injusticia,
la impunidad y la incompetencia institucional pueden continuar
cuando las personas dejan de hablar. Cuando dejan de disentir.
Cuando quienes revelan lo que para tantos es evidente —el incendio en la Guardería ABC fue producto de omisiones que involucran a los altos mandos del IMSS, y el Ejército lamentablemente
incurre en violaciones recurrentes a los derechos humanos— son
catalogados como "tontos útiles". Cuando se vuelven objeto del
ostracismo o la condena, por haberse atrevido a llamar a las cosas
por su nombre y asignar responsabilidades que en una democracia
funcional, nadie hubiera osado rehuir.

En México, los que disienten se vuelven objeto de burla, de
sorna, de descalificación. El aparato del Estado se encarga de pin-
tarlos como individuos protagónicos con una agenda propia que
corre en contra del bienestar de la colectividad. Los conformistas
emergen entonces como héroes verdaderos que defienden la reputación del IMSS, el honor del Ejército, la valentía del presidente,
la ley, los intereses de la sociedad. Pero en un sentido importante,
lo contrario se acerca más a la verdad. Como lo argumenta el cé-

lebre académico constitucionalista Cass Sunstein en *Why Societies Need Dissent*, quienes disienten suelen beneficiar a los demás, mientras los conformistas se benefician a sí mismos y a su grupo. Tal y como la Suprema Corte benefició a la élite política al negar un precedente de responsabilidad ante errores cometidos en el caso de la Guardería ABC, o al negar que el Ejército hubiera matado a los niños Bryan y Martín en fuego cruzado. Y mientras tanto, quienes disienten corren el riesgo de perder su trabajo, enfrentar el ostracismo, ser vistos como traidores a su clase o al consenso que la ha permitido a los altos funcionarios del Estado mexicano operar en la más absoluta impunidad.

Si a quienes disienten se les diera la razón, alguien tendría que renunciar, alguien tendría que ser enjuiciado, alguien tendría que asumir los costos. Alguien tendría que pagar las consecuencias por los 49 niños de la Guardería ABC o por los dos pequeños que murieron en la carretera debido al fuego cruzado o por los estudiantes asesinados en la balacera afuera del Tec de Monterrey, cuyo caso aún no ha sido cabalmente explicado. Pero la conformidad "patriótica" sustenta una ortodoxia de protección que hace imposible mejorar a México. Impide que información relevante sea tomada en cuenta, como el hecho de que Juan Molinar renovó el contrato de subrogación de la Guardería ABC, pese al reporte que denunciaba serias fallas de seguridad. Impide que la Suprema Corte reconozca errores o que el Ejército los evite.

En México el disenso necesario incomoda; es visto como peligroso, desestabilizador, anti patriótico. Produce tensión entre los jueces, miedo en la burocracia, ansiedad en la cabeza de la clase política. La conformidad en la Suprema Corte o en la Secretaría de Gobernación suele ser mucho más redituable que la actitud contraria. Conlleva ascensos y aceptación, longevidad y muy buena remuneración. Resulta bastante más lucrativo aceptar la encomienda del Ejecutivo que cuestionarla. Resulta menos políticamente condenable "defender a las instituciones" que reconocer cuando fallan. Pero el patriotismo mal entendido —tan popular en estos tiempos— lleva a la aceptación de hechos que son moralmente inaceptables. Conduce a la resignación ante eventos donde la injusticia es obvia. Produce, paradójicamente, el descrédito institucional que tantos quieren evitar. Porque como lo escribió Mark Twain, "el patriotismo moderno, el único patriotismo verdadero es la lealtad a la nación todo el tiempo, y la lealtad al gobierno sólo cuando se la merece".

LLAMADO A HABLAR MAL DE MÉXICO

Hace un tiempo, Felipe Calderón criticó a los críticos y convocó a hablar bien de México: "Hablar bien de México, de las ventajas que México tiene… es la manera de construir, precisamente, el futuro del país." Y de allí, siguiendo su propio exhorto, pasó a congratularse porque la tasa de homicidios por cada 100 mil habitantes aquí es más baja que en Colombia, Brasil, El Salvador o Nueva Orleans. Las ventajas de México quedarán claras cuando decidamos hablar bien del país, concluyó.

Ante ello, quisiera pedirte —lector o lectora— que hagas exactamente lo contrario a lo que el presidente exige. Quisiera recordarte que el estoicismo, la resignación, la complicidad, el silencio, y la impasibilidad de tantos explican por qué un país tan majestuoso como México ha sido tan mal gobernado. Es la tarea del ciudadano, como lo apuntaba Günter Grass, "vivir con la boca abierta". Hablar bien de los ríos claros y transparentes, pero hablar mal de los políticos opacos y tramposos; hablar bien de los árboles erguidos y frondosos, pero hablar mal de las instituciones torcidas y corrompidas; hablar bien del país, pero hablar mal de quienes se lo han embolsado.

El oficio de ser un buen ciudadano parte del compromiso de vivir anclado en la indignación permanente: criticando, proponiendo, sacudiendo. De alzar la vara de medición. De convertirte en autor de un lenguaje que intenta decirle la verdad al poder. Porque hay pocas cosas peores —como lo advertía Martin Luther King— que el apabullante silencio de la gente buena. Hay pocas cosas tan trágicas como la muerte de la fe que los seres humanos tienen en sí mismos y en su capacidad de dirigir su propio futuro. Ser ciudadano requiere entender que la obligación intelectual mayor es rendirle tributo a tu país a través de la crítica.

Ahora bien, ser un buen ciudadano en México no es una tarea fácil. Implica tolerar los vituperios de quienes te exigen que te pases el alto, cuando insistes en pararte allí. Implica resistir las burlas de quienes te rodean cuando admites que pagas impuestos, porque lo consideras una obligación moral. Lleva con frecuencia a la sensación de desesperación ante el poder omnipresente de los medios, la gerontocracia sindical, los empresarios resistentes al cambio, los empeñados en proteger sus privilegios.

Aun así me parece que hay un gran valor en el espíritu de oposición permanente y constructivo *versus* el acomodamiento fácil. Hay algo intelectual y moralmente poderoso en disentir del *statu quo* y encabezar la lucha por la representación de quienes no tienen voz en su propio país. Como apunta el escritor J.M. Coetzee, "cuando algunos hombres sufren injustamente, es el destino de quienes son testigos de su sufrimiento, padecer la humillación de presenciarlo". Por ello se vuelve imperativo criticar la corrupción, defender a los débiles, retar a la autoridad imperfecta u opresiva. Por ello se vuelve fundamental seguir denunciando las mansiones de Arturo Montiel y los pasaportes falsos de Raúl Salinas de Gortari y las mentiras de Mario Marín y los abusos de Carlos Romero Deschamps y el escandaloso Partido Verde y los niños muertos de la Guardería ABC y la impunidad prevaleciente.

Quienes hacen suyo el oficio de disentir no están en busca del avance material, del avance personal o de una relación cercana con un diputado o un delegado o un presidente municipal o un secretario de Estado o un presidente. Viven en ese lugar habitado por quienes entienden que ningún poder es demasiado grande para ser criticado. El oficio de ser incómodo no trae consigo privilegios ni reconocimiento, ni premios, ni honores.

El ciudadano crítico debe poseer una gran capacidad para resistir las imágenes convencionales, las narrativas oficiales, las justificaciones circuladas por televisoras poderosas o presidentes porristas. La tarea que le toca —te toca— precisamente es la de desenmascarar versiones alternativas y desenterrar lo olvidado. No es una tarea fácil porque "implica estar parado siempre del lado de los que no tienen quién los represente", escribe Edward Said. Y no por idealismo romántico, sino por el compromiso de formar parte del equipo de rescate de un país secuestrado por gobernadores caciquiles y líderes sindicales corruptos y monopolistas rapaces. Aunque la voz del crítico es solitaria, adquiere resonancia en la medida en la que es capaz de articular la realidad de un movimiento o las aspiraciones de un grupo. Es una voz que nos recuerda aquello que está escrito en la tumba de Sigmund Freud en Viena: "La voz de la razón es pequeña pero muy persistente."

Vivir así tiene una extraordinaria ventaja: la libertad. El enorme placer de pensar por uno mismo. Eso que te lleva a ver las cosas no simplemente como son, sino por qué llegaron a ser de esa manera. Cuando asumes el pensamiento crítico, no percibes a la realidad como un hecho dado, inamovible, incambiable, sino como una situación contingente, resultado de decisiones humanas. La crisis del país se convierte en algo que es posible revertir, que es posible alterar mediante la acción decidida y el debate público intenso. La crítica se convierte en una forma de abastecer la esperanza en el país posible. Hablar mal de México se vuelve una forma de aspirar a un país mejor.

Ante esa propensión arraigada al conformismo te invito a hablar mal de México. A formar parte de los ciudadanos que se rehusan a aceptar la lógica compartida del "por lo menos". A los que ejercen a cabalidad el oficio de la ciudadanía crítica. A los que alzan un espejo para que un país pueda verse a sí mismo tal y como es. A los que dicen "no". A los que resisten el uso arbitrario de la autoridad. A los que asumen el reto de la inteligencia libre. A los que piensan diferente. A los que declaran que el emperador está desnudo. A los que se involucran en causas y en temas y en movimientos más grandes que sí mismos. A los que en tiempos de grandes disyuntivas éticas no pemanecen neutrales. A los que se niegan a ser espectadores de la injusticia o la estupidez. A los que critican a México porque están cansados de aquello que Carlos Pellicer llamó "el esplendor ausente". A los que cantan en la oscuridad porque es la única forma de iluminarla.

Marcha por la paz y la justicia convocada por Javier Sicilia.

A los que dicen "punto final". A los que tiene el valor de encarar las razones por las cuales México ha sido un país tan mal gobernado durante tanto tiempo. Tan mal liderado a lo largo de demasiadas décadas. Tan mal administrado por quienes se llaman representantes de la población, pero se dedican a ordeñarla. A éso habrá que ponerle punto final; al gobierno como botín compartido por quienes aterrizan en él y lo comparten con sus cuates; al gobierno como circulación de élites que promueven intereses particulares por encima del interés público. Punto final a aquello que Pedro Ángel Palou advierte en su luminosa novela sobre Emiliano Zapata: "la ignominia de quienes teniéndolo todo no pueden permitir que quienes no tienen nada vivan un poco mejor."

Punto final al gobierno que ha permitido la concentración de la riqueza y no ha procurado, de manera decidida, distribuirla mejor. Al gobierno que ha mantenido reglas del juego económico en beneficio de pocos y en perjuicio de muchos. Punto final, sí, al capitalismo de terreno desnivelado que ha producido más multimillonarios en México que en Suiza. Al privilegio de las "posiciones dominantes" en el mercado con cargos desorbitados para el consumidor. A quienes han construido sus fortunas en sectores donde la competencia es baja o inexistente. A quienes han sido rescatados por el gobierno pero no le han pagado los impuestos que les correspondería. Punto final a quienes se erigen como "campeones nacionales" de la economía, pero en realidad obstaculizan su modernización.

Punto final al gobierno cómplice, al gobierno comparsa, al gobierno que trabaja chantajeado por los medios y no vigilado por ellos. Punto final al gobierno que da "decretazos", eliminando el 12.5 por ciento del tiempo oficial de acceso gubernamental al espectro radioeléctrico, en beneficio de las televisoras. Punto final al gobierno que guarda silencio ante la toma del Canal 40 por parte de TV Azteca, y cierra los ojos ante las múltiples ilegalidades incurridas por su dueño, Ricardo Salinas Pliego. Punto final a la práctica de aprobar leyes "a modo", en siete minutos, con cero votos en contra, cero abstenciones, como se aprobó la ley Televisa. Punto final a diputados y senadores que se doblegan ante las televisoras en vez de regularlas mejor. Y sí, punto final al gobierno que contribuye a crear monstruos para después acabar arrodillado ante ellos.

Punto final a la complicidad de funcionarios públicos que en vez de desmantelar ese andamiaje de privilegios y amparos y protección y discreción, lo hacen posible. Como Pedro Cerisola, ex Secretario de Comunicaciones y Transportes —y ex empleado de Telmex— que según un reportaje de *The Economist*, le pasaba los planes de negocios de la competencia a sus antiguos jefes. Como Héctor Osuna —ex presidente de la Cofetel— que cabildeó la ley Televisa para después ser recompensado con su puesto por ello. Como Emilio Gamboa y su iniciativa —largamente platicada con Kamel Nacif— para "hacer el juego" desde el Hipódromo. Punto final a los puestos públicos como asientos para la acumulación privada; como curules para el clientelismo; como recintos para la rapacidad.

Punto final al gobierno que solapa la impunidad en lugar de erradicarla. Que tolera la corrupción en vez de combatirla. Que permite el tráfico de influencias en vez de exigir su eliminación. Que deja a la deriva asuntos como Amigos de Fox y Pemexgate y Arturo Montiel y Carlos Romero Deschamps y los bonos sexenales a los sindicatos y muchos más. Que permite las licitaciones amañadas, los contratos obtenidos, las aduanas arregladas, los negocios hechos bajo la protección del poder. Punto final a quienes entran al gobierno y aprovechan su paso para enriquecerse con él.

Punto final a gobiernos que usan mano firme contra los movimientos sociales pero la doblan ante los criminales de cuello blanco. Gobiernos que exaltan de manera retórica el Estado de Derecho, pero sólo lo defienden de manera discrecional. Gobiernos que instrumentalizan a las leyes conforme a criterios políticos y las ignoran cuando les conviene hacerlo. Gobiernos que promueven medidas tan contraproducentes como el arraigo y desatiende violaciones a la Constitución tan evidentes como los monopolios. Punto final a las instituciones que se vanaglorian del Estado de Derecho mientras al mismo tiempo lo manosean.

Punto final, pues, al gobierno que no actúa como tal. A quienes gobiernan en nuestro nombre pero en realidad lo hacen para bien del suyo. Que no hablan por nosotros sino por ellos. Que no legislan para beneficiar a las grandes mayorías sino para subsidiar a las atrincheradas minorías. Que crean fideicomisos para ocultar lo que tienen la obligación ética de revelar. Que privatizan bienes públicos sin regular de manera eficaz cómo serán utilizados por concesionarios privados. Punto final a esas prácticas reiteradas, a esas reglas equívocas, a esa forma de ejercer el poder que lo deslegitima. Punto final a esa manera de gobernar que en lugar de unir al país, acrecienta su división.

México sólo será "un país ganador" —como solía decir Felipe Calderón— cuando en él haya menos perdedores. Menos personas "hartas de estar hartas" como dice el Zapata de Palou. Para que eso ocurra va a hacer falta que las personas más conscientes dejen de ser las más corrompidas. Va a hacer falta que el gobierno entienda la tarea fiduciaria que le toca: no defender a los "pacíficos" de los "violentos", sino defender a los ciudadanos de quienes son sus verdaderos enemigos: los políticos y los empresarios y los funcionarios que exprimen al país y contribuyen a frenarlo. Ante ellos va a hacer falta un imperioso "punto final".

Los mexicanos quieren buenas noticias, quieren buenas cifras, quieren despertar en una cotidianidad mejor. Quieren amanecer un día y encontrarse con políticos que saben construir y no sólo destruir, que saben planear y no sólo improvisar, que saben gobernar y no sólo fingir que lo hacen. Quieren ser sorprendidos por alguien que deje atrás el papel que ha desempeñado durante los últimos sexenios. Alguien que sacuda las cosas. Alguien que cambie de piel. Alguien que diga algo positivo y propositivo. Alguien que alce la voz. Alguien que diga: "No más." Alguien que diga: "Hasta aquí."

Los mexicanos quieren despertar y leer que un político cualquiera —azul, amarillo, verde, tricolor— pone sobre la mesa una solución para un problema concreto. Cómo incrementar el empleo. Cómo disminuir la inseguridad. Cómo combatir la corrupción. Cómo abaratar las elecciones. Cómo limpiar las calles. Cómo vigilar a los diputados. Cómo hacer crecer el crédito bancario. Cómo competir contra China. Cómo construir más facultades de ingeniería. Cómo emular a Brasil. Cómo fomentar la investigación científica. Cómo regularizar a los franeleros. Cómo acabar con las mordidas que se les paga a quienes recogen la basura. Cómo reducir los abusos de la telefonía celular. Cómo incrementar el número de patentes mexicanas. Cómo pasar de la fracasomanía habitual al éxito posible.

Los mexicanos quieren despertar y leer que otros —al igual que ellos— exigen el fin de los pleitos entre políticos y el principio de las luchas por lo que verdaderamente importa. Por las calles seguras y el agua limpia y las escuelas modernas y los servicios públicos eficaces. Por el acceso a la información y quienes saben lo que puede hacerse con ella. Por la educación para el nuevo milenio y por qué México la necesita. Por el Estado de Derecho dado que hoy no existe aunque el gobierno diga lo contrario. Por las muertas de Juárez y por quienes dejan atrás. Por las víctimas de la violencia y lo que padecieron. Por la seguridad que el Estado debe proveer y no ha logrado. Por los contratos claros y las Cortes que los hagan valer. Por los derechos humanos y cómo respetarlos. Por los derechos reproductivos y cómo fomentarlos. Por los debates necesarios, en cualquier parte, en cualquier formato, en cualquier medio.

Quieren despertar y apoyar a políticos que miren más allá de cómo acomodarse en el puesto, a líderes empresariales que sean competitivos, a comunicadores que sean independientes, a perio-

distas que sean profesionales, a congresistas que sean representativos, a funcionarios gubernamentales que entiendan su labor y
cumplan con ella. Quieren despertar y saber que así es y así sera.
Quieren despertar en un país mejor.

Yo creo que eso es posible, pero sólo ocurrirá cuando la fe de
algunos se vuelva la convicción de muchos. Cuando la crítica fácil
se traduzca en la participación transformadora. Cuando la creen-
cia en el cambio se concretice en acciones diarias para asegurarlo.
Cuando más mexicanos memoricen las palabras de mi amigo —el
empresario y filántropo— Manuel Arango: "El que no sepa qué
hacer por México que se ponga a saltar en un solo pie y algo se
le ocurrirá."

"Aventón ciudadano."

DIEZ ACCIONES CIUDADANAS
PARA CAMBIAR AL PAÍS

Tengo la esperanza de que eso ocurra cada vez más. Pero no es una esperanza motivada por lo que podría pasar en Los Pinos, o lo que podría aprobar el Congreso, o lo que podría ofrecer algún candidato presidencial. Nace de haber recorrido el país durante los últimos años, de ciudad en ciudad, de foro en foro, de conferencia en conferencia, y de haber encontrado —desde Mexicali hasta Mérida— a un montón de personas de corazón generoso y espíritu comprometido. Personas dispuestas a acortar la distancia que niega la responsabilidad con su propio país. Dispuestas a pensar y a participar, a denunciar y a transformar, a contribuir en favor de México y a buscar formas de rescatarlo. Dispuestas a conjugar el vocabulario de la esperanza y a crear una sintaxis para la salvación. Dispuestas a fertilizar el cambio social. Dispuestas —como Alejandro Martí y Javier Sicilia y María Elena Morera e Isabel Miranda de Wallace y Miguel Concha y tantos *twitteros*— a alzar la voz. A organizarse y organizar a otros. A proveer nuevas alternativas y asumir responsabilidades cívicas que antes se dejaban en manos del gobierno.

Está allí, en Tabasco y en Tamaulipas, en Querétaro y en Quintana Roo, en Ciudad Júarez y en Ciudad Obregón. El ejército incipiente de los que caminan, paso a paso, sabiendo que la larga marcha para construir ciudadanía es una batalla que se debe dar y se puede ganar. El batallón creciente de los que saben —como dijera Vaclav Havel— que hay pocas cosas tan poderosas como un grupo de individuos actuando de acuerdo con su conciencia, y con ganas de ayudar.

En Ciudad Júarez, por ejemplo, la violencia ha llevado a la creación de todo tipo de organizaciones. Los médicos armaron un comité para exigir el cese de los secuestros y los asesinatos de sus colegas. Los estudiantes organizan caminatas para protestar por la matanza de jóvenes y maestros. Los fines de semana, colectivos de artistas recorren colonias asoladas por las ejecuciones y leen poemas, bailan *breakdance*, presentan obras de teatro, pintan esténciles pacifistas en las paredes para animar a la población a recuperar los espacios públicos. Decenas de amas de casa imparten talleres de duelo en Iglesias, se capacitan como psicoterapeutas y recorren las colonias más violentas. Un grupo de mujeres profesionistas, apodadas "Las guerreras", sale los domingos en motocicleta a donar alimentos y medicinas.

Alejandro Martí e Isabel Miranda de Wallace.

Ellas y tantas personas más forman parte del escuadrón entusiasta de los asociados con una gran idea: México puede ser transformado a través de las acciones acumulativas, grandes y pequeñas, de millones de personas. Los maestros y las amas de casa y los médicos y los ingenieros y los biólogos y empresarios y los jóvenes y los contadores. Los ciudadanos que sistemáticamente deben quejarse y critican las instituciones, el desempeño gubernamental, la forma en la que funciona la democracia. Los ciudadanos guiados por la necesidad de vigilar las decisiones del gobierno, de denunciar los abusos de la autoridad, de exigir cuentas a los gobernantes.

No basta con tener una democracia mínima, en la cual lo único a lo que podemos aspirar es a la competencia entre élites partidistas. La democracia también requiere que un número importante de ciudadanos influyan cotidianamente en la toma de decisiones de su gobierno. La democracia también entraña la demanda diaria por derechos civiles como el derecho a la información, el derecho a la libertad de expresión, el derecho a votar y a ser votado, el derecho a la libertad de asociación, el derecho a la no discriminación racial, de género o religiosa.

Esto es lo que me gustaría que dijeran todos los que quieren ser parte del esfuerzo por cambiar a México a partir de la ciudadanización de lo público y la lucha por los derechos civiles:

1° A partir de hoy entenderé que la irreverencia frente al poder es una actitud vital para ser un ciudadano de cuerpo entero. La irreverencia lleva al cuestionamiento; la curiosidad entonces se vuelve compulsiva; la pregunta que guía la acción se convierte en "por qué". La mía será una filosofía personal anclada en el optimismo, la imaginación, el deseo de crear, el humor, y el rechazo a los dogmas tanto de derecha como de izquierda.

Comprenderé que un buen ciudadano no desempeña el papel de quejumbroso y plañidero ni se erige en la Casandra que nadie quiere oír. No lleva a cabo una crítica rutinaria, monocromática, predecible. Más bien un buen ciudadano busca mantener vivas las aspiraciones eternas de verdad y justicia en un sistema político que se burla de ellas. Sabré entonces que el mío debe ser un papel puntiagudo, punzante, cuestionador. Sabré que me corresponde hacer las preguntas difíciles, confrontar la ortodoxia, desafiar los usos y costumbres del poder en México. Sabré que debo asumirme como alguien cuya razón de ser es representar a las personas y a las causas que muchos preferirían ignorar. Sabré que todos los seres humanos tienen derecho a aspirar a ciertos estándares decentes de comportamiento de parte del gobierno. Sabré que la violación de esos estándares debe ser detectada y denunciada: hablando, escribiendo, participando, diagnosticando un problema o fundando una ong para lidiar con él.

Comprenderé que ser un buen ciudadano en México es una vocación que requiere compromiso y osadía. Es tener el valor de creer en algo profundamente y estar dispuesto a convencer a los demás sobre ello. Es retar de manera continua a las medias verdades, la mediocridad, la corrección política, la mendacidad. Es resistir la cooptación. Es vivir produciendo pequeños shocks y terremotos y sacudidas. Vivir generando incomodidad. Vivir en alerta constante. Vivir sin bajar la guardia. Vivir alterando, milímetro tras milímetro, la percepción de la realidad para así cambiarla. Vivir, como lo sugería George Orwell, diciéndole a los demás lo que no quieren oír.

A partir de hoy entenderé que para cambiar al país hay ciertos conceptos y acciones vinculados con la participación en el espacio público. Y con base en ellas preguntaré qué puedo hacer yo para acelerar la transformación del país.

2° A partir de hoy entenderé que el voto es un derecho esencial, crucial, estructural. El voto da voz. El voto premia y castiga. El voto obliga a pensar. Woody Allen ha dicho que 90 por ciento del éxito consiste en solamente presentarse, y así hay que concebir el imperativo de llegar y votar. El cambio no ocurre después de una sola elección. Transformaciones sociales de gran envergadura —la ley de acceso a la información, la despenalización del aborto, la protección a los derechos humanos, la desegregación racial en Estados Unidos— se han basado en ideas que consiguieron apoyo poco a poco, y con el paso del tiempo. Eventualmente triunfaron gracias a la presión de los votantes.

Pero precisamente porque el voto cuenta y se cuenta hay que ejercerlo —decía Chesterton— con la misma entereza "con la cual uno se casa o ejerce un culto". Hay que votar con el corazón y con la cabeza, con el alma y con el estómago, con las manos y con los pies. Hay que entender al candidato y escudriñarlo, colocarlo bajo el microscopio y mirarlo, saber de dónde viene y a dónde va.

Por ello, a la hora de elegir un candidato para cualquier puesto me preguntaré y le preguntaré...

- ¿Conoce a fondo los problemas locales o sólo los mira desde lejos?
- ¿Ha escuchado a los habitantes de la zona o sólo les habla desde el podio con el micrófono en la mano?
- ¿Se ha comprometido a viajar regularmente al lugar que lo eligió o no le ha parecido importante hacerlo?
- ¿Ha involucrado a la población en su campaña o la ha dejado en manos de los profesionales de su partido?
- ¿Ha presentado propuestas para atar a los legisladores a las agendas ciudadanas o ni siquiera las conoce?
- ¿Es un candidato (o candidata) que surge desde abajo o ha sido impuesto desde arriba?
- ¿Vive en el distrito que quiere representar o sólo dice que proviene de allí?
- ¿Ha estado involucrado en asuntos comunitarios o sólo ha oído hablar de ellos?
- ¿Ha presentado propuestas para mejorar la vida ciudadana o sólo quiere aprovechar los privilegios de la vida política?

A la hora de votar por un candidato pensaré si...

- ¿Ha dicho cuál es la mejor manera de comunicarse con él (o ella) o sólo carga con un celular que un subalterno contesta?
- ¿Ha viajado rodeado de guaruras agazapados o ha decidido deshacerse de ellos?
- ¿Actúa como si se percibiera fiduciario del presupuesto público o lo gasta como si no tuviera que rendir cuentas sobre él?
- ¿Ha hecho pública su declaración de bienes o no cree que es su obligación compartirla con el electorado?
- ¿Se ha manifestado a favor de la transparencia total en los gastos del Congreso o prefiere seguir aprovechándose de la opacidad prevaleciente?

- ¿Se ha pronunciado a favor de incoporar las adquisiciones del Congreso a la cuenta pública o no le ha cruzado por la mente?
- ¿Ha dicho cómo piensa gastar el presupuesto para su *staff* legislativo o tan sólo piensa en cómo embolsárselo?
- ¿Ha declarado su apoyo a un código de ética para los legisladores o no contempla su necesidad?
- ¿Ha propuesto cambiar la legislación que permite la existencia de confictos de interés entre legisladores-litigantes o piensa enriquecerse gracias a ella?

En el momento de marcar mi boleta y optar por una persona, preguntaré si...

- ¿Ha dicho qué propuestas concretas defiende y qué propuestas concretas critica, o sólo se ha dedicado a dar discursos demagógicos y a hacer promesas incumplibles?
- ¿Se ha pronunciado sobre la necesidad de reformas fiscales y energéticas o se opone a ellas de manera reflexiva?
- ¿Ha asumido una posición sobre la reelección legislativa o no sabe lo que entrañaría?
- ¿Ha dicho qué piensa sobre la relación bilateral y cómo manejarla/mejorarla, o cree que México debe seguir arropándose en el "nacionalismo revolucionario"?
- ¿Ha hablado sobre la globalización o prefiere ignorarla?
- ¿Ha asumido una postura frente a la reforma penal y los juicios orales o no sabe qué entrañan?
- ¿Ha expresado qué piensa de los monopolios públicos y privados y cómo piensa combatirlos?
- ¿Ha dicho qué temas legislativos domina y en cuales se piensa especializar o ha eludido el tema? ¿Ha hablado sobre la agenda legislativa de su partido o no está al tanto de ella?

En el momento de depositar su voto en la urna, pensaré si...

- ¿El partido al que pertenece el candidato ha sabido producir alternativas viables y mejores, o sólo se dedica a bloquear las iniciativas presidenciales?

- ¿El partido al que pertenece el candidato parece tener rumbo o parece estar a la deriva?
- ¿El partido al que pertenece el candidato ha logrado crear liderazgos nuevos y atractivos, o se vale de los mismos de siempre?
- ¿El partido al que pertenece el candidato tiene las manos limpias o no logra eludir los escándalos?
- ¿El partido al que pertenece el candidato muestra signos de remodelación y renovación, o todo lo contrario?
- ¿El partido al que pertenece el candidato usa al Congreso como un recinto para el intercambio de ideas o como un mercado para el intercambio de influencias?
- ¿El partido al que pertenece el candidato ha cumplido las promesas que hizo en la última elección o se ha olvidado de ellas?

Y si no recibo respuesta satisfactoria a estas preguntas sabré que puedo —de manera legítima— anular mi voto. Anular es votar. Es participar. Es ir a la urna y depositar una boleta para expresar el descontento con un sistema democrático mal armado, que funciona muy bien para los partidos pero muy mal para los ciudadanos. La anulación no busca acabar con la democracia sino aumentar su calidad y su representatividad. La anulación no intenta dinamitar el sistema de partidos sino mejorar su funcionamiento. Porque llevamos años pidiendo que los partidos democraticen el sistema, sin que lo hayan hecho. Porque llevamos años exigiendo que combatan la corrupción, sin que hayan mostrado la menor disposición a ello. Porque llevamos periodo legislativo tras periodo legislativo de bancadas que congelan iniciativas prometidas durante la campaña y archivadas cuando llegan al poder. Porque queremos ayudar desde afuera a los que están intentando reformar desde adentro; a aquellos que enfrentan cotidianamente la resistencia de partidos autistas que defienden intereses enquistados.

Y esa inercia no se puede combatir —ya lo hemos visto— con lo que algunos proponen como solución. No basta con formar otro partido, si acaba corrompiéndose para sobrevivir. No basta con cabildear a los legisladores, si su futuro no depende de escuchar a los ciudadanos sino de disciplinarse ante su líder parlamentario o algún poder fáctico. No basta con organizar otro foro —los tantos que ha habido sobre la reforma del Estado— para fomentar la discusión si ese foro va a terminar siendo ignorado. El problema fundamental del sistema político es la ausencia de mecanismos que le den a la ciudadanía peso y voz. Los incentivos del sistema político están mal alineados: los legisladores no necesitan escuchar a la ciudadanía ni atender sus reclamos, porque la longevidad política no depende del buen desempeño en el puesto. Entonces, la anulación no busca destruir el andamiaje institucional sino centrar la atención en sus imperfecciones y en lo que falta por hacer y mejorar.

La anulación no entraña dejar en manos de otros la decisión, sino crear las condiciones para que los ciudadanos verdaderamente cuenten. La anulación no entraña fortalecer el "voto duro", sino crear condiciones para que se vea remplazado por el voto ciudadano. Para que el acarreo corporativo vaya perdiendo peso conforme aumente la participación de personas que creen en las instituciones en vez de desconfiar de ellas. Para que en lugar de cortejar a Elba Esther Gordillo o a Valdemar Gutiérrez, los partidos se vean obligados a cortejar a personas como nosotros.

3° A partir de hoy me informaré sobre lo que pasa en mi país. Leeré los periódicos más que ver los noticieros. Comprenderé que si obtengo la mayor parte de mi información política de la televisión, no estaré expuesto a grandes pedazos de la realidad nacional. Comprenderé que los límites más fuertes a la libertad de expresión con frecuencia provienen de los dos conglomerados mediáticos, Televisa y TV Azteca y lo confirmaré al revisar libros como *La Ley Televisa y la lucha por el poder en México* de Javier Esteinou Madrid y Alma Rosa Alva de la Selva o *El sexenio de Televisa* de Jenaro Villamil.

Por eso, leeré revistas como *Proceso*, *Nexos*, *Este País*, *Letras Libres*. Visitaré sitios de internet como *La silla rota*, *Reporte Índigo*, *Sin embargo* y *Animal político*. Iré a la página de internet de la Asociación Mexicana de Derecho a la Información (AMEDI), donde obtendré información sobre cómo reformar a los medios en México y la urgencia de hacerlo. Contribuiré a una cobertura más amplia y más balanceada de los medios de mi localidad, alertándolos sobre eventos que están ocurriendo en donde vivo. A partir de hoy comprenderé que si en México los medios son parte del problema, el internet es parte de la solución.

A partir de hoy formaré un club de lectura o entre mis amigos, con el objetivo de leer ya sea ficción política o libros sobre temas socialmente relevantes. Propondré novelas como *Los relámpagos de agosto* de Jorge Ibargüengoitia, *La muerte de Artemio Cruz* de Carlos Fuentes, *Pedro Páramo* de Juan Rulfo, *El regreso* de Juan Villoro, *El dedo de oro* de Guillermo Sheridan, *Guerra en el paraíso* de Carlos Montemayor, *La conspiración de la fortuna* de Héctor Aguilar Camín, *Balún Canán* de Rosario Castellanos, *Arráncame la vida* de Ángeles Mastretta, entre tantos más.

Propondré leer y discutir libros como *Los amos de México*, editado por Jorge Zepeda Patterson, *Un futuro para México* de Jorge Castañeda y Héctor Aguilar Camín, *Si yo fuera presidente: el 'reality show' de Enrique Peña Nieto* de Jenaro Villamil, *Nosotros somos los culpables: la tragedia de la Guardería ABC* y *El cártel de Sinaloa* del mismo autor, *Vuelta en U: guía para entender y reactivar la democracia estancada* de Sergio Aguayo, *Buenas intenciones, malos resultados: política social, informalidad y crecimiento económico en México* de Santiago Levy, *País de mentiras* de Sara Sefchovich, *Memorias de una infamia* de Lydia Cacho y *Los demonios del Edén* de la misma autora, *Clasemediero: pobre no más, desarrollado aún no* de Luis de la Calle y Luis Rubio, *Los socios de Elba Esther* de Ricardo Raphael, *Transición* de Carmen Aristegui, *El México narco* editado por Rafael Rodríguez Castañeda, *ciudadanos.mx: Twitter y el cambio político en México* de Ana Francisca Vega y José Merino. Entenderé que los libros son maestros poderosos con la capacidad de exponer temas y realidades que no necesariamente forman parte del debate público, aunque deberían estar allí. Los libros pueden inspirar el debate apasionado, sacar a sus lectores del estupor televisivo e incitar a la acción ciudadana informada.

Formaré un cine club con mis amigos para invitar a otros a ver y comentar películas como *La sombra del caudillo, La ley de Herodes, Canoa, Morir en el golfo, El apando, El túnel, El violín, Presunto culpable, Rojo amanecer, Voces silenciadas, Libertad amenazada, El atentado, El general, El infierno, Y tu mamá también.* Y lo haré porque, como escribió alguna vez la famosa crítica de cine Pauline Kael, las buenas películas hacen que las cosas te importen; te hacen creer de nuevo en las posibilidades.

4° A partir de hoy me comprometo a hacerle marcaje personal a mi diputado, o a mi presidente municipal, o a mi gobernador. Comprenderé que esa persona es mi empleado porque su sueldo proviene de los impuestos que pago, y debo tratarlo como tal en vez de comportarme de manera deferencial frente a la autoridad. Al mínimo, debo tratar a esa figura como mi igual. Y si yo no permitiría que alguien robara, se ausentara, mintiera y malversara los fondos de mi compañía o de mi casa, y desapareciera después de tres o seis años —como lo hacen tantos diputados y senadores— no permitiré que alguien lo haga con mi país. En el caso del funcionario elegido, prometo seguir sus pasos, vigilar sus decisiones, estar al tanto de su actuación.

En el caso de mi diputado, me informaré sobre cómo ha votado, qué iniciativas ha presentado, cuántos viajes ha hecho, cuántas veces ha regresado al estado que lo eligió. Lo llamaré, le escribiré, y organizaré a otros para que lo hagan también. Exigiré que haga pública su declaración patrimonial. Lo obligaré a ser un verdadero representante de la ciudadanía; me convertiré en su sombra; seré una conciencia persistente, abocada a recordarle para qué llegó al poder y en nombre de quien debe usarlo. Lo presionaré todo el tiempo ya que ningún politico puede ingnorar un problema si la atención pública lo mantiene vivo.

5°　A partir de hoy me sumaré al movimiento de quienes apoyan reformas como las candidaturas ciudadanas, la reelección legislativa, la iniciativa ciudadana, la consulta popular, el referéndum y el plebiscito. Entenderé que estos cambios son algo a lo cual muchos ciudadanos tienen derecho a aspirar. Algo que el sistema político no debería tener el derecho a negarles.

Me sumaré a la presión en favor de las candidaturas independientes, las candidaturas autónomas, las candidaturas que se construyen fuera de los partidos. Y preguntaré: si las candidaturas ciudadanas son tan peligrosas, tan nocivas y tan desestabilizadoras, ¿cómo explicar su existencia en democracias que admiramos y cuyo funcionamiento es mejor al de México? Si hay un consenso en torno al descrédito de los partidos, ¿qué otras formas de presión existen para obligarlos a representar de mejor manera con la sociedad? Si se reconoce que el malestar es hondo y la desconfianza también, ¿cómo encarar el déficit democrático y la crisis de representación?

Argumentaré que es cierto, las candidaturas ciudadanas no son una panacea. No curan el AH1N1, ni el cáncer y tampoco rallan zanahorias. No constituyen un pasaje de entrada al paraíso ni tampoco —por sí solas— nos sacarán del infierno. No logran, en la mayoría de los casos, ganar más que diez a veinte por ciento del voto. Pero sí ofrecen fórmulas alternativas de participación ante partidos que han erigido altas barreras de entrada alrededor de su monopolio. Sí proveen una ruta mediante la cual los ciudadanos pueden acceder a la representación sin someterse a los mandatos de las maquinarias. Sí son una amenaza permanente a partidos que han divorciado la agenda política de la agenda pública, y no hablan de nada que le importe verdaderamente a quienes se ven obligados a votar sólo por ellos. Sí son un correctivo a partidos que han perdido el rumbo, que han dejado de ser puente, que han privilegiado la lógica patrimonial por encima de la función representativa. Sí pueden ser la encarnación de fuerzas, de perfiles, de anhelos que los partidos acaparan o sofocan.

A partir de hoy diré —como lo ha hecho Marco Enrí-quez-Ominami, candidato independiente en Chile— que "los problemas de la democracia se resuelven con más democracia". Con más ideas. Con más debate. Con más candidatos. Con más acceso. Con más portavoces para los temas álgidos que los partidos no quieren tocar. La democracia es impensable sin los partidos, pero no deberían tener el monopolio sobre la participación en la esfera pública. Los partidos y los independientes pueden coexistir y cohabitar y complementarse. El objetivo de las candidaturas ciudadanas no es poner en jaque a la democracia, sino mejorar la calidad de la representación que ofrece. Las barreras legales y logísticas a las candidaturas autónomas son superables; en México hace falta derrumbar las barreras políticas y los prejuicios mentales.

A partir de hoy apelaré a los partidos para que comprendan la crisis de representación que han creado y busquen maneras de afrontarla. Y aunque el movimiento en favor de una democracia de mejor calidad —impulsado entre tantos mexicanos— reúne diversos reclamos, parece haber consenso en torno a algunos ejes. La necesidad de darle a los ciudadanos una forma de castigar o premiar a sus representantes. La reducción del financiamiento público a los partidos. La posibilidad de incorporar figuras de participación directa como el plebiscito y el referéndum. La propuesta de atar el voto nulo a la cantidad de recursos que se destina a los partidos. Todo ello con la intención de fortalecer a la democracia y asegurar su representatividad. Todo ello con la intención de empujar a los partidos a enarbolar reformas que tanto resisten. Porque como decía Barack Obama a lo largo de su campaña presidencial: "El poder nunca concede por su propia cuenta." Apoyaré a los jóvenes detrás de la campaña "Reelige o castiga". Apoyaré el trabajo de organizaciones cívicas como "Ciudadanos por una causa en común", para obligar al poder a reformarse, empujado desde abajo.

6° A partir de hoy argumentaré que la guerra contra el narcotráfico —repleta de sacrificios humanos, alianzas inconfesables, corrupción compartida y estadísticas calamitosas— no
ha producido los resultados deseados. En lugar de reducir
la violencia, ha contribuido a su incremento. En vez de contener a los cárteles, ha llevado a su dispersión. En lugar de
mejorar la coordinación entre las agencias del sector de seguridad nacional, ha alentado la animosidad, la duplicación
de funciones y el cambio constante de agendas. En vez de
fomentar la colaboración entre los tres niveles de gobierno,
ha acentuado su rivalidad. México hoy es un país más inse-
guro, más inestable, más violento que cuando Felipe Calderón envió al Ejército a las calles.

A partir de hoy subrayaré que la "guerra contra las drogas" ha acentuado los problemas que buscaba combatir. Fe-
nómenos como la corrupción, la violencia, la disputa por el
control territorial, la infiltración gubernamental y el poder de
los cárteles mexicanos —a nivel nacional y global— no han
disminuido. Al contrario, han aumentado. México debería
comprender, como lo hizo Estados Unidos cuando legalizó el
consumo del alcohol, que la prohibición no disminuyó su uso,
sino generó otra serie de daños sociales como los que nuestro país enfrenta ahora: el crimen organizado, el *boom* de los
mercados ilegales y la violación cotidiana de la ley.

Insistiré en que todos los decomisos, todos los arrestos
y todas las extradiciones no han hecho mella en un negocio
calculado entre 25 mil y 30 mil millones de dólares anuales.
Según Edgardo Buscaglia del ITAM, en los últimos cuatro
años, los cárteles mexicanos han ascendido para ocupar el
tercer lugar en presencia y poderío a nivel global. En México
han infiltrado cada vez más a la economía legal, al Estado,
al Ejército, a las policías. La política punitiva de los últimos
años no ha servido para debilitar a las fuerzas que combate.

Diré que la "guerra contra las drogas" está construida
sobre premisas que parecen incuestionables e inamovibles:
la batalla puede ser ganada, Estados Unidos puede reducir
su propia demanda interna, "ahora sí" las cosas cambiarán

cuando la Iniciativa Mérida incorpore la atención integral a las comunidades fronterizas. Pero estas premisas merecen ser cuestionadas porque en realidad han sido usadas para justificar que la política antidrogas de Estados Unidos se haya vuelto la política antidrogas de México, cuando no necesariamente debería ser el caso.

Expondré que el costo social y económico para el país —mientras el poder del adversario crece— ha sido inmenso. Más de diez mil millones de dólares invertidos en balas, tanques y helicópteros que pudieron canalizarse a escuelas, pupitres y computadoras. Miles de familias desplazadas en el Norte del país, obligadas a huir ante la violencia. El deterioro de la imagen de México a nivel internacional y el impacto sobre la inversión extranjera que eso entraña. Instituciones gubernamentales cada vez más desacreditadas ante el crimen que no logran contener. Todo ello legitimado con el lema: "Para que la droga no llegue a tus hijos", cuando sigue llegando.

Insistiré en que se ha vuelto necesario repensar —a través de un amplio debate público— para qué se está librando la "guerra". Si el objetivo es proteger a la sociedad de las consecuencias dañinas de la droga, valen las siguientes preguntas: ¿La política actual realmente defiende a los mexicanos o acaba dañándolos? ¿No será que la guerra para exterminarla está produciendo más daño que la droga misma? ¿No será que el verdadero peligro para México es seguir librando las batallas equivocadas, seguir mal utilizando los recursos escasos, seguir creyendo que la mariguana es peor que la guerra fútil, violenta y desgastante para arrancarla de raíz?

A partir de hoy argumentaré que "guerra contra las drogas", librada a partir de una perspectiva puramente punitiva se ha vuelto el gran distractor. Ha desviado la atención de los cuatro rubros donde debería estar: A) el combate a la corrupción de alto nivel; B) la instrumentación efectiva de un programa de desmantelamiento patrimonial a los criminales; C) una política de prevención de las adicciones y disminución del daño; D) un programa de coordinación interinstitucional de combate a la delincuencia. La delincuencia común es la que más afecta al ciudadano, pero por el énfasis en la "guerra contra las drogas" es la que menos se combate.

A partir de hoy argumentaré que de poco sirve atrapar criminales cuando son procesados por un sistema judicial donde 75 por ciento de los arrestados terminan exonerados por jueces corruptos o ministerios públicos incompetentes. Y por ello apoyaré y me sumaré al trabajo de la "Red nacional de apoyo a los juicios orales" y las propuestas que ha hecho sobre la implementación de la reforma penal, la depuración de los cuerpos policiacos, la creación de un nuevo Código Federal de Procedimientos Penales, y el involucramiento de la ciudadanía en temas de seguridad. Veré cómo puedo incorporarme y ayudar —por ejemplo— a la organización "México SOS: Sistema de Seguridad Ciudadana".

7° A partir de hoy argumentaré que México sólo prosperará cuando su gente esté educada y muy bien educada. Y eso entrañaría, para empezar, reconocerlo y actuar en consecuencia. Insistiré en que —en el sector educativo— urge un cambio de actitud, un cambio en los maestros y un cambio en las reglas. Urge un conocimiento básico de la deplorable situación de la educación actual para poder reformarla, porque de momento, tenemos lo que nos ofrecen y con eso nos conformamos. Urge mejorar a los maestros, porque ningún cambio puede hacerse sin o contra ellos, pero tampoco ningún cambio significativo puede dejar sin modificar profundamente las reglas del juego vigentes, creadas para un modelo autoritario y vertical, corporativo y opaco. Urge cambiar la reglas para que la educación no sea vista como un instrumento de ingeniería social del régimen o de reclutamiento electoral del gobierno, sino un trampolín para la prosperidad de los mexicanos. Urge hacer lo que han hecho países como Corea del Sur y Singapur y Canadá y Finlandia y China. Entender a la educación como un factor crucial para la movilidad social. Entender a la educación como un reto principal y no sólo como una variable residual. Entender que México está en riesgo y llegó el momento de sonar la alarma y darle patadas al muro que actualmente atrapa a millones de niños.

A partir de hoy insistiré en que será necesario remodelar el sistema educativo. Para evaluar, para exigir, para profesionalizar, para enseñar a los mexicanos todo aquello que están aprendiendo los chinos y los coreanos. Para construir una educación centrada menos en la ideología y en el control social y más en cómo avanzar en el mundo. Para transitar a un escenario de plazas obtenidas por concurso nacional y no como premio sindical; de maestros capacitados en vez de maestros poco preparados o extorsionados; de estímulos basados en el desempeño y no en la lealtad; de evaluaciones abiertas al público y no escondidas por quienes temen sus resultados; de preocupación gubernamental por la educación al margen de las alianzas electorales.

Para que México sea un país ganador para muchos y no sólo para unos cuantos, el gobierno deberá —de la mano de personas como yo— derribar el muro de contención que hoy obstaculiza la creación de un sistema educativo moderno. Sólo así será posibe construir una amplia clase media con voz, con derechos, con oportunidades para generar riqueza y acumularla. Sólo así será posible crear mexicanos dinámicos, emprendedores, educados, competitivos, meritocráticos porque la educación les da herramientas para serlo. Veré de qué manera puedo ayudar a organizaciones que promueven una reforma educativa integral como "Mexicanos primero" y la "Coalición ciudadana por la educación".

8° A partir de hoy me opondré a algún monopolio. Dejaré de pensar como naranja exprimida y de permitir que el manojo de afortunados en la lista *Forbes* o en el sindicato de Pemex o en la Comisión Federal de Electricidad me traten así. Dejaré de manifestar admiración por mis exprimidores, como lo hace el 60 por ciento de quienes —según una encuesta reciente— creen que el ingeniero Slim es un ejemplo para sus hijos. Cuestionaré visiones como la expresada por Claudio X. González quien afirma: "Ojalá tuviéramos más (ricos) porque emplean a muchas personas. El ingeniero Slim le da empleo a más de 200 mil personas directamente y es muy trabajador, y muy ahorrador y ha sabido invertir muy bien". Preguntaré cúantos más empleos podría crear México si creciera al diez por ciento anualmente, de manera sostenida, lo cual sólo podrá lograrse cuando el gobierno y los consumidores encaren a los monopolios públicos y privados que actualmente estrangulan nuestra economía. Pensaré que sí, ojalá hubiera más ricos mexicanos, pero encabezados por extraordinarios innovadores que han sabido crear riqueza con base en la competencia, la productividad, la calidad, los buenos precios y los buenos servicios ofrecidos a quienes habitan la base de la pirámide. No nada más exprimiendo naranjas y parándose sobre sus cáscaras para ascender a la cima.

A partir de hoy reflexionaré sobre la forma en la cual los monopolios del país afectan a los consumidores, al crecimiento económico, y al proceso político. Leeré el libro *Buen capitalismo, mal capitalismo* de William Baumol, Robert Litan y Carl Schramm para entender el mal desempeño de las economías altamente concentradas, construidas sobre una estructura de privilegios. Leeré el reporte del Banco Mundial titulado *Gobernabilidad democrática en México: mas allá de la captura del Estado y la polarización social*, que explica el impacto que la concentración del poder y la riqueza en intereses monopólicos tiene sobre una democracia cada vez más capturada. Me informaré —por ejemplo— del alto costo que el imperio de Carlos Slim tiene para los consumidores, dado que los precios de telefonía e internet en México son significativamente más altos que en el resto de mundo, por la posición predominante de Telmex y Telcel. Y al ampararse ante cada decisión de la Cofetel y la Comisión Federal de Competencia, el señor Slim logra retrasar la creación de un sistema económico más abierto y más competitivo, que se traduciría en cuentas telefónicas más baratas para mí, para los pobres, para miles de pequeñas y medianas empresas.

A partir de hoy diré que es cierto que el señor Slim y otros monopolistas y ologopolistas proveen empleo e invierten en México y manejan bien sus compañías. Pero también argumentaré que ése no es un argumento suficiente para ignorar la influencia negativa de los monopolios sobre el crecimiento económico. Durante más de una década, el país ha crecido a un promedio de 1.5 por ciento anual; una cifra pobre cuando se compara con otros mercados emergentes. Y ese subdesempeño crónico es resultado de cuellos de botella en la economía que los monopolios privados y públicos han colocado, con la anuencia del gobierno. México podría crecer mucho más —y crear muchos más empleos— si tuviera una economía dinámica, donde hubiera inversión masiva de numerosos jugadores en el ámbito de las telecomunicaciones. Si hubiera muchas más personas con celulares baratos, internet accesible, banda ancha disponible. Los atributos personales positivos de cualquier empresario en la punta de la pirámide no deberían ocultar cómo impide la evolución de sectores clave para el desarrollo. Por ello me afiliaré a la ONG "Al consumidor" y me informaré a través de ella qué puedo hacer para defender mis derechos como consumidor y emprender "acciones colectivas" para protegerlos.

9º A partir de hoy me comprometo a recoger la basura afuera de mi casa, porque sé que ese simple acto llevará a que me vuelva responsable del espacio público. Entenderé que existe una correlación entre banquetas amplias y limpias y democracia participativa. Porque si comienzo con el camellón de enfrente, cobraré conciencia de lo que puedo hacer más allá de ese lugar. Después de un mes de recoger la basura con mi familia, me preguntaré por qué lo estoy haciendo solo, y organizaré a los vecinos en una tarea colectiva. Después de dos meses de organización vecinal para limpiar la colonia, me preguntaré por qué lo hacemos nosotros si pagamos impuestos y es tarea del gobierno asegurar la limpieza de la ciudad. Iré a ver al delegado o al presidente municipal, y así, poco a poco, construiré círculos virtuosos de exigencia, participación y rendición de cuentas. Comprenderé que recoger la basura se volverá una metáfora para la asignatura más amplia que me corresponde.

A partir de hoy denunciaré proyectos de desarrollo urbano mal concebidos y mal diseñados que corren en contra de las mejores prácticas de planeación urbana. Criticaré la trasmutación de políticos en desarrolladores; la metamorfosis de funcionarios públicos en constructores privados; la promoción gubernamental de proyectos que indudablemente generarán multimillonarias ganancias, pero no para la ciudadanía. Denunciaré como en muchas obras se da la "flexibilización" de la ley y las reglas generales son reformadas para servir a intereses particulares. Criticaré cómo las normas de desarrollo urbano son sacrificadas por quienes se enriquecen al violarlas. Denunciaré a las autoridades coludidas con desarrolladores poderosos y la proliferación de amparos cuestionables que ocultan grandes intereses. Criticaré el desdén a la ciudadanía y el atropello a sus derechos. Me sumaré a las actividades de grupos vecinales o de cualquier organización dedicada a cuestiones ambientales y de desarrollo urbano. Comprenderé que involucrarme en mi colonia es una forma de involucrarme en mi país.

10°A partir de hoy entenderé que conectarse con otros es clave. Conectarse a través de internet, Twitter, Facebook es una manera de hacer funcionar mejor a la democracia. Es barato, ya que iniciar una petición o una exigencia o un reclamo en el internet no cuesta nada. Es eficaz ya que miles de voces pueden incorporarse rápidamente e influenciar a legisladores o a otras figuras públicas mediante la presión desde abajo. Es un acicate para la acción, ya que al formar conexiones a través de internet, pueden construirse relaciones que lleven a acciones cada vez más poderosas. A partir de hoy construiré una comunidad "online" que me ayude a mantenenerme conectado e informado, o me sumaré a una de las que ya existe. Recordaré las palabras del economista Jeffrey Sachs: "El desarrollo de nuestros mejores rasgos —confianza, honestidad, vision, responsa-

bilidad y compasión— depende de nuestra interacción con
los otros."

Comprenderé que es fundamental fortalecer la relación
entre nuevas tecnologías de la información y comunicación
y el ejercicio de derechos políticos y civiles en México. Como
ha insistido el activista Andrés Lajous, cualquier persona con
acceso a internet puede buscar y agregar información sobre
un problema, comunicar esa información a otras personas con
preocupaciones similares, y ampliar su difusión con la expectativa de que tenga consecuencias políticas. La información
y la comunicación sirven para movilizar personas para ejercer sus derechos civiles en sentido político. De hecho, en un
periodo relativamente corto, Twitter se ha utilizado estratégi-
camente para impulsar agendas ciudadanas. Y el resultado:
una reconexión de los ciudadanos con los procesos políticos.

Como describe el libro *Ciudadanos.mx*, la movilización
"internetnecesario" constituyó una agregación masiva de
usuarios que se oponían a la propuesta de un impuesto al uso
del internet. Presionaron de manera tan eficaz a los legisladores que el Poder Legislativo acabó descartando la iniciativa. O el movimiento del voto nulo que obtuvo el trece por
ciento de la votación en Morelia, doce por ciento en Puebla
y once por ciento en el Distrito Federal. Las propuestas de
reforma política puestas sobre la mesa desde entonces surgen
en parte como reacción a ese movimiento. El Twitter puede
ser usado de manera estratégica como herramienta reactiva
contra políticas públicas, como medio de expresión y solidaridad, como ventana para revelar temas que no aparecen
en la discusión de los medios convencionales, como instrumento de información y movilización, y como punto focal
para agregar preferencias en torno a una política pública.

Cualquier persona, armada con una computadora y acceso a internet puede informar e influenciar a miles de mexicanos. El efecto acumulativo de cada una de nuestras acciones
puede tener y ya tiene un gran impacto. Usaré Twitter para organizar a miles de usuarios mexicanos para protestar en contra
de algún impuesto o convencer al Senado de una iniciativa o

llamar la atención de los medios nacionales e internacionales sobre un tema que debería estar en la agenda pública del país. Usaré cotidianamente las nuevas tecnologías de información y comunicación para ampliar mis derechos y ejercerlos.

A partir de hoy reconoceré que me toca dar algo de vuelta al país en el cual nací. Ya sea un poco de mi tiempo, algo de mi dinero, una porción de mi talento, una dosis de mi energía. Me comprometeré a ayudar a una organización cívica y donaré cierto número de horas a la semana. Reclutaré a mi familia, a mis amigos, a mis colegas para que participen en una causa. Iré a una marcha. Circularé una petición para reducir el financiamiento a los partidos por internet, o apoyaré a una ONG que promueva los derechos humanos, o escribiré una carta al editor de mi periódico para denunciar alguna arbitrariedad, o seré voluntario en un albergue de mujeres que han sido víctimas de la violencia doméstica, o armaré una marcha a favor de la reforma educativa integral, o solicitaré información sobre el desempeño de alguna entidad pública usando la Ley Federal de Acceso a la Información, o ayudaré a los padres de la Guardería ABC organizados en el "Movimiento 5 de junio", o serviré a mi comunidad de cualquier manera. Porque si con mis acciones altero —aunque sea por un milímetro— la realidad de mi país, habrá sido un buen día. Y un buen comienzo.

Juicio ciudadano del caso de la Guardería ABC.

EPÍLOGO

Y en los tiempos oscuros, ¿habrá canto?
Sí. Habrá el canto de los tiempos oscuros.

BERTOLT BRECHT

Prefiero prender una vela que maldecir en la oscuridad

ELEANOR ROOSEVELT

Días de cinismo. Días de desasosiego. Días de desconsuelo. Días de sentir, como lo escribiera Shakespeare en *Enrique VI*, que sopla un mal viento que a nadie beneficia. Así se siente vivir en México actualmente. Así se siente contemplar la violencia y a los violentos, los asesinatos y a los asesinados, el resurgimiento del PRI y al encopetado que lo encabeza. La atmósfera prevaleciente es escéptica, dura, socarrona o incluso resignada. Y usted, lector o lectora, se preguntará si tiene algún sentido hablar desde ese músculo terco que es el corazón y mantener la esperanza cuando muchos han intercambiado el optimismo por la amargura, el ánimo por la desesperación, la fe por el pesado fardo de la desesperanza. Parecería que una densa neblina de miedo e incertidumbre se ha posado sobre el país y hace difícil distinguir el blanco del negro, el bien del mal, lo correcto de aquello que no lo es.

De allí la importancia, advertida por Boris Pasternak, de retomar nuestros deberes ante el infortunio: creer y actuar. De reflexionar aunque sólo sea un momento en las siguientes preguntas: ¿Cuáles son las palabras que capturan mis creencias más fundamentales? ¿Puedo nombrar un principio que guía mi vida? ¿Cuál es la verdad descubierta que me sigue alentando? Si me preguntara "¿en qué creo?", ¿cuál sería mi respuesta? Planteo estas interrogantes con la idea —como lo hizo National Public Radio en Estados Unidos— de reunir ideas para escribir una especie de himno nacional, una celebración de la multiplicidad, una cartografía de nuestras convicciones colectivas, una carta de amor al país que llevamos debajo de la piel. Una forma de trascender lo que nos divide para recolectar aquello que nos une a pesar de las preferencias políticas, los prejuicios, el género, la edad, el camino andado.

Se trata de decir yo creo en México. Creo en la poesía de Efraín Huerta; en el poema de José Emilio Pacheco, "Alta traición". En los hombres del alba y las mil voces descompuestas por el frío y el hambre. Creo en el país bello como camelia y triste como lágrima. En la ronca miseria y la gris melancolía. Amplio, rojizo, cariñoso, país mío. Lugar de ríos y lagos y campos enfermos de amapolas y montañas erizadas de espinas. Yo pienso en el futuro nuestro, en la espiga, en el grano de trigo, en el ancho corazón mexicano de piedra y aire. Nuestro gran país, un criadero de claras fortalezas. País duradero entre penas y esperanzas carcomidas, gracias a esos mexicanos de alto cielo con vida que nos dan luz y sustento. Mexicanos que son acero y alma y alimento diario.

Yo creo en el patriotismo, en la justicia social, en la creatividad, en la participación, en el servicio, en los derechos individuales, en lo que mira más allá de las fronteras de los hombres varados, cínicos, fríos, con ojos de tezontle y granito. Yo creo en el amplio país donde caben los homosexuales y los católicos y las madres solteras y los rezos privados y la laicidad pública y los que creen en Dios y los que dudan de su existencia. A ratos, triste país donde la cobardía y el crimen son pan diario y a pesar de eso lo quiero. México negro, colérico, cruel y a las vez tibio, dulce, valiente porque en sus calles viven hombres y mujeres de buena voluntad.

Yo creo en México. En el país de rosas o geranios, claveles o palomas, manos o pies, panistas o perredistas, derechas o izquierdas, saludos de victoria o puños retadores. Porque el Corán enseña que Dios nos creó de una pareja única y nos moldeó en naciones y tribus para que pudiéramos conocernos, no para que pudiéramos odiarnos. Porque debajo de los ojos de fuego y los chorros de insultos y la brutal tarea de pisar mariposas y sombras y cadáveres, hay lo que nos pertenece. Lo que vierte alegría y hace florecer júbilos. Las limpias decisiones de tantos mexicanos que saltan, paralizando el ruido mediocre de las calles, dando voces de alerta. De esperanza. De progreso. Voces para pelear contra el miedo, contra la corrupción, contra la impunidad, contra el abuso, contra el ejercicio arbitrario del poder, contra el río de fatigas.

Te declaro mi amor, magnífico país. Ojalá otros, muchos, lo hagan también. Lancen al aire o plasmen en una hoja de papel o envíen a denise.dresser@mexicanista.com aquello que aprecian de México. Esta patria, vidrio molido, patria navaja, patria rabiosa, patria melancólica, patria abandonada. Pero patria al fin. A ti te mando un corazón derretido, un torpe arrebato de ternura, una lámpara tenue frente a mis ojos, unas ganas inefables de seguir luchando afanosamente para que el alba sea alba y México pueda ser lo que me imagino.

Es cierto, durante los últimos tiempos a los mexicanos nos ha ido francamente mal. Crisis, epidemias, matanzas y catástrofes. Penurias económicas y angustias morales. Un presente hostil, un pasado en fuga y un futuro por demás incierto. Nuestra gran reserva moral, la alegría y el entusiasmo parecen estar a punto de agotarse. La patria camina triste, desencantada concentrada en rabia, en palabras de Germán Dehesa, "como con aire de esposa que descubre que su marido ideal tiene otras ocho familias, es pederasta y se excita torturando borregos". Pero es en este mínimo jardín donde hay que dar la batalla para que México renazca y se sacuda, como perro recién bañado, de tanto parásito que le ha quitado su sustancia, su ánima y su estilo. Es tiempo de cultivar nuestro jardín.

Hoy toca, como diría Germán, pedir la paz. No cualquiera. No queremos la paz de los sepulcros. No queremos la paz octaviana. No queremos la paz de los que se someten ante las amenazas o la abierta violencia. Tampoco queremos la perversa paz de antes, nutrida en la ignorancia, la colusión, la postración y la connivencia con las abusivas autoridades y los no menos horrendos dinosaurios priístas. Queremos una paz nuevecita, lustrosa, respetuosa, que se funde en los derechos y en la palabra, y que con ellas inaugure un horizonte, aunque sea lejano pero asequible, de equidad y justicia para todos.

Hoy toca ofrecer el patriotismo. No del gritón, no del bravucón; hablo del otro; del que nace de reconocer que se pertenece a un lugar y a una historia que desde el pasado proyectan una luz que edifica un futuro. Si alguien carece de ese patriotismo y piensa que la violencia del país no le incumbe, o que es una coyuntura propicia para sus muy personales designios, o proyectos, o berrinches, o aspiraciones presidenciales, pobre México que ha naturalizado seres así. Con o sin estos seres saldremos adelante. Agradecimientos hay muchos: la luz en el Zócalo al amanecer, los volcanes festonados de neblina, tanta buena voluntad y buena inteligencia, tantos seres tan nítidos, tan trabajadores, tan comprometidos. Con seres así, podremos equilibrar presencias tan equívocas como las de "La Barbie" y "El Azul" y "El Chapo" y el "Gel boy" y "La Maestra" y la incertidumbre y la flojera y el miedo y la resignación.

Hoy toca entender que el despertar permanente de México entraña el desmantelamiento del viejo sistema autoritario y la construcción de nuevas instituciones democráticas. Implica el fin de las viejas reglas y el principio de los nuevos códigos de conducta. Implica enterrar el viejo sistema para que no resucite.

Esas tareas de largo alcance y de largo plazo fracasarán si México duerme la siesta en lugar de abrir los ojos. Fracasarán si los responsables del sistema autoritario cuyos resabios aún padecemos se apropian la silla presidencial. Fracasará si las partes más podridas del priísmo logran amodorrar a la población y adormilarla.

Hoy toca formar un frente unido contra el regreso del pasado. Una coalición ciudadana para mantener los ojos bien abiertos. Para no bajar la guardia. Para desgarrar las redes de complicidad y los patrones de patronazgo. Para pelear contra aquellos que quieren volver a la intimidación, a la corrupción, a la posición privilegiada que tuvieron cuando el poder no era compartido. Para evitar que la democracia imperfecta tenga una vida corta y una muerte predecible. Para evitar la eutanasia del país.

Hoy toca creer que México puede ser distinto. Hemos perdido la costumbre de imaginarlo, hemos perdido las ganas de concebirlo. Nos han dicho que lo nuestro es callar, obedecer, agacharnos, aceptar sumisamente el martirio y el cáliz. Adquirimos el horrendo vicio del sufrimiento y el despojo permanentes. Aprendimos la docilidad y la sumisión de un país que mansamente carga —como

Sísifo— esa piedra que pesa cada vez más. Pero con fecha de hoy, México puede ser diferente. La tarea es enorme y nos incluye a todos: hoy México puede ser visible y acariciable si tú, ciudadano en ciernes, contribuyes a que sea así. Yo estoy dispuesta a trabajar con más ánimo que nunca en el único lugar que conozco, frente a las palabras y afiliada al único partido que conozco: nosotros.

Hoy toca decir "México" y que estallen mil imágenes recolectando entidades perfectamente definibles, sensoriales, limitadas, emocionantes. La voz de Eugenia León cuanto entona "Yo vengo a ofrecer mi corazón." El canto de Lucha Reyes y Pedro Infante y Jorge Negrete y cualquier mariachi. Un parque verdecido de infancia y un grupo de amigas que juega "avión". Decir "México" y que aparezcan rincones en Guanajuato, nubes de bugambilias, algún atardecer en Querétaro; una tabla pletórica de alegrías y pepitorias como diademas de color; la honda noche de Palenque; el malecón de Veracuz que es un lento caminar de mujeres sonrientes.

Hoy toca anunciar que la dulce Patria, tan sabia y dulcemente cortejada por López Velarde, es hoy para mí el rostro de mis hijos, la nostalgia de mis muertos y una creciente urgencia de justicia y dignidad para todos. Es un modo de hablar cantadito, ceremonioso, y diminutivo. Es la selva chiapaneca, el río en Tlacotalpan, la música de Horacio Franco, el desierto norteño, el santo olor de la panadería, el riesgo de quedarnos sin patria y la oportunidad de restaurarla y lograr entre todos lo que quería Rosario Castellanos: "Que la justicia se sienta entre nosotros." Es muy emocionante ser mexicano en este nuevo milenio. Yo agradezco esa dádiva. No creo que seamos mejores que nadie. No acepto que nos consideremos inferiores a ninguno. Somos de aquí. Venturosamente somos de México.

ÍNDICE ONOMÁSTICO

Este libro se terminó de imprimir en el mes de
Enero del 2012, en Impresos Vacha, S.A. de C.V.
Juan Hernández y Dávalos Núm. 47, Col. Algarín,
México, D.F., CP 06880, Del. Cuauhtémoc.